Klaus-Dieter Thill

Imagebildung in Arztpraxen
„Hier geht noch was!"

University of Applied Sciences
APOLLON
University Press

Klaus-Dieter Thill

Imagebildung in Arztpraxen
„Hier geht noch was!"

University of Applied Sciences
APOLLON
University Press

Herausgegeben vom Präsidium der APOLLON Hochschule der Gesundheitswirtschaft

Werden Personenbezeichnungen aus Gründen der besseren Lesbarkeit nur in der männlichen
oder weiblichen Form verwendet, so schließt dies das jeweils andere Geschlecht mit ein.

Bibliografische Information der Deutschen Nationalbibliothek
Die Deutsche Nationalbibliothek verzeichnet diese Publikation in der Deutschen Nationalbibliografie.
Detaillierte bibliografische Daten sind abrufbar unter:
http://dnb.d-nb.de

Projektmanagement: Dr. Petra Becker, Bremen
Korrektorat: Astrid Labbert, Bremen
Umschlaggestaltung, Layout und Satz: Ilka Lange, Hückelhoven
Coverfotos: fotolia©
Printed in Germany
ISBN: 978-3-943001-15-0
www.apollon-hochschulverlag.de

Inhalt

Über den Autor

Klaus-Dieter Thill (geb. 1957) arbeitete nach seinem Studium der Betriebswirtschaftslehre an der Universität Köln zunächst im pharmazeutischen Marketing und Vertrieb. 1991 gründete er das Institut für betriebswirtschaftliche Analysen, Beratung und Strategie-Entwicklung (IFABS), das sich mit der Entwicklung und Umsetzung benchmarkinggestützter Optimierungslösungen für Kundengewinnung und -bindung in der Gesundheitswirtschaft beschäftigt. Neben seiner Tätigkeit als Institutsleiter verfasst er Fachpublikationen zu betriebswirtschaftlichen Themen für niedergelassene Ärzte und Klinikärzte.

Vorwort

Die Zahl der niedergelassenen Ärzte, die sich aktiv und professionell um das Image ihrer Praxis kümmern, ist bislang sehr gering. Ein Grund hierfür ist das Image des Begriffs selbst. *Image* ist als Begriff zu abstrakt, nicht beeinflussbar und eigentlich ohne wirkliche Relevanz für den Praxisalltag. Hinzu kommt, dass kaum Wissen über den Aufbau und die Steuerung von Images besteht und – da man sich bei einer intensiveren Beschäftigung mit dem Thema auf die Hilfe von Dienstleistern angewiesen fühlt – das Kostenargument hindernd wirkt.

Doch drei Aspekte werden hierbei nicht oder nur zu wenig beachtet:

1) Es steigt die Bedeutung von Images als Qualitätsindikatoren für die Auswahl und Beurteilung von Leistungen und Leistungsanbietern, gerade im Bereich des Gesundheitswesens, überproportional an.

2) Es wird nicht bedacht, dass auch die Praxis, die sich nicht aktiv um ihr Image kümmert, ein Image erhält und daran gemessen wird.

3) Es ist zu wenig bekannt, dass es ohne große Probleme möglich ist, Images zu schaffen und zur Unterstützung der Zielerreichung auch zu nutzen, denn sie resultieren unmittelbar aus dem eigenen Handeln.

Die Schaffung eines „guten Images" ist keine Geheimwissenschaft für Adepten, sondern das Resultat eines gut geplanten, professionell umgesetzten und authentisch nach außen kommunizierten Praxismanagements, also solides Handwerk. Image-Building resultiert vor allem aus am Best-Practice-Standard ausgerichteten Maßnahmen der Praxisführung. Wer sich hierbei engagiert und Wert auf Qualität legt, bekommt sein hieraus resultierendes Image fast als Nebeneffekt.

Dieses Buch möchte das Handwerkszeug aufzeigen, das benötigt wird, um Images für Arztpraxen zu planen, zu entwickeln und systematisch aufzubauen. Die Darstellung erfolgt dabei in vier Schritten anhand eines einfachen Managementkreislaufs, der sich auf den Imageaufbau bei Patienten konzentriert, da ein positives Image bei den Praxisbesuchern auf alle anderen Kooperationspartner von Arztpraxen (Kliniken, Apotheken, Zuweiser etc.) abstrahlt.

Er beginnt mit der *Analyse*, die sich auf den strategischen Praxiszweck bezieht und die Frage klärt, welchen Zielen die Praxistätigkeit folgen soll. Im zweiten Schritt, der *Planung*, wird aus dem Praxiszweck die Image-Zielpositionierung entwickelt, die unter Nutzung spezifischer Kriterien das Imagedesign bildet. Schritt drei, die *Umsetzung*, beschäftigt sich mit der Materialisierung der Image-Zielpositionierung, also des Designs, in einer Praxispersönlichkeit. Das Instrument hierzu ist die Corporate Identity, ihre Umsetzung das Imagemanagement. Im Rahmen der Kontrolle als viertem Schritt erfolgt der Abgleich von Imageziel- und Ist-Positionierung mittels *Imageanalysen*. Der so dargestellte Kreislauf ist mit den zugehörigen Inhalten so beschrieben, dass er als Vorlage für individuelle Imagekonzepte verwendbar ist und dazu beitragen soll, das Thema für Ihre Praxis einfach und gewinnbringend nutzbar zu machen.

TIPP:

Das Buch enthält zahlreiche Tabellen, Fragebögen, Marketinghilfen u. a., die beispielhaft zeigen, wie Marketinginstrumente und Imagemanagement-Tools entwickelt, gestaltet und umgesetzt werden können. Eine Vielzahl dieser Hilfen steht Ihnen im Downloadbereich der Website der APOLLON University Press unter http://www.apollon-hochschulverlag.de/downloads/i und auch über folgenden QR-Code für den individuellen Bedarf zur Verfügung. Der Code funktioniert wie ein Link. Fotografieren Sie ihn per Handykamera ab und Sie werden direkt zum Downloadbereich geführt.

Kapitel 1
Grundlagen des Praxisimages

1 Grundlagen des Praxisimages

Im Folgenden sollen zunächst die Grundlagen des Praxisimages fokussiert werden.

1.1 Die strategische Bedeutung des Praxisimages

„Herr Doktor, könnte ich Sie kurz sprechen?" Internist Dr. P. ahnt Unangenehmes, als ihn Helferin K. um ein Gespräch bittet. Innerlich legt er sich schon die möglichen Gründe zurecht, mit deren Hilfe er die Forderung nach mehr Gehalt freundlich aber bestimmt abwehren will. „Also, ich weiß gar nicht, wie ich es sagen soll", beginnt Frau K. die Unterredung. „Mir ist ja bewusst, dass wir auf die Kosten achten müssen, aber ich habe heute schon wieder ein Gespräch zwischen Patienten gehört, in dem sie sich über die schäbige Inneneinrichtung unterhalten haben!" P. ist verwirrt, mit einem solchen Thema hat er nicht gerechnet. Und: schäbige Inneneinrichtung? Das darf doch nicht wahr sein! Doch die Empörung von Dr. P. weicht zunehmend, als er nach Praxisschluss durch die leere Praxis geht und versucht, die Aussagen der Patienten nachzuvollziehen: Klar, die lose Steckdose im Empfangsbereich wollte er schon immer einmal befestigen lassen. Und der Empfangstresen ist auch in die Jahre gekommen. Auch hat der Teppichboden seine besten Zeiten hinter sich gelassen.

Diese und ähnliche Situationen sind für viele Ärzte oft der erste Anlass, sich mit dem Thema *Dienstleistungsimage* näher zu beschäftigen. Aber was ist darunter genau zu verstehen? Einfach ausgedrückt handelt es sich um die „Verpackung" Ihrer medizinischen Dienstleistung, in der Ihre Arbeit für die Patienten sichtbar wird.

Dienstleistungen wie die einer Arztpraxis sind im Vergleich zu Produkten durch einen immateriellen Charakter geprägt. Sie sind nicht fassbar, erklärungsbedürftig und können auch nur schlecht vor Inanspruchnahme getestet werden. Ebenso besteht in nur geringem Maße die Möglichkeit einer Standardisierung und einer Umkehrung (eine Operation kann nicht rückgängig gemacht werden). Patienten suchen deshalb nach Qualitäts- und Risikominimierungssignalen, um die Kompetenz und Eignung der ärztlichen Dienstleistung für die eigenen Bedürfnisse einzuschätzen. Dabei orientieren sie sich am Dienstleistungs- oder Praxisimage.

Der Begriff *Image* ist in Arztpraxen durch zwei gegensätzliche Positionen geprägt: Einerseits wird er in Veröffentlichungen, Vorträgen und Gesprächen häufig verwendet, andererseits werden kaum Anstrengungen unternommen, das Image systematisch und professionell zu gestalten. Von der Begriffsbedeutung her herrscht weitgehend Konsens, dass es um das Bild, den Eindruck, das Ansehen, die Einstellung oder die Wahrnehmung von Arztpraxen geht, die Dritte über sie entwickeln. „Warm" werden die Mediziner mit dem Begriff aber nicht: „Zu unspezifisch", „nicht fassbar" und „nicht zu beeinflussen" sind die Begründungen für diese Ablehnung. „Die Bedeutung des Images für unsere Arbeit wird deutlich überschätzt", urteilen sogar viele. Doch das ist ein profunder Irrtum, denn das Image besitzt eine Instrumentalfunktion und ist Hilfsmittel zum Erreichen der Praxisziele. Im Übrigen gilt: Auch Ärzte, die sich nicht um das Image ihrer Betriebe kümmern, schaffen mit ihrer Arbeit und ihrem Marktverhalten ein Image. Grundsätzlich gilt die Regel: Wer sich nicht aktiv um sein Image kümmert, lässt zu, dass es von anderen geprägt wird. Ohne gezielte Intervention entsteht durch die Vielzahl von Interaktionen, in die Arztpraxen eingebunden sind, ein Bild, das u. U. sogar deutlich von der Realität abweicht und fatale Folgen haben kann. Setzen Praxen keine Image-Orientierungspunkte, bilden diese sich im „Wildwuchs" und freien Spiel aus ungefilterten und ungerichteten Erfahrungen und Meinungen. Dem kann nur mit einem systematischen Imagedesign und -management begegnet werden.

Bei der Diskussion über Images verweisen niedergelassene Ärzte oftmals darauf, dass sie doch Patientenzufriedenheitsanalysen für ihre Qualitätsmanagement-Arbeit, für die Marktforschung und als Marketinginstrument nutzen. Leider wird hierbei nicht beachtet, dass trotz positiver Ergebnisse bei der Patientenzufriedenheit das Image einer Arztpraxis schlecht sein kann. Ein Patient ist beispielsweise mit der medizinischen Versorgung einer Arztpraxis sehr zufrieden, die Ablauforganisation (lange Wartezeit) empfindet er jedoch als unzureichend. In der Gesamtbetrachtung ist er zufrieden, das bei ihm etablierte Image ist aber negativ gerichtet. Images sind grundsätzliche „Bilder" und Überzeugungen, die längerfristigen Bestand haben und nur schwer verändert werden können. Aus diesem Grund ist es wichtig, unbedingt beide Größen – Zufriedenheit und Image – zu kennen, um so die strategische Positionierung des eigenen Betriebs ermitteln und steuern zu können. Geben Patientenzufriedenheitsanalysen situativ einen auf den konkreten Aufenthalt bezogenen Eindruck wieder, zeigen Imageanalysen eine übergeordnete Grundhaltung. Ist eine Praxis z. B. durch eine stark schwankende Organisationsqualität gekennzeichnet, wird ein Patient, der bei einem von mehreren Praxisbesuchen das Glück hat, nur kurz warten zu müssen, für diesen Augenblick sehr zufrieden sein, sein Bild der Praxis ist hingegen anders geprägt. Und dieses Bild bestimmt auch seine Bereitschaft zur Weiterempfehlung an Dritte. So ist es unerlässlich, zumindest ein Mal im Jahr das Image einer Praxis im Rahmen einer schriftlichen Befragung zu überprüfen. Diese Untersuchung ist einfach und kann in Eigenregie durchgeführt werden. Sie ist umso wichtiger, je ausgeprägter die Konkurrenzintensität im Einzugsgebiet ist. Details hierzu finden sich in Kapitel 3.

Um die Mechanismen zu verstehen, die bei der Imagebildung greifen, ist es hilfreich, zunächst einen Blick auf die Entstehungsquellen zu werfen. Das Image setzt sich aus verschiedenen Imagebausteinen zusammen, die wiederum unterschiedlichen Entstehungsquellen zuzuordnen sind:

a) die **Reputation**, d. h. die Wahrnehmung und Einstellung der Patienten, die mit einer Praxis direkt in Kontakt gekommen sind und ihren Eindruck an Dritte (Angehörige, Verwandte, Bekannte, Arbeitskollegen) weitergeben. Ihr Praxisbild resultiert aus der Qualität:

 - der ärztlich-medizinischen Versorgung und Beratung
 - der Betreuung durch die Mitarbeiterinnen
 - der Organisation der Abläufe
 - der Gestaltung der Räume
 - des Services

b) den **Personal-Leumund**, d. h. das Image, das die Medizinischen Fachangestellten an Dritte kommunizieren

c) die **Kooperations-Reputation**, d. h. die Wahrnehmung, die Partner der Praxis, z. B. bei niedergelassenen Spezialisten gegenüber zuweisenden Ärzten entweder durch eigene Erfahrung oder aus Berichten ihrer zugewiesenen Patienten entwickeln

d) die **Praxis-Selbstdarstellung**, d. h. der Eindruck, der aus praxiseigenen Aktionen zur Imageförderung resultiert, z. B. in Form von Zeitungsberichten über die Praxis oder Vorträge des Praxisinhabers in der Öffentlichkeit

e) die **Auto-Imagebildung**, d. h. der Eindruck, der sich autark im öffentlichen Raum ergibt, z. B. dadurch, dass potenzielle Patienten bei ihrer Arztsuche auf die Praxis-Homepage stoßen oder Patientenkommentare in Arzt-Bewertungsportalen lesen

Die Beschreibung der Bausteine verdeutlicht bereits, dass Images durchaus beeinflussbar sind, bei Arztpraxen sind es vier der fünf Imagequellen, die von Ihnen beeinflusst werden können.

1.2 Der Imagenutzen im Push- und Pull-Ansatz

Der Nutzen einer gezielten Gestaltung und Pflege des Praxisimages ergibt sich aus einem Push- und Pull-Ansatz. Die Push-Dimension als sog. Reaktionsparameter beruht darauf, dass Arztpraxen

- neue Patienten und Kooperationspartner zum größten Teil über Weiterempfehlungen erhalten, deren Intensität und Richtung maßgeblich durch Images geprägt werden. Eine positive Imagewirkung unterstützt die Patientengewinnung sowie die Partnerbindung und -gewinnung, das Instrument „Image" wird damit zum Umsatzgenerator;

- durch das Internet und die hier verankerten Informationssysteme wie Patienten-Blogs oder Arzt-Bewertungsportale öffentlich geworden sind und deshalb verstärkt auf ihr Image achten müssen, denn Images sind in Zeiten der Informationsüberflutung ein akzeptierter Qualitätsindikator;

- in der Berichterstattung meist negativ gefärbt dargestellt werden, das Instrument „Image" kann zur Gegensteuerung und aktiven Gestaltung einer positiven Identität eingesetzt werden;

- die ein gutes oder – besser noch – ein sehr gutes Image haben, Problemsituationen (Hygieneprobleme, Kunstfehler etc.) besser abfedern können; das Instrument „Image" dient damit der Krisenprophylaxe und dem Krisenmanagement;

- aufgrund von Wettbewerb und Wirtschaftlichkeit eindeutige und nachhaltige Positionierungen und Differenzierungen benötigen, die im Rahmen von Imagetransfers in die Breite getragen und etabliert werden können.

Der Pull-Aspekt als Aktionsparameter referiert auf die Tatsachen, dass

- mithilfe des Internets erstmals ein Breitenmarketing möglich ist, das als Grundlage ein kommunikationsstarkes Image benötigt;

- Images andere Maßnahmen der Marketing- und Öffentlichkeitsarbeit unterstützen, denn wer ein gutes Image hat, der erhält für seine Aktivitäten eine höhere Aufmerksamkeit und vor allem einen positiven Vertrauensvorschuss;

- Images relativ beständig sind: Ihre sich – bei entsprechender „Pflege" – entwickelnde Persistenz unterstützt nachhaltig den Erfolg;

- auch das Personal durch ein positives Images motiviert und an die Praxis gebunden wird;

- positive Images eine Akquisitionsfunktion in Bezug auf Kooperationspartner besitzen;

- Images eine Orientierungsfunktion für potenzielle Mitarbeiterinnen und Mitarbeiter haben und damit zum Instrument des Personalmanagements werden;

- im Hinblick auf Banken und Lieferanten ein gutes Image dazu beiträgt, die „Soft Factors" der Bonitätseinschätzung positiv zu gestalten;

- zudem die Position gegenüber Krankenkassen und Behörden stabilisiert wird.

Kapitel 2
Gestaltung des Praxisimages

2 Gestaltung des Praxisimages

Die Praxisimage-Gestaltung beinhaltet folgende drei Schritte (vgl. Abb. 2.1):

Schritt 1: Definition des Praxiszwecks, der die Frage beantwortet, welchen Zielen die Praxistätigkeit folgen soll

Schritt 2: Entwicklung einer aus dem Praxiszweck abgeleiteten Image-Zielpositionierung, die unter Nutzung spezifischer Kriterien das Imagedesign bildet

Schritt 3: Materialisierung der Image-Zielpositionierung, also des Designs, in eine Praxispersönlichkeit (Corporate Identity) im Rahmen des Imagemanagements.

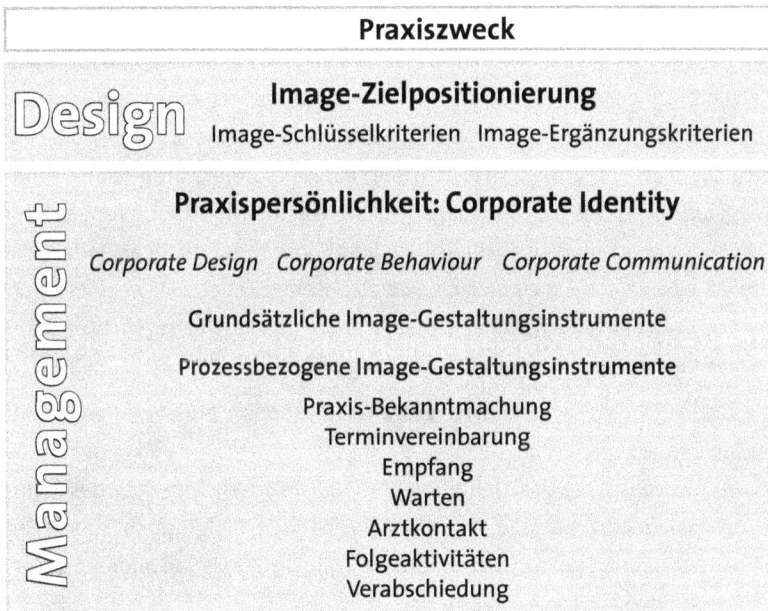

Praxiszweck

Image-Zielpositionierung
Image-Schlüsselkriterien   Image-Ergänzungskriterien

Praxispersönlichkeit: Corporate Identity

Corporate Design   Corporate Behaviour   Corporate Communication

Grundsätzliche Image-Gestaltungsinstrumente

Prozessbezogene Image-Gestaltungsinstrumente
Praxis-Bekanntmachung
Terminvereinbarung
Empfang
Warten
Arztkontakt
Folgeaktivitäten
Verabschiedung

Abb. 2.1: Schritte und Instrumente der Praxisimage-Gestaltung

2.1 Der Praxiszweck als Imagegrundlage

Um ein Image entwickeln zu können, muss zunächst klar sein,

- welche Ziele Sie mit Ihrer Praxis verfolgen,
- welche Grundhaltungen Ihre konkrete Arbeit bestimmen,
- welche Position Ihr Betrieb in seinem Umfeld einnehmen soll und
- wie Sie sich das Beziehungsgefüge zu Ihren Partnern (kooperierende Praxisbetriebe, Apotheken, Sportstudios etc.) vorstellen.

Diese Informationen werden meist formal in Konstrukte wie „Praxisvision", „Praxisleitbilder", „Mission Statement" oder „Philosophie" gefasst. Deren Inhalte beschreiben damit den Gestaltungsrahmen für das Imagedesign.

Doch die Entwicklung der betriebswirtschaftlichen Instrumente löst sich allmählich von diesen formalen Instrumenten, deren Nutzung mehr und mehr als Selbstzweck gesehen wird und ersetzt sie durch einen pragmatischen Ansatz: den Unternehmenszweck. Hierunter ist die strategische Grundhaltung einer Arztpraxis zu verstehen. Der Zweck ist sowohl eine globale Größe, die sich auf eine Praxis als Ganzes bezieht, indem er den strategischen Handlungsrahmen sowie die Handlungsrichtung vorgibt. Gleichzeitig fungiert der Zweck als Benchmark zur Beurteilung von Konzepten und Ideen, indem die einfache Frage: *„Wie passt dieser Ansatz zu unserem Zweck und wie unterstützt er ihn?"* gestellt wird. Gleichzeitig ist er auch individuell ausgerichtet, da er jedem Mitarbeiter eine klare Orientierung bietet.

Um den Praxiszweck konkret gestalten zu können, müssen folgende Bereiche definiert werden:

- Leistungsangebot: Definition des medizinischen Angebots, des regionalen Marktes und der anzusprechenden Zielgruppen sowie Beschreibung der Angebotsmerkmale, die die Praxis von anderen unterscheiden
- Selbstverständnis: Formulierung der medizinischen, unternehmerischen und sozialen Beweggründe der Praxisarbeit
- betriebswirtschaftlicher Leistungsaspekt: Darlegung der wirtschaftlichen Ziele, die die Praxis als Unternehmen erreichen möchte

- Dienstleistungsdesign: Ausführungen zu den vorgesehenen Verhaltens-, Kommunikations- und Arbeitsweisen zwischen Mitarbeitern und Patienten; Festlegung der Leistungen für Patienten, zu-/einweisende niedergelassene Ärzte und Öffentlichkeit

- Beschaffungsmarketing: Ausführungen zu vorgesehenen Verhaltens-, Kommunikations- und Arbeitsweisen zwischen Lieferanten und den Mitarbeitern der Praxis

- Zusammenarbeit: Fixierung des Führungsstils und der beabsichtigten Gestaltung der Zusammenarbeit zwischen den Mitarbeitern (Teamarbeit) sowie der internen Kommunikationsmittel und -wege

- Ressourceneinsatz: Definition der mit dem Ressourceneinsatz verbundenen ökonomischen und ökologischen Ziele

- Personalentwicklung: Festlegung der grundsätzlichen Aus- und Weiterbildungsstrategie sowie der grundlegenden Motivationsfaktoren

Damit der Unternehmenszweck kein Selbstzweck bleibt, ist die Umsetzung der folgenden Gestaltungsregeln hilfreich:

- Verwenden Sie eindeutige Beschreibungen für darzustellende Sachverhalte; vermeiden Sie interpretationsfähige Begriffe wie z. B. „guter Service". Legen Sie – wenn Sie solche Oberbegriffe dennoch verwenden wollen – dar, was unter den angeführten Begriffen zu verstehen ist.

- Wählen Sie Formulierungen, die auch bei Änderungen der internen Struktur und/oder des Umfelds nicht unmittelbar zu einer Veränderung der Zweckdefinition führen.

- Stellen Sie die Inhalte auf fundamentale Tatbestände und Schlüsselpraktiken ab, die keinen ständigen Veränderungen unterliegen.

- Zeigen Sie eine allgemeine Richtung und Schlüsselwerte auf, aber formulieren Sie keine expliziten Ziele oder Maßnahmen.

- Legen Sie den Fokus auf die Resultate der Arbeit und zeigen Sie auf, warum diese erreicht werden sollen, nicht wie.

- Formulieren Sie kurz, verständlich und glaubhaft, sodass der Unternehmenszweck von Mitarbeitern und Patienten verstanden und behalten werden kann.
- Integrieren Sie motivatorische Elemente, die nach innen auf das Personal wirken.

2.2 Imagedesign: Die Image-Zielpositionierung

Die Image-Zielpositionierung verfolgt den Zweck, unter Beachtung des Unternehmenszwecks diejenigen Imagemerkmale und ihre gewünschten Ausprägungen auszuwählen und in ihrer Gestaltung zu definieren, durch deren Wahrnehmung bei den relevanten Zielgruppen ein Bild über eine Praxis entsteht, das diese positiv einzigartig und deutlich abgrenzend von konkurrierenden Anbietern darstellt. Hierbei sind zwei Gruppen von Merkmalen zu gestalten:

- die Image-Schlüsselkriterien (Key Image Criteria; KIC), die jede Arztpraxis – unabhängig von einer Zielgruppenbetrachtung – erfüllen muss sowie
- die Image-Ergänzungskriterien (Additional Image Criteria; AIC), die ergänzend zu den KIC erfüllt werden sollen.

Die Schlüsselkriterien resultieren aus Ihrem Basisauftrag, Krankheiten zu beseitigen, zu lindern oder ihnen vorzubeugen. Hieraus ergeben sich Grundanforderungen, die für alle Praxisbetriebe gleich sind und die es als Mindestanforderung auf jeden Fall zu beachten und zu erfüllen gilt (vgl. Tab. 2.1).

Tabelle 2.1: Schlüsselkriterien und zu erfüllende Mindestanforderungen

Imagekriterien	Anforderungen
1. Medienauftritt	<ul><li>breite Präsenz</li><li>schnelle Auffindbarkeit</li><li>umfassende Information</li><li>Authentizität</li></ul>
2. Telefonische Erreichbarkeit	<ul><li>Schnelligkeit</li><li>Freundlichkeit</li><li>Auskunftsbereitschaft</li><li>Handlungsbereitschaft</li></ul>
3. Bestellsystem	<ul><li>kurzfristige Terminvergabe</li><li>geringe Wartezeit</li><li>Termineinhaltung</li></ul>
4. Praxiswirkung/-anmutung	<ul><li>Helligkeit</li><li>Ruhe</li><li>Einladende Gestaltung</li><li>Angenehme Atmosphäre</li><li>Großzügigkeit</li><li>Modernität</li><li>Ordnung</li><li>Sauberkeit</li><li>Wohlfühlatmosphäre</li></ul>
5. Organisatorische Abläufe	<ul><li>Funktionalität</li><li>Kalkulierbarkeit</li><li>Verlässlichkeit</li><li>Zügigkeit</li><li>Pünktlichkeit</li><li>Flexibilität</li><li>Transparenz</li><li>individuelle Anpassung</li><li>kurze Wartezeit</li><li>umfassende Information bei Verzögerungen</li></ul>
6. Betriebsklima	<ul><li>Harmonie</li><li>Ausgeglichenheit</li><li>Friedlichkeit</li><li>Teamgeist</li></ul>

7. Betreuung durch die Medizinischen Fachangestellten	• Diskretion • Geduld • Freundlichkeit • Individualität • Kompetenz • Hilfsbereitschaft • Professionalität • Zuverlässigkeit • Auskunftsfreudigkeit • Zuwendung • ernst genommen werden
8. Betreuung durch den Arzt/ die Ärztin	• Zeit • ausführliche Information • Sorgfalt • Einfühlsamkeit • Offenheit • ernst nehmend • Gelassenheit • Partnerschaftlichkeit • Aufmerksamkeit • Verständlichkeit • Konkretisierung • Gründlichkeit • Alltagstauglichkeit der Vorschläge • Dialogorientierung • Zuhören können

Die Image-Ergänzungskriterien repräsentieren – über die KIC hinausgehend – das Besondere und nicht Vergleichbare Ihres Praxisbetriebs für Ihre Patienten. Mit ihrer Hilfe ist sofort erkennbar, welche Merkmale und Vorteile gerade Ihre Praxis für sie geeignet machen und von der Konkurrenz unterscheiden. Es existieren verschiedene methodische Ansätze zur Generierung einer AIC-Positionierung, z. B.:

- **AIC-Positionierung durch Angebotsdifferenzierung:** Das Gestaltungsprinzip orientiert sich an der Frage, was Ihr Angebot maßgeblich von Konkurrenzangeboten unterscheidet.

- **AIC-Positionierung durch Nutzenvermittlung:** Das Unterscheidungskriterium ergibt sich bei diesem Ansatz aus dem Nutzen, den Ihr Angebot für die Zielgruppen darstellt und der über die KIC-Positionierung hinausgeht.

▪ **AIC-Positionierung durch Assoziation:** Besitzt eine Praxis nur geringe Vorteile zum Wettbewerbsumfeld, kann dieses Prinzip verwendet werden. Es versucht, durch die Herstellung von Beziehungen zu bestimmten Merkmalen des Umfelds einen Alleinstellungsanspruch zu erlangen. Ein solcher Bezugspunkt kann z. B. die Historie einer Praxis sein; das Imagemerkmal wäre hier beispielsweise die Tradition.

Die Image-Zielpositionierung verfolgt – wie bereits dargestellt – den Zweck, unter Beachtung des Unternehmenszwecks diejenigen Imagemerkmale und ihre gewünschten Ausprägungen auszuwählen und in ihrer Gestaltung zu definieren, durch deren Wahrnehmung bei den relevanten Zielgruppen ein Bild über eine Praxis entsteht, das diese positiv einzigartig und deutlich abgrenzend von konkurrierenden Anbietern darstellt. Ist die Auswahl getroffen, müssen für die infrage kommenden KIC Gestaltungsziele definiert werden. Auf folgende Aspekte kommt es dabei an:

▪ Sie benötigen eine Spezifizierung: So genügt es z. B. nicht, wenn Sie ohne Zusatzangabe das Imagekriterium „kurze Wartezeit" verwenden möchten. Zwar gibt es eine Zielrichtung vor („kurz"), aber die Beschreibung ist viel zu allgemein, als dass praxisinterne Maßnahmen zur Erreichung des Ziels ableitbar wären. Hier ist eine Operationalisierung, z. B. in Form einer Zeitangabe („in der Regel nicht länger als zehn Minuten"), notwendig.

▪ Es müssen eindeutige Maßgrößen definiert werden, mit deren Hilfe die beabsichtigten Imageresultate überprüfbar werden. Am besten eignen sich die Imagewerte, auf deren Bestimmung in Kapitel 3 näher eingegangen wird. Beispiel einer solchen Wertfestlegung: Die von Patienten wahrgenommene Ausprägung des Imagekriteriums „kurze Wartezeit (< 10 Min.)" soll mindestens > 1,4 sein.

▪ Dabei ist darauf zu achten, dass die fixierten Zielgrößen möglichst realistisch gewählt werden. Sind sie zu hoch angesetzt, werden die Ziele häufig vor allem von den Mitarbeitern abgelehnt. Sind sie zu niedrig, werden sie nicht ernst genommen.

- Des Weiteren benötigt eine Zieldefinition unbedingt eine Beschreibung der beabsichtigten, vom Ist-Zustand aus gesehenen Veränderung und der hierfür benötigten Zeit. Ist dieser Zielhorizont langfristig ausgerichtet (ein Jahr und mehr), spricht man von strategischen Imagezielen. Diese sind aufgrund ihres Zeithorizonts allgemein gehalten und dienen als Orientierungshilfen für den generellen Zielerreichungsgrad. Die strategischen Imageziele setzen sich aus weiteren, mittel- bis kurzfristig ausgelegten, operational-taktischen Image-Teilzielen zusammen. Mit diesen werden die Teilschritte zur Erreichung der strategischen Ziele festgelegt. Gleichzeitig dienen sie als Kontrollinstrument für den Erfolg der kurzfristigen Imagebildung.

- Unerlässlich ist – gerade für Arztpraxen mit mehreren Ärzten oder MVZ –, eine für die Umsetzung der Imageziele verantwortliche Person zu benennen.

- Auch Image-Gestaltungsziele sind keine für immer fixierten Größen. Sie bedürfen einer regelmäßigen Überprüfung, um den internen und externen Veränderungen entsprechend angepasst werden zu können. In manchen Fällen genügt es, das eine oder andere Teilziel zu modifizieren, in anderen Fällen kann es auch notwendig werden, ein ganzes Globalziel und alle Teilziele zu ändern.

2.3 Imagemanagement: Corporate Identity

Damit ein Zielimage entsteht, müssen Sie Ihre Leistung und Leistungsqualität in eine Form bringen, die Praxispersönlichkeit, auch Corporate Identity (CI) genannt. Der Begriff bezeichnet einen auf Einheitlichkeit abzielenden Gestaltungsansatz, der die visuellen, kommunikativen und verhaltensbezogenen Komponenten eines Praxisbetriebs ganzheitlich plant, harmonisch aufeinander abstimmt und konsequent umsetzt. Die CI-Gestaltung zielt darauf ab, ein überzeugendes, stimmiges und vor allem einheitliches Gesamtbild einer Praxis zu erzeugen.

Diesen Ansatz machen sich vor allem die Anbieter von Markenartikeln zunutze. Durch entsprechende Verpackung ihrer Produkte und/oder begleitende

Serviceleistungen bauen sie sich ein Markenimage auf, das untrennbar mit den Imagezielen verbunden wird. Das hebt sie nicht nur von der Konkurrenz ab, sondern steigert gleichzeitig den Wiedererkennungswert. Hält ein Produkt, was seine Marke verspricht, wird der Kunde es immer wieder kaufen. Dieser Effekt lässt sich auch auf die Dienstleistungen von Arztpraxen übertragen. Durch eine professionelle CI-Gestaltung wird die Basis für das Unternehmensimage gelegt und die Chance eröffnet, zu einer „Marken-Praxis" im Sinnen einer unverwechselbaren Qualitätsmarke zu werden. Der entscheidende Vorteil eines durch CI-Gestaltung kontrolliert gesteuerten Images liegt in seiner Beständigkeit bzw. Nachhaltigkeit. Haben sich Patienten erst einmal ein positives Bild gemacht, prägt es sich dauerhaft ein und ist – bei anhaltender Leistungsqualität und kontinuierlicher Pflege – wenig störanfällig. Das minimiert für Praxisbetriebe nicht nur das Risiko, Patienten zu verlieren, sondern erhöht auch die Zahl der Neuzugänge. Der Aufbau einer Corporate-Identity-Persönlichkeit erfolgt in drei Gestaltungsbereichen: dem Corporate Design, dem Verhalten (Corporate Behaviour) und der Kommunikation (Corporate Communication).

2.3.1 Corporate Design

Unter Corporate Design (CD) wird die sinnhaft (sehen, hören, riechen) erfahrbare Identität einer Praxis verstanden. Dieser Aktionsbereich, auch als Praxisdesign bezeichnet, beschäftigt sich mit der einheitlichen Gestaltung mittels Farben, Formen, Gerüchen und Klängen. Das Corporate Design könnte auch als Praxisstil bezeichnet werden. Es ist die Art, in der sich eine Praxis präsentiert. Bei der Gestaltung des Corporate Designs sind mehrere Aspekte zu berücksichtigen, u. a.:

- Aussehen des Praxisgebäudes
- Raumgestaltung, z. B. Mobiliar, Bodenbelag, Beleuchtung, Belüftung, Farben
- Wahl der Kleidung für das Praxisteam

- Gestaltung schriftlicher Unterlagen, z. B. Logo, Korrespondenz (inkl. Schrift, Schriftgröße, Zeilen- und Zeichenabstand usw.), deren Verwendung verbindlich geregelt sein sollte
- Onlineauftritt
- Gerüche der Praxis
- Geräuschpegel

2.3.2 Corporate Behaviour

Imagebeeinflussend ist aber nicht nur das äußere Erscheinungsbild, sondern noch viel stärker das Verhalten des Praxisteams, sowohl untereinander als auch gegenüber den Patienten. Diese haben beispielsweise ein ganz sensibles Gespür dafür, ob in einer Praxis das Betriebsklima und der Teamgeist stimmen. Gelingt es, entsprechende Imagemerkmale zu etablieren, fungieren diese gleichzeitig als Qualitätsindikatoren. In einer harmonischen Atmosphäre betreut zu werden ist gleichbedeutend mit dem Zustand, „sich in guten Händen zu befinden".

„Leider war ich während meiner Wartezeit auf die letzte Untersuchung Zaungast, wo der Ton des Personals untereinander sehr zu wünschen übrig ließ. Das habe ich als sehr unangenehm empfunden." Diese Anmerkung aus einer Zufriedenheitsbefragung aus dem Jahr 2013 skizziert ein Problem, das viele Patienten betrifft und den Corporate-Behaviour-Gedanken konterkariert. In jeder fünften Praxisanalyse finden sich derartige Hinweise: Der Umgang der Mitarbeiter untereinander wird als harsch und unfreundlich empfunden. Manche der Äußerungen sind so aber meist nicht gemeint, sondern lediglich Ausdruck eines speziellen Umgangs miteinander. Aber in den meisten Fällen ist die Empfindung der Patienten zutreffend: Hoher Arbeits- und Zeitdruck sowie unzureichende Organisation führen dazu, dass die „Nerven blank liegen" und entsprechend auch verbal reagiert wird. Diese Umgangsform kollidiert jedoch mit der Grundanforderung der Patienten nach Ruhe und Harmonie, das Personal sieht aber nur sich und seine akuten Probleme. Geschieht dies öfter, sind die Folgen eine ausgeprägte Patientenunzufriedenheit (die Werte liegen im Durchschnitt 50 % niedriger als in anderen Fällen, selbst bei gutem

medizinischen Erfolg) sowie eine durch negatives Image verursachte eingeschränkte Weiterempfehlungsbereitschaft.

Corporate Behaviour umfasst aber auch das Verhalten des Personals gegenüber den Patienten. Ein passender Umgang wirkt sich positiv auf Imagemerkmale wie Pünktlichkeit, Arbeitsgenauigkeit, Freundlichkeit, Aufmerksamkeit, Hilfsbereitschaft und generell Patientenorientierung aus. Steuern
und überwachen lässt sich das Verhalten durch ein geeignetes Führungsmanagement, das regelmäßige Mitarbeitergespräche, Teambesprechungen,
Zielvereinbarungen und eventuell auch Erfolgsbeteiligungen vorsieht.

Sinn und Zweck des Corporate Behaviours – das sei an dieser Stelle explizit erwähnt – ist nicht die Gleichschaltung der Belegschaft. Der Nutzen liegt
vielmehr in einem konsistenten und verlässlichen Auftreten der Mitarbeiter.
An wen ein Patient in einer Praxis auch gerät: Er sollte stets auf das gleiche
Maß an Freundlichkeit, Zuwendung und Hilfsbereitschaft stoßen.

2.3.3   Corporate Communication

Unter Corporate Communication versteht man die Praxiskommunikation,
zum einen intern im Team, zum anderen nach außen gerichtet in Form von
Werbemaßnahmen und Öffentlichkeitsarbeit. Corporate Communication
(einheitliche Kommunikation und Information) beginnt in Arztpraxen mit
einer standardisierten Begrüßungsformel am Telefon und setzt sich beispielsweise dadurch positiv fort, alle Patienten (auch die anrufenden) im Laufe
eines Gesprächs immer mit ihren Namen anzusprechen.

Aber nicht nur der direkte und persönliche Kontakt zu Patienten fällt in
diesen Bereich. Auch die Aufbereitung von Praxisbroschüren und des obligatorischen Internetauftritts gehören dazu, da sie nicht nur formal (vgl. Kap.
2.3.1, Corporate Design), sondern auch inhaltlich aufeinander abgestimmt
sein müssen.

2.3.4   Das Zusammenwirken der drei Gestaltungsbereiche

Corporate Identity, vor allem die Bereiche *Corporate Behaviour* und *Corporate
Communication*, können nur funktionieren, wenn sie das gesamte Personal

einbeziehen. Für das Funktionieren eines CI-Konzepts ist es unerlässlich, dass die Mitarbeiter es mittragen. Und das kommt vor allem durch ihre innere Haltung gegenüber „ihrer" Praxis, der Arbeit und den Patienten zum Ausdruck. Wenn das Personal die Corporate Identity nicht voller Überzeugung lebt, bleibt die gewünschte Wirkung aus. Auch das modernste und geschmackvollste Praxisambiente kann nichts bewirken, wenn Mitarbeiter unfreundlich sind oder auf andere Weise das CI-Konzept unterlaufen. Stehen sie jedoch dahinter, werden sie sich für die Praxisidentität einsetzen und sie – wie Erfahrungen zeigen – stolz nach außen tragen. Das macht unter anderem das Unverwechselbare eines Praxisbetriebs aus. Und genau das spüren die Patienten.

Die Instrumente der genannten Gestaltungsbereiche bilden in ihrem Zusammenwirken Qualitätsindikatoren und ein Leistungsversprechen. Zunächst sind das wichtige Faktoren für Neupatienten. Vielleicht wurde Ihre Praxis von Bekannten, Freunden oder Kollegen empfohlen, vielleicht haben die Patienten aber einfach nach einem wohnortnahen Arzt gesucht. Um die eigene Unsicherheit zu minimieren und einschätzen zu können, ob sie mit der Wahl die richtige Entscheidung getroffen haben, suchen Patienten vor dem Arztkontakt nach Indikatoren, die Auskunft über die Qualität der Praxis geben. Diese Indikatoren haben nichts mit Ihrer tatsächlichen ärztlichen Leistung zu tun, sondern werden in deren Umfeld gesucht, also im Dienstleistungsdesign. Zu den Qualitätsindikatoren zählen z. B. die Freundlichkeit des Telefonkontakts, die Schnelligkeit der Terminvergaben und sogar die Gestaltung des Praxisschildes.

Aber auch Patienten, die Ihre Praxis kennen, stellen Erwartungen an das Image der Dienstleistung, und wenn es nur die Wahrung des Status quo ist, den sie bei ihrem Erstkontakt kennengelernt haben. Zudem ist es für Ihre Stammpatienten – neben der Qualität Ihrer Betreuung – eine Bestätigung, in der „richtigen" Praxis zu sein. So entsteht im Zeitablauf ein Gesamtbild: Ihr Dienstleistungsimage. Der Vorteil für die Arbeit und vor allem für die strategische Praxisführung ist, dass Images relativ dauerhaft prägen. Hat sich ein „Bild" manifestiert, ist es – werden seine Gestaltungsaspekte nicht negativ verändert – i. d. R. sehr beständig und wenig störanfällig, da die Wechselbereitschaft der Patienten deutlich eingeschränkt wird.

Der Erfolg solcher Anstrengungen ist übrigens messbar. Untersucht wurden hierzu Arztpraxen, bei denen im Rahmen einer Praxisanalyse unzureichende Ausprägungen der Dienstleistungsfaktoren festgestellt wurden. Nach Entwicklung eines Imagekonzepts und Umsetzung entsprechender Maßnahmen wurden in den betroffenen Praxen nach einem Dreivierteljahr Kontrolluntersuchungen durchgeführt. Es zeigte sich, dass sich nicht nur die Beurteilungswerte für das Dienstleistungsimage, sondern auch die Einschätzung der ärztlichen Leistung deutlich verbessert hatten, ergänzt um eine Steigerung des positiven Weiterempfehlungspotenzials der Praxen.

Praxisinhaber, die die Wirkung Ihrer Praxisarbeit in der dargestellten Art als gestaltbar erkannt haben, berichten davon, dass sich für sie völlig neue Arbeitsperspektiven eröffnet haben. Von dieser Position ausgehend ist es nämlich noch leichter, das Praxismanagement ganzheitlich auf den Patientennutzen auszurichten und für diese Praxisqualität fassbar und erlebbar zu machen. Das funktioniert sicher nur, wenn die Mitarbeiterinnen das Dienstleistungsprinzip ebenso verinnerlichen und umsetzen.

Kapitel 3

Instrumenteneinsatz in den Corporate-Identity-Gestaltungsbereichen

3   Instrumenteneinsatz in den Corporate-Identity-Gestaltungsbereichen

Um das Image Ihrer Praxis in den beschriebenen Bereichen konkret gestalten zu können, sind im Vorfeld Grundsatzentscheidungen über den Instrumenteneinsatz im Rahmen der Corporate-Identity-Gestaltungsbereiche zu treffen. Dabei ist zwischen den Imagemanagement-Tools im Bereich Corporate Design und denen im Bereich Corporate Behaviour zu unterscheiden.

3.1   Imagemanagement-Tools im Bereich *Corporate Design*

Im Bereich Corporate Design sind fünf Gestaltungselemente sog. Imagemanagements-Tools zu berücksichtigen: Farbwahl, Praxisausstattung, Kleidung, Praxislogo und das Layout der Geschäftsunterlagen.

3.1.1   Farbwahl und Ausstattung der Praxis

Wie formulieren Patienten ihre Eindrücke zum Praxisdesign? Patienten-Statements aus Zufriedenheitsbefragungen zur Frage: *„Was hat Sie gestört oder worüber haben Sie sich geärgert?"* zeigen die Richtung, wenn die Gestaltung unzureichend ist:

- „Die Praxis wirkt deprimierend, zu dunkel und grau."
- „Praxisräume könnten freundlicher eingerichtet sein."
- „Hygienisch eine Katastrophe."
- „Manche Türen fallen laut ins Schloss."
- „Die räumliche Beschaffenheit des Infusionsraumes."
- „Eine gründliche Renovierung täte der Praxis gut."
- „Personal sollte Kittel öfters reinigen lassen."

Unter Praxisdesign, auch Corporate Design genannt, versteht man eine Kombination aus Einrichtung sowie Boden- und Wandgestaltung in Farbe und Form, die einen einheitlichen, den Charakter der Praxis prägenden Eindruck schafft. Das Praxisdesign ist die materiell-räumliche Form, in der Sie und Ihr Team Ihre Leistungen erbringen und die Ihre Praxisatmosphäre schaffen. Zielsetzung ist also, Ihrer Praxis einen Charakter und eine Identität zu verleihen, die sich durch alle Räume ziehen.

Ein zentraler Aspekt ist dabei die Farbgestaltung der Praxis. Farben besitzen die Eigenschaft, Eindrücke zu vermitteln, die Sie für die „Charakterbildung" Ihrer Praxis nutzen können. Tabelle 3.1 zeigt einige Beispiele der Farbwirkung.

Tabelle 3.1:   Die Farbgestaltung der Praxis und ihre Wirkung (Thill, 2013, S.134)

Farbton	positive Wirkung	negative Wirkung
weiß	Frische, Sauberkeit, Reinheit, Sterilität, Leichtigkeit	langweilig, eintönig
gelb	Licht, Wärme, Freundlichkeit, Sonne	Eintönigkeit
orange	Lebhaftigkeit, Wärme, Freude	Gefahr, Aggressivität
rot	Lebhaftigkeit, Dynamik	Aggressivität
violett	ausgefallen, Alter, Weiblichkeit	zu präsent, Dominanz
blau	Ruhe, erfrischend, kühl	Eintönigkeit
grün	Umweltbewusstsein, Natürlichkeit, Frische	Dominanz, Überstrahlung anderer Farben
olivgrün	Maskulinität, Eleganz, Ruhe	Schwere
braun	naturhaft	wenig dynamisch
grau	Eleganz, Understatement, Seriosität	Unscheinbarkeit
rosa	Jugend, feminin	zu auffällig
schwarz	Eleganz, Ruhe, Stabilität	Traurigkeit

Neben der Farbwahl sind weitere Gestaltungsmerkmale des Praxisdesigns zu berücksichtigen[1]. Dazu gehören:

- genereller Eindruck: Sind Wände und Boden in einem guten Zustand (keine Renovierungsnotwendigkeit)? Sind Gardinen und/oder Jalousien gereinigt?
- Beschilderung: Ist die Orientierung in der Praxis durch eine klare und eindeutige Ausschilderung gewährleistet? Verfügen alle Praxisräume über eine deutliche Ausschilderung?
- Mobiliar: Folgt die Gestaltung der Praxisräume einem durchgängigen Gestaltungsprinzip, z.B. einheitliche Systemmöbel? Sind die Möbel frei von Gebrauchsspuren? Haben Stühle Lehnen?
- Geruch: Wird die Praxis regelmäßig gelüftet, gibt es störende Gerüche?
- Ambiente: Ist die Praxis mit Pflanzen und Bildern freundlich ausgestattet?
- Beleuchtung: Sind die Räume mit einem hellen, aber warmen Licht ausgeleuchtet?
- Ordnung: Sind alle Räume stets aufgeräumt?
- Sauberkeit: Werden alle Räume regelmäßig gereinigt?
- Raumklima: Sind die Praxisräume jahreszeitlich passend temperiert?

3.1.2 Kleidung

Ein weiteres Gestaltungselement des Praxisdesigns ist die Kleidung, die Sie und Ihr Team tragen. Die Entscheidung, sich für das klassische Weiß oder „Straßenkleidung" zu entscheiden, hat inzwischen schon Tradition. Die Befürworter des Arztkittels führen vor allem an, dass Einheitlichkeit nach außen einen professionellen Eindruck schafft und nach innen die Zusammengehörigkeit und damit das Wir-Gefühl stärkt. Ebenso erhielten die Patienten eine klare Orientierungsmöglichkeit. Die Gegner sprechen vom „Abschneiden alter Zöpfe", von einer „Modernisierung des Medizinbetriebs" und von ihrem Anliegen, dem Patienten „auf gleicher Augenhöhe" entgegenzutreten.

---

1 Im Downloadbereich finden Sie bei den Materialien zu Kapitel 3 unter http://www.apollon-hochschulverlag.de/downloads/i eine Prüfliste zum Praxisdesign/CI-Gestaltungsmerkmale (D.1).

TIPP:

Unter dem Aspekt der Dienstleistungsorientierung sollte die Entscheidung zunächst abhängig von der oder den anzusprechenden Zielgruppen her getroffen werden. Setzt sich die Klientel vorwiegend aus Jüngeren zusammen, kann Straßenkleidung durchaus sinnvoll sein, stehen ältere Patienten im Mittelpunkt der Praxisstrategie, sehen diese „ihren Doktor" lieber im weißen Kittel.

3.1.3 Gestaltung schriftlicher Kommunikationsinstrumente und Praxislogo

Das Ziel des Praxisdesigns ist, Ihr Dienstleistungsunternehmen mit seiner Leistungsqualität den tatsächlichen und potenziellen Patienten gegenüber darzustellen. Das tun Sie nicht nur mit Ihren Praxisräumen, sondern auch mit schriftlichen Kommunikationsinstrumenten wie z. B. Briefen oder Ihrer Praxisbroschüre. Dabei kommt es zum einen inhaltlich darauf an, dass die Inhalte, die Sie in den einzelnen Medien vermitteln, aufeinander abgestimmt sind. Was Sie in Ihrer Praxisbroschüre sagen, muss auch – zumindest sinngemäß – in Ihrer eventuellen Praxiszeitung erscheinen. Man spricht in diesem Zusammenhang auch von inhaltlicher Identität oder Positionierung.

Darüber hinaus ist es ebenso wichtig, dass die Patienten auch von der Gestaltung her erkennen, dass es sich um „Ihre" Medien handelt. Egal, ob sie eine Visitenkarte, einen Terminzettel oder einen Erinnerungsbrief erhalten, es muss für sie sofort, eindeutig, unverwechselbar und wiedererkennbar deutlich werden, dass diese Unterlagen aus Ihrer Praxis stammen. Diesen Eindruck schaffen Sie über eine visuelle Identität bzw. Positionierung.

Das stärkste visuelle Wiedererkennungszeichen, die Klammer für alle Gestaltungselemente, ist das Praxislogo. Es dient der visuellen Identifizierung und Differenzierung. Es ist ein Marken- und Gütezeichen Ihrer Praxis und muss in seiner Gestaltung auf den speziellen Charakter Ihrer Dienstleistung abgestellt werden. Ziel des Praxislogos ist, dass Patienten, die dieses Zeichen sehen, es sofort mit Ihrer Praxis in Verbindung bringen. Auf Briefbögen, Terminzetteln und im Internet verwendet, wird dann auch ohne Nennung Ihres Praxisnamens Ihr Praxisunternehmen damit assoziiert.

Da es eine ganze Zeit dauert, ehe Patienten ein neues Logo dauerhaft mit Ihrer Praxis in Verbindung bringen und verinnerlicht haben, darf das festgelegte Erscheinungsbild des Logos zunächst nicht verändert werden, da es erst durch die Kontinuität und gleichförmige Wiederholung im Bewusstsein Ihrer Zielgruppen (z. B. auch bei zuweisenden Ärzten) verankert wird. Welche Kennzeichen machen nun ein „gutes" Praxislogo aus? Es sollte vor allem

- die Identität Ihrer Praxis repräsentieren,
- leicht einprägbar sein,
- skalierbar sein (d. h. bei Verkleinerungen ebenfalls gut erkennbar sein und bei Vergrößerungen die Wirkung behalten),
- schwarz-weiß darstellbar sein (für Kopien und Telefax-Einsatz),
- möglichst aus wenigen Farben bestehen (Druckkosten!),
- auf dunklem und hellem Untergrund gleichermaßen gut aussehen.

TIPP:

Wie Sie sehen, ist schon bei der Entwicklung Ihres Logos eine Vielzahl von Aspekten zu beachten, die den späteren Druck und die Verwendung betreffen. Es ist deshalb gut, sich diese Aspekte vor Beginn der Logo-Entwicklung bewusst zu machen, um bereits beim Entwurf zielgerichtet vorgehen zu können.

Neben dem Logo müssen Ihre schriftlichen Kommunikationsinstrumente weitere Designaspekte berücksichtigen, die Einheitlichkeit und Wiedererkennbarkeit gewährleisten. Dafür sollten für alle Druckwerke und die Korrespondenz verbindlich und einheitlich

- die Schriftart,
- die Schriftgröße,
- der Buchstabenabstand,

- der Zeilenabstand und
- die Linienstärke

festgelegt werden.

Auch der Bereich der Korrespondenz verlangt eigenständige Ordnungs- und Gestaltungsmerkmale. Dies betrifft

- Briefpapier
- Briefumschläge
- Visitenkarten
- praxisinterne Mitteilungsformulare
- Kurzmitteilungen für Patienten und zuweisende Ärzte
- Adressaufkleber
- Namensschilder

Ebenso sollte die Aufbaustruktur bzw. das Layout Ihrer Briefe einheitlich sein, z. B. welche Randbreite zu verwenden ist, ob linksbündig oder im Blocksatz geschrieben wird.

3.2 Imagemanagement-Tools im Bereich *Corporate Behaviour*

Zunächst soll der Status quo des Corporate Behaviours in Arztpraxen skizziert werden. Dazu sind zu der Frage: *„Was hat Sie gestört oder worüber haben Sie sich geärgert?"* einleitend einige Patientenaussagen aufgeführt, die beschreiben, wie Patienten negative Imageaspekte in diesem Gestaltungsbereich verbalisieren:

- „Frau K. hat keine Manieren."
- „Personal scheint frustriert und lässt das auch die Patienten fühlen."
- „Die Ärztin ist hervorragend, das Betriebsklima grottenschlecht."
- „Schwestern behandeln einen als Bittsteller."
- „Launische Helferinnen."
- „Schwester U. ist immer zuvorkommend und nett, Schwester N. genau das Gegenteil."
- „Ton wie auf dem Kasernenhof."
- „Helferinnen wirken genervt."

Die Dienstleistung Arztpraxis wird an den Patienten mithilfe des Praxisteams erbracht. Der Patient ist dabei Teil des Dienstleistungsprozesses und beeinflusst diesen in Interaktion mit dem Team. Die Fähigkeiten, das Engagement, das Verhalten und die Leistung Ihrer Mitarbeiterinnen bestimmen also maßgeblich, wie Ihre Patienten die Arbeit Ihrer Praxis wahrnehmen und prägen das Praxisimage nachhaltig.

Die Patientenorientierung Ihrer Praxis und das daraus resultierende Image können nur so gut sein wie die Mitarbeiterinnen, die sie praktizieren. Deren Fähigkeiten, Handlungen und Engagement sind die entscheidenden Bestimmungsfaktoren des Eindrucks auf die Patienten. Die Qualität dieser Faktoren wird sowohl endogen, also von ihrem Können und Wollen, sowie exogen durch die Art der Führung und die generellen Arbeitsbedingungen bestimmt. Hinzu kommt quantitativ die Notwendigkeit, über einen genügend großen Personalstamm zu verfügen, damit Patientenzufriedenheit auch gezielt geschaffen werden kann.

Doch viele Praxisinhaber haben Probleme mit der Führung. Verschafft man sich einen Einblick in die Führungsrealität deutscher Arztpraxen, so zeigt sich, dass die Mitarbeiterführung das zentrale Problem in Arztpraxen ist und auf diesem Gebiet ein hoher „Leidensdruck" – verursacht durch Hilflosigkeit und Überforderung – herrscht. Gespiegelt wird dieses Bild aus Sicht der Medizinischen Fachangestellten/Arzthelferinnen. Die Situation ist allerdings nicht verwunderlich, zeigen die Auswertungen unserer Praxisanalysen doch, dass niedergelassene Ärzte durchschnittlich nur etwa die Hälfte der für einen ausgewogen funktionierenden Praxisbetrieb notwendigen Führungsinstrumente einsetzen, also 50 % unausgeschöpft bleiben. Viele Mediziner sind sich dieses Defizits gar nicht bewusst und beklagen in ihren Praxen vor allem folgende Problemkreise:

■ mangelnde Motivation der Mitarbeiterinnen: Viele Ärzte kritisieren eine fehlende Leistungsbereitschaft ihres Personals. Zeitweise anfallende Zusatzarbeiten und Überstunden würden nur unwillig übernommen und absolviert, zu erledigende Aufgaben nur halbherzig ausgeführt und „Dienst nach Vorschrift" geleistet.

- Teamkonflikte: In vielen Arztpraxen bestehen bereits seit längerem Spannungen zwischen einzelnen Mitgliedern oder einzelnen Gruppen des Teams. Besonders häufig wird berichtet, dass Mitarbeiterinnen, die schon langjährig in der Praxis tätig sind, neue Kolleginnen, die ihnen vorgesetzt werden, nicht akzeptieren oder dass Erstkräfte neuen Kolleginnen die Arbeit erschweren.

- schlechtes Betriebsklima: Hierunter fallen Situationen mit dauerhaft angespannter Atmosphäre und schlechter Stimmung innerhalb der Teams. Ebenso wird ein unfreundlicher Umgang miteinander skizziert, der auch den Patienten auffällt. Hinzu kann eine grundsätzlich negative Arbeitseinstellung kommen.

- mangelnde Fortbildungsbereitschaft: Von Ärzten wird im Rahmen von Praxisanalysen stets auf die geringe Bereitwilligkeit des Personals verwiesen, an Fortbildungen, auch außerhalb der Praxis, teilzunehmen.

- Ablehnung von Veränderungen und Neuerungen: Fast ebenso häufig wird auf eine demonstrative „Resistenz" gegen Veränderungen im Arbeitsablauf, der Aufgabenverteilung oder gegen die Einführung neuer Arbeitstechniken hingewiesen. Das notwendige Aufbrechen eingefahrener Routinen und etablierter Positionen, beispielsweise im Rahmen von Qualitätsmanagementmaßnahmen, gestaltet sich deshalb äußerst schwierig.

- geringe Arbeitsqualität: Auch die Arbeitsqualität steht im Fokus der Kritik, insbesondere die Aneinanderreihung von Flüchtigkeitsfehlern, die aus Nachlässigkeit entstehen, sowie ständige gegenseitige Schuldzuweisungen der Teammitglieder.

- unfreundlicher Umgang mit Patienten: Hier kennzeichnen barsche Zurechtweisungen, das Ignorieren von Patienten (z. B. am Empfang), ein ruppiges, abweisendes Verhalten sowie Privatunterhaltungen in Gegenwart von Patienten das von Ärzten skizzierte Problemfeld. Ihre Befürchtung ist, dass unfreundlich behandelte Patienten in vielen Fällen nicht wieder in die Praxis kommen, was auch zutrifft.

Spiegelt man die geschilderten Arztprobleme mit der Mitarbeitersicht, wird deutlich, dass das zentrale Problem in einer zu geringen Führung der Praxisinhaber besteht. Die folgenden Angaben entstammen einer Aktion mit dem Titel „Kummerkasten". Dieses kostenlose Beratungsangebot des IFABS-Instituts richtete sich an Praxismitarbeiterinnen mit der Zielsetzung, das Personal in besonders beeinträchtigenden Arbeitssituationen wie z. b. Konflikten mit Kolleginnen oder bei Problemen mit Patienten zu unterstützen. Insgesamt konnten bei den Anfragen drei zentrale Problemfelder identifiziert werden:

Problemfeld 1: Delegations- und Kommunikationsprozesse zwischen Praxisinhabern und ihren Teams, vor allem:

- unzureichende Aufteilung und Koordination der Arbeit
- fehlende Arbeitsziele, unklare Arbeitsaufträge, fehlende Prioritäten
- geringe Möglichkeit eigenständigen Arbeitens
- kein Informationsaustausch zwischen Praxisinhabern und Team
- kein Lob, keine Anerkennung, Tadel vor Patienten
- keine Möglichkeit, Verbesserungsvorschläge umzusetzen (vor allem bei IGeL)

Problemfeld 2: Konflikte im Team:

- Ausgrenzung einzelner Kolleginnen wegen angeblich teamfeindlicher Verhaltensweisen, Mobbing
- Auseinandersetzungen zwischen neu eingestellten Kolleginnen und Mitarbeiterinnen mit langjähriger Praxiszugehörigkeit
- „feindliche Lagerbildung" in Praxen mit mehreren Ärzten
- Probleme mit Arzt-Ehefrauen, die in der Praxis mitarbeiten

Problemfeld 3: Probleme mit Patienten:

- überzogene Ansprüche, vor allem bei unangemeldetem Erscheinen (Forderung nach kurzer Wartezeit)
- allgemeine Unfreundlichkeit gegenüber dem Personal (z. B. herablassendes Verhalten)
- „Missbrauch" der Praxismitarbeiter als „Ärgerventil" (Medikamentenkosten, Leistungseinschränkung der Krankenkassen etc.)

Welche Instrumente eingesetzt werden können, um diese Probleme zu beseitigen oder am besten gleich zu vermeiden und dadurch ein positives Image zu generieren, ist in den folgenden Abschnitten aufgeführt.

3.2.1 Personalstärke

Die Praxisarbeit kann nur dem Patientenaufkommen adäquat und damit imagefördernd erledigt werden, wenn die Personalstärke richtig gewählt ist. Aber wie viele Mitarbeiterinnen benötigen Sie, um alle aktuell anfallenden Aufgaben in der von Ihnen angestrebten Qualität und Zeit zu erledigen und so zufriedene Patienten zu erhalten? Die Bestimmung des „richtigen" gegenwärtig notwendigen Personalbedarfs lässt sich am besten auf der Grundlage einer Arbeitsanalyse ermitteln, bei der zunächst der Status quo folgender Aspekte bestimmt wird:

- Arbeitsprofile Ihrer Mitarbeiterinnen: *Welche Arbeiten erledigt jede einzelne?*
- Arbeitsauslastung: *Wie viel arbeitet jede Mitarbeiterin?*
- Arbeitskoordination: *Wie gut funktioniert die Zusammenarbeit unter den Mitarbeiterinnen?*

Eine solche Arbeitsanalyse kann einfach und schnell mithilfe eines Patientenlaufzettels (vgl. Marketinghilfe 3.1) ermittelt werden, der aus folgenden Rubriken besteht:

- Name des Patienten: Hier können auch Initialen eingetragen werden, ebenso ist eine laufende Nummerierung denkbar
- Datum: Angabe des Tagesdatums
- Aufnahme in die Praxis: Eintrag, zu welcher Uhrzeit der Patient in die Praxis gekommen ist
- Aktivitäten: Kurzbeschreibung der einzelnen Tätigkeiten, die im Zusammenhang mit der Betreuung des Patienten verrichtet wurden
- Zuständig: Name oder Kürzel der für die einzelne Aktivität zuständigen Mitarbeiterin
- Beginn/Ende: Anfangs- und Endzeit der einzelnen Tätigkeit

- Raum: Ort, in oder an dem die Tätigkeit stattfand
- Verlassen der Praxis: Uhrzeit, zu der der Patient die Praxisräume verlassen hat

Marketinghilfe 3.1: Patientenlaufzettel

Name Patient: _____	Datum: _____			
Aufnahme in die Praxis: _____ Uhr	Bestellzeit: _____ Uhr			
Aktivitäten	zuständig	Beginn	Ende	Raum
Verlassen der Praxis: _____ Uhr				

Dokumentieren Sie eine Woche lang alle Patientenkontakte mit diesem Laufzettel. Wählen Sie dabei den Dokumentationszeitraum so, dass er möglichst den normalen Praxisbetriebsbedingungen entspricht und nicht in eine Ferienzeit oder in einen Zeitabschnitt mit überproportionaler Beanspruchung Ihrer Praxis (z. B. Grippezeit) fällt. Bei der Aufnahme eines Patienten in die Praxis wird der Patientenlaufzettel angelegt und ihm mitgegeben. Alle Mitarbeiterinnen, die mit dem Patienten über Verrichtungen oder Informationen in Kontakt kommen, dokumentieren ihre am Patienten verrichteten Aktivitäten und deren Dauer auf dem Laufzettel. Wenn Sie den Laufzettel für weitere Analysezwecke nutzen wollen, z. B. um eine patientenbasierte Zeit-Querschnittsanalyse durchzuführen, müssen Sie auch Ihre Tätigkeiten auf dem Laufzettel dokumentieren, für die Arbeitsanalyse reicht es aus, wenn Ihre Arbeit mit Anfangs- und Enduhrzeit sowie dem Vermerk „Arztkontakt", „Behandlung", „Konsultation" o. Ä. gekennzeichnet wird.

Mithilfe der auf diese Weise ermittelten Daten können Sie detailliert feststellen, welche Arbeiten Ihre Mitarbeiterinnen erledigen, wie sie dabei ausgelastet sind und ob die Zusammenarbeit im Sinne einer bestmöglichen Koordination aller Abläufe funktioniert. Gleichzeitig wird transparent, ob Ihre Belegschaft in der derzeitigen Struktur für die Erledigung des anfallenden Arbeitspensums geeignet ist.

Wesentlich schwieriger ist zu entscheiden, wie der Personalbestand sich entwickeln muss. Hierbei fließen gleich mehrere Entscheidungsgrößen ein:

- Ihre Praxisstrategie
- Ihr angestrebtes Leistungsangebot
- der mit diesem Leistungsangebot verbundene Umsatz
- die Anzahl der behandelbaren Patienten/Zeiteinheit
- die notwendige Betreuungsintensität und die damit verbundene Patientenzufriedenheit
- die aus dem Leistungsangebot resultierenden Zusatzarbeiten (z. B. Administration)
- die Delegierbarkeit von Arbeiten

3.2.2 Mitarbeitereigenschaften

Jede Mitarbeiterin prägt die Patientenzufriedenheit und das Praxisimage zunächst auf der Basis ihres Eigenschaftenprofils. Es umfasst die Grundausstattung, die Ihr Personal besitzt, um die anfallenden Arbeiten zu verrichten. Sie ist unterteilt in fünf Kompetenzbereiche (vgl. Tab. 3.2).

Tabelle 3.2: Die fünf Kompetenzbereiche und die zugehörigen Mitarbeitereigenschaften

Bereich 1: Persönlichkeitsprofil

- Anpassungsfähigkeit
- Aufgeschlossenheit
- Sprachkompetenz, Ausdrucksfähigkeit, Stimmlage
- Begeisterungsfähigkeit
- Belastbarkeit
- Ehrgeiz
- emotionale Stabilität
- Entscheidungsfreude
- Freundlichkeit
- Höflichkeit
- Leistungsbereitschaft
- Motivierbarkeit
- Sachlichkeit
- Selbstbeherrschung
- Selbstbewusstsein
- Überzeugungsfähigkeit
- Urteilsvermögen
- Vielseitigkeit
- Zuhören können
- Vorurteilslosigkeit
- Humor

Bereich 2: Fachliches Kompetenzprofil

- Allgemeinwissen
- Medizin
- Betriebswirtschaft
- Marketing
- Verkaufstechniken
- Patientenmanagement
- Fremdsprachen
- PC-Techniken
- Präsentations- und Vortragstechniken
- Moderationsfähigkeit für Gruppen
- Berufserfahrung
- Bereitschaft zur Weiterbildung
- bislang erreichte fachliche Kompetenz
- Entscheidungskompetenz
- Fachautorität
- praktische Fähigkeiten
- selbstständiges Lernen

Bereich 3: Arbeitsprofil

- Auffassungsgabe
- Eigeninitiative
- Flexibilität
- Genauigkeit
- Gewissenhaftigkeit
- Handlungsorientierung
- Konzentrationsfähigkeit
- Kreativität
- logisches Denken
- planvolles Arbeiten
- Selbstständigkeit
- Verantwortungsbewusstsein
- Zielstrebigkeit
- Zuverlässigkeit

Bereich 4: Methodenkompetenz

- Durchsetzungsvermögen
- Einfühlungsvermögen
- Integrationsfähigkeit
- Kollegialität
- Kompromissfähigkeit
- Kooperationsbereitschaft
- Kontaktfähigkeit
- Konfliktfähigkeit
- Kritikfähigkeit
- Loyalität
- Selbstkritik
- Teamfähigkeit
- Toleranz

Bereich 4: Soziale Kompetenz

- Analysefähigkeit
- Einsatz von Lern- und Arbeitstechniken
- Informationsverhalten
- Koordinationsfähigkeit
- Organisationsfähigkeit
- Problemlösungsverhalten
- Projektmanagement
- Zeitmanagement

Je mehr Eigenschaften Ihre Mitarbeiterinnen in den aufgeführten Kompetenzbereichen besitzen, desto besser lässt sich nicht nur die Arbeit bewältigen, sondern auch das Bild der Praxis gestalten, da alle Voraussetzungen vorhanden sind, patienten- und imageorientiert zu arbeiten.

3.2.3 Führungsstil

Wann immer Sie mit Ihren Mitarbeitern während des Praxisalltags zusammentreffen, entstehen Führungssituationen, praktizieren Sie Führung. Die Art, in der Sie dies tun, ist Ihr Führungsstil. In Arztpraxen finden sich – in variierender Ausprägung – vier Führungsstil-Grundformen, die entscheidend das Betriebsklima und das hieraus resultierende Image der Praxen bestimmen:

- autokratischer Führungsstil: Der Praxisinhaber trifft die Entscheidungen und teilt sie seinen Mitarbeitern mit.

- paternalistischer Führungsstil: Der Praxisinhaber trifft die Entscheidungen und „verkauft" sie seinen Mitarbeitern so, dass diese sie verstehen und bereitwillig akzeptieren.

- beratender Führungsstil: Der Praxisinhaber bespricht anstehende Entscheidungen mit seinen Mitarbeitern, nimmt deren Meinungen auf und entscheidet auf dieser Grundlage.

- partizipativer Führungsstil: Der Praxisinhaber bespricht die zu treffenden Entscheidungen mit seinen Mitarbeitern und trifft gemeinsam mit ihnen die daraus resultierenden Entschlüsse.

Ihre Mitarbeiterführung ist erfolgreich, wenn Sie die vier folgenden Voraussetzungen beachten:

➡ **Verständigung:** Reden Sie mit Ihren Mitarbeitern!

Führung kann nur reibungslos funktionieren, wenn Sie regelmäßig Informationen mit Ihren Mitarbeitern austauschen. Auf diese Weise wird es erst möglich, dass das Personal Ihre Ziele und die von Ihnen bevorzugten Wege zur Zielerreichung auch kennen. Doch an dieser Stelle stößt man auf ein Problem, das vor allem die Mitarbeiter immer wieder beklagen: Der Chef redet nicht mit ihnen. Natürlich überspitzt die Formulierung die Realität, denn gesprochen wird schon eine Menge, aber über viele Dinge fühlen sich die Mitarbeiter einfach gar nicht oder nur unzureichend informiert. Und die Chefs? Die sind eigentlich der Meinung, ihre Ziele verdeutlicht zu haben oder erwarten von ihren Mitarbeitern, dass sie die Ziele und Anforderungen kennen („Das liegt doch auf der Hand, was sollte denn wohl sonst in diesem Fall geschehen?"). Dies ist aber häufig nicht der Fall und/oder das Personal mag auch nicht nachfragen, wie Dinge gemeint sind („Der hält mich doch für blöd, wenn ich das jetzt frage"). Aus diesem Nicht-Miteinander-Reden entsteht die Ärger- und Frust-Spirale. Anforderung und Wirklichkeit stimmen in der späteren Umsetzung nicht überein, sowohl Arzt als auch Mitarbeiter glauben sich im Recht. Sanktionen werden angedroht, unvermeidliche Pannen in anderen Bereichen kommen hinzu, jeder ärgert sich und das Betriebsklima verschlechtert sich. Den Patienten entgeht die aufkommende Gereiztheit nicht und sie fühlen sich unangenehm berührt, vor allem, wenn der ein oder andere von situativen Auswirkungen, z. B. einem unfreundlichen Umgangston, betroffen ist.

➜ **Delegation:** Verteilen Sie die Arbeit auf mehrere Schultern!
Jedes Mal, wenn Sie Ihren Mitarbeitern Aufgaben übertragen, die diese eigenständig ausführen sollen, delegieren Sie. Ein solches Vorgehen ist aus zwei Gründen sinnvoll:

- Erstens können Sie ja gar nicht alles allein machen, dafür reicht Ihre Arbeitskapazität nicht aus. Mithilfe der Delegation können Sie Entlastung schaffen und sich auf andere Dinge Ihrer Arbeit konzentrieren.
- Zweitens können Sie über das Delegationsprinzip motivieren, denn Delegation wertet die Mitarbeiter auf.

Die Arbeit Ihrer Mitarbeiter wird durch fünf Grundmotive bestimmt, die personenindividuell unterschiedlich stark ausgeprägt sind: Sicherheit, Anerkennung, soziale Repräsentanz, Selbstbestätigung und Selbstverwirklichung. Über die Delegation von Aufgaben können Sie das Streben Ihrer Mitarbeiter nach Erfüllung dieser Motive unterstützen. Der Inhaber einer großen dermatologischen Fachpraxis, der über eine permanente Arbeitsüberlastung klagte, entgegnete auf die Frage nach seinem Delegationsverhalten: „Aber ich delegiere doch und meine Mitarbeiter sind dennoch unzufrieden." Eine genauere Betrachtung der übertragenen Aufgaben machte deutlich, warum in seinem Fall die Delegation kontraproduktiv war. Bei den überantworteten Aufgaben gab er weder einen Teil seines Kompetenzbereichs ab, noch hatten die Mitarbeiter einen eigenen Entscheidungsspielraum oder konnten Eigeninitiative entfalten.

Alles wurde bei der „Übergabe" der Aufgaben strikt vorgeschrieben und von den Mitarbeitern eine Aufgabenerfüllung „gemäß Auftrag" verlangt. Die Konsequenzen waren: Die Aufgaben wurden zwar erfüllt, bei jeder Abweichung vom „Normalfall" wandten sich die Mitarbeiter aber wieder an den Chef, um sich eine neue „Parole" abzuholen. Neben dieser Dauerbelastung schuf sich der Mediziner einen Mitarbeiter-Typus, der wenig Eigeninitiative besaß und sein Tagespensum lediglich abarbeitete.

Nur wenn die o. a. Punkte mit den übertragenen Aufgaben verbunden werden, entsteht ein motivatorischer Effekt, in allen anderen Fällen handelt es sich lediglich um eine *Scheindelegation*.

Selbstverständlich bedeutet das nicht, dass Sie Aufgaben vollständig aus der Hand geben müssen. Sie definieren nach wie vor die Ziele von Aufgaben oder sprechen diese mit Ihren Mitarbeitern ab, ein Vorgehen, das auch dem „Sicherheitsstreben" Ihres Personals entgegenkommt. Darüber hinaus müssen Sie prüfen, inwieweit die Anforderung der zu delegierenden Aufgabe mit den Fähigkeiten des ausgesuchten Mitarbeiters übereinstimmt. Nur wenn es zu keiner Über- oder Unterforderung kommt, entwickelt sich aus der Umsetzung der übertragenen Aufgabe ein Gefühl der Selbstverwirklichung.

➡ **Zusammenarbeit:** Stimmen Sie sich ab!

Ihre Mitarbeiter werden über sehr verschiedene Fähigkeiten und Erfahrungen verfügen. Die eine ist vielleicht sehr kommunikativ, kann gut mit Patienten und Problempatienten umgehen, die andere ist eher still und zurückhaltend, aber ein Organisationsgenie, die dritte seit Jahrzehnten „im Job" und „mit allen Wassern gewaschen". Diese unterschiedlichen Bedingungen führen auch zu sehr unterschiedlichen Einzelinteressen. Um Ihre Praxis optimal zu führen, müssen Sie die Zusammenarbeit Ihrer

Mitarbeiter im Sinne einer Kooperation fördern. Hierfür benötigen Sie fünf Dinge:

- von allen Mitarbeitern getragene, verbindliche Ziele und Grundsätze für die Arbeit Ihrer Praxis
- klare Absprachen, mit welchen Mitteln und auf welchen Wegen diese Ziele zu erreichen sind
- eindeutige Festlegungen der jeweiligen Kompetenzbereiche und Entscheidungsspielräume
- eine Regelung zum kontinuierlichen Informationsaustausch
- die Bereitschaft aller Mitarbeiter, sich in den so definierten Rahmen einzupassen

→ **Motivation:** Setzen Sie für Ihre Mitarbeiter Anreize!
Funktionieren Kommunikation, Delegation und Kooperation, ist die vierte Voraussetzung erfolgreicher Mitarbeiterführung, die Motivation als positives Einwirken auf die Arbeitsbereitschaft Ihrer Mitarbeiter, zum großen Teil schon gesichert. Sie entsteht durch die Kombination von drei Bausteinen: der Selbstmotivation, die Ihre Mitarbeiter sozusagen „von Haus aus" mitbringen, der Arbeitsmotivation, die sich aus ihrer Tätigkeit ableitet, sowie der Teammotivation, die sich aus der Zusammenarbeit mit Ihnen und den Kollegen ergibt. Ziel der Mitarbeiterführung in der Arztpraxis ist die Mitarbeiterzufriedenheit. Ist diese sehr ausgeprägt, macht nicht nur allen die Arbeit mehr Spaß und alles geht einfach leichter, sondern auch die Patientenzufriedenheit wird nachhaltig positiv beeinflusst.

Da der größte Anteil der Praxisleistung durch Sie und Ihre Mitarbeiter erbracht wird, prägt Ihr Verhalten untereinander und den Patienten gegenüber ganz entscheidend das Betriebsklima und damit die Praxisatmosphäre. Zufriedene Mitarbeiter besitzen eine Ausstrahlung, die von den Patienten als angenehm empfunden wird, die Zusammenarbeit zufriedener Mitarbeiter schafft eine Umgebung, in der sich alle wohlfühlen.

Dies macht deutlich, dass die immer wieder anzutreffende Annahme, nur mit Geld sei das Praxisteam zu Höchstleistungen zu bringen, nicht stimmt. Gehaltserhöhungen und Prämien sind – wohl dosiert – sinnvoll, wirken aber immer nur kurzfristig. Und was bringt die höchste Prämie, wenn der Weg dorthin, die tägliche Arbeit, eine Qual bedeutet? Spitzenleistung – um in der Begriffswelt der Führungsliteratur zu bleiben – entsteht vor allem durch eine motivationsfördernde Arbeitskultur.

3.2.4 Praxisorganisation

Die Praxisorganisation als spürbarer Ordnungsrahmen Ihres Praxisbetriebs prägt ebenfalls das Image Ihrer Praxis. Sie besteht aus der Aufbau- und der Ablauforganisation. Die *Aufbauorganisation* umfasst alle Regelungen, die mit der strukturellen Gestaltung Ihrer Organisation verbunden sind. Hierzu zählen die Arbeitsplätze Ihrer Praxis, auch als Stellen bezeichnet, sowie die hierarchische Ordnung der Stellen (das Organigramm) untereinander und zu Ihnen. Die *Ablauforganisation* bezieht sich auch auf die Prozesse, die zwischen den Stellen stattfinden, wie z. B. Information und Kommunikation. Die Organisation steht in engem Zusammenhang zur Führung, denn die Ziele der Organisation liegen nicht nur in der reinen Aufgabenerfüllung, sondern auch in der Motivation der Mitarbeiter (Stichwort Arbeitsqualität), da diese nachhaltig die Qualität der Aufgabenerfüllung beeinflusst.

Eine effiziente, imagefördernde Praxisorganisation beruht auf fünf Prinzipien:

- **Arbeitsteilung:** Da die Arbeit in einer Praxis sehr komplex und umfangreich ist, kann sie nicht von einer Person allein ausgeführt werden. Erfolgt die Aufteilung der Gesamtaufgabe in Teilaufgaben und werden diese an die Mitarbeiter in Einklang mit ihren individuellen Fähigkeiten übertragen, resultiert hieraus eine hohe Wirtschaftlichkeit der Aufgabenerfüllung. Praxisanalysen zeigen allerdings immer wieder, dass die Praxisarbeit zwar aufgeteilt ist, die Teilaufgaben aber nicht auf die Fähigkeiten der Mitarbeiter abgestimmt werden ("Das wird sie schon lernen"). Das Ergebnis ist eine insgesamt unzureichende Aufgabenerfüllung und Frustration aufgrund von Über- oder Unterforderung. Abhilfe schaffen die Definition von Arbeitsbereichen und die Entwicklung der Mitarbeiterfähigkeiten im Hinblick auf ihre Aufgaben.

- **Koordination:** Je komplexer oder umfangreicher die Praxis-Gesamtaufgabe ist, desto weniger lassen sich die Aufteilung der Arbeiten und die Aktivitäten des einzelnen Mitarbeiters überblicken. Deswegen ist es notwendig, Koordinationsmaßnahmen einzuführen, die alle Arbeiten im Hinblick auf die Arbeitsziele zusammenführen. Hierzu stehen verschiedene Mechanismen zur Verfügung, begonnen bei Arbeitsanweisungen bis hin zu Durchführungsbestimmungen oder Abstimmungskonferenzen. In der Realität bleibt die Koordination der Aktivitäten meist dem „freien Spiel" überlassen, der Praxisinhaber geht davon aus, dass die Mitarbeiter schon auf eine ausreichende Abstimmung achten werden. Besser ist deshalb, zusammen mit den Mitarbeiterinnen ein Koordinationssystem aufzubauen, dessen Funktionalität regelmäßig im Rahmen von Praxisbesprechungen überprüft wird.

- **Strukturierung:** Sind die Arbeiten aufgeteilt und koordiniert, muss entschieden werden, wie die Mitarbeiter bezüglich ihrer Kompetenzen untereinander und in Bezug auf den Praxisinhaber angesiedelt sind. In Arztpraxen findet sich üblicherweise eine sog. „Einfachunterstellung", d. h. alle Mitarbeiter sind dem Praxisinhaber unterstellt und haben gegenseitig keine Weisungs- oder Entscheidungskompetenzen. Hierdurch kommt es zu einer starken Überlastung des Praxisinhabers, da er nicht nur arbeiten, sondern gleichzeitig noch seine Mitarbeiter führen muss. Hilfreich ist deshalb die Einführung einer Zwischenhierarchie, zumindest einer „Büroleitung", die vor allem operative Aufgaben der Tagesarbeit für den Praxisinhaber erledigt.

- **Delegation:** Die Arbeitszeit des Arztes muss so weit wie möglich auf seine medizinische Tätigkeit ausgerichtet sein. Das bedingt die Übertragung möglichst vieler, nicht ärztlicher Arbeiten an die Mitarbeiter. Zwar äußern viele Praxisinhaber den Wunsch nach einer solchen Konzentration und Entlastung, kümmern sich dann aber doch um eine Vielzahl delegierbarer Details, da sie befürchten, die Kontrolle zu verlieren. Deshalb ist es wichtig, Aufgaben stufenweise an die Mitarbeiterinnen zu übertragen. So kann nicht nur getestet werden, inwieweit sie fähig sind, diese Möglichkeit produktiv zu nutzen, sondern auch, inwieweit der Arzt den Praxisbetrieb tatsächlich „aus der Hand" verliert. Aus Abbildung 3.1 wird deutlich, dass die Transmitter zwischen der Aufgabenverteilung und der Aufgabenerledigung vor allem das Können und Wollen Ihrer Mitarbeiterinnen sind. Beide Größen werden durch die Auswahl der Mitarbeiter, ihre Qualifizierung im Rahmen von Aus- und Weiterbildung, aber auch durch Ihre Führung und Motivationsmaßnahmen direkt beeinflusst.

Voraussetzung	Ausprägung der Voraussetzung		To-Do
Mitarbeiterinnen			
Fähigkeit, eine Aufgabe zu übernehmen	vorhanden		exakte Absprache zur Zielsetzung und zur Aufgabenerfüllung
	nicht vorhanden	trainierbar	Schulung durchführen (Learning by doing)
		nicht trainierbar	falsche Mitarbeiterin
Bereitschaft, eine Aufgabe zu übernehmen	vorhanden		durch Motivation weiter fördern (z. B. noch mehr Ausführungsspielraum)
	nicht vorhanden	Unkenntnis der Aufgabe	Ziel und Sinn verdeutlichen
		Kenntnis der Aufgabe	Grund für Verweigerungshaltung analysieren und beseitigen
		gehört nicht zum Aufgabenbereich	Sinn verdeutlichen, als Job Enrichment oder Job Enlargement verkaufen

Abb. 3.1: Einflussgrößen erfolgreicher Delegation

- **Formalisierung:** *Nichts verklingt schneller als das gesprochene Wort.* Allzu oft kommt es zu Situationen, in denen der Praxisinhaber meint, doch alles klar und deutlich mit den Mitarbeiterinnen besprochen zu haben, aber dennoch werden die Besprechungsinhalte nicht berücksichtigt oder nur unzureichend umgesetzt. Ein wesentlicher Grund – neben unklaren Anweisungen und geringer Eindeutigkeit von Entscheidungen – ist der geringe Formalisierungsgrad in Arztpraxen.

Stellenbeschreibungen, Ablaufpläne oder Protokolle zu Praxisbesprechungen existieren nur in den seltensten Fällen. Werden schriftlich fixierte organisatorische Ablaufpläne, Stellenbeschreibungen und Besprechungsprotokolle eingeführt, entfallen Auslegungs- und Interpretationsspielräume, die immer wieder zu Missverständnissen und Konflikten führen.

3.2.5 Ärztliches Zeitmanagement

In den Organisationsbereich fällt auch Ihr Zeit- und Selbstmanagement. Aus dem Zusammenspiel Ihrer Praxisorganisation und Ihrem persönlichen Management ergibt sich nicht nur das Zeitfenster, innerhalb dessen Sie sich Ihren Patienten widmen können, sondern auch das Image, das Sie ausstrahlen: Haben Sie Zeit? Wirken Sie entspannt? Erhält der Patient das Gefühl, dass Sie sich ihm zuwenden und auf ihn eingehen? Oder sitzt Ihnen die Zeit im Nacken, fühlen Sie sich gestresst und unter Druck, sodass dem Patienten nur wenig Zeit bleibt, sein Anliegen zu schildern, um nach kurzer hektischer Diagnose und mit einem knapp skizzierten Therapievorschlag die Praxis wieder zu verlassen?

Vielleicht fragen Sie sich wie der Allgemeinmediziner Dr. O.: „Wo ist meine Zeit geblieben?" Sein Beispiel zeigt, wie Fehlausrichtungen des persönlichen Arbeitsmanagements nachhaltig das Image beeinflussen. Dr. O. ist mit dem betriebswirtschaftlichen Ergebnis seiner Praxis sehr zufrieden, doch die hierfür aufzuwendende Energie und der zeitliche Arbeitsaufwand scheinen ihm immer größer zu werden. Auch das Betriebsklima hat sich – so sein Gefühl – verschlechtert. Höchstwahrscheinlich liegt dies – so diagnostiziert O. selbstkritisch – u. a. auch an seinen zeitweise sehr hektischen und unduldsamen Anweisungen, wenn der Zeitdruck für ihn einfach zu groß wird. Irgendwie – so der Eindruck von Dr. O. – wollen alle nur eines: seine Zeit. Patienten, zuweisende Ärzte, seine Mitarbeiter, aber natürlich auch die Familie und Freunde. Das Resultat: Dr. O. verspürt akuten Zeitdruck. Damit steht O. jedoch nicht allein: Die Klage über mangelnde Zeit und akuten „Zeitstress" steht heute bereits an zweiter Stelle der „Leidens-Hitliste" niedergelassener Ärzte, unmittelbar hinter dem sinkenden betriebswirtschaftlichen Erfolg. Die Ursachenforschung vieler Praxisinhaber erbringt schnell eine Reihe (auch scheinbarer) Gründe: zu viele Patienten, nicht mitdenkende Mitarbeiter, wachsende Administration und zunehmende Patientenansprüche. Doch Praxisanalysen zeigen: Vor allem sind ein falsch angelegtes ärztliches Zeitmanagement und eine unzureichend auf den ärztlichen Arbeitsrhythmus abgestimmte Praxisorganisation für die geschilderten Probleme verantwortlich.

Die Folgen dieser „Fehleinteilung" sind fatal: Stress, Frust über fehlende Freizeit, Burnout – für eine große Anzahl von Ärzten sind diese Begriffe keine Leerformeln, sondern quälende Realität. Gleichzeitig entwickelt sich aus diesen Phänomenen eine Negativspirale, denn auf Dauer geraten auch Mitarbeiter und Patienten in den Abwärtssog des ärztlichen Zeit- und Stimmungstiefs, das dann das Image vollends negativ prägt.

Aber wie Abhilfe schaffen? An „Tipps und Tricks", wie man seine Zeitprobleme in den Griff bekommt, fehlt es in der ärztlichen Fachpresse und in Fachbüchern nicht. Bislang haben diese Beiträge aber nur den wenigsten Ärzten wirklich geholfen, da die Empfehlungen nur ausschnitthaft einzelne Aspekte des Zeitmanagements beleuchten. Aufgrund ihrer Wichtigkeit muss die Thematik jedoch grundsätzlich angegangen werden, kleinere Veränderungen „hier und dort" reichen nicht aus, die produktive und – im wahrsten Sinne des Wortes – schonende Verwendung der Ressource *Zeit* nachhaltig zu verbessern.

Als Grundregel gilt zunächst, dass das ärztliche Zeitmanagement, also die Art und Weise, wie Ärzte ihre tägliche Arbeit erledigen, nicht isoliert betrachtet werden darf, sondern stets im Kontext der Praxisorganisation gesehen werden muss. Die Praxisorganisation umfasst dabei die Definition der Mitarbeiter-Arbeitsbereiche und deren Koordination (Aufbauorganisation). Hinzu kommt die Gestaltung des Informations-, Kommunikations- und Arbeitsflusses (Ablauforganisation).

So können die Effekte einer hervorragenden Ablauforganisation (z. B. eines optimierten Bestellsystems) nicht greifen, wenn das ärztliche Zeitmanagement nicht darauf abgestimmt ist (z. B. durch Überziehung der kalkulierten Gesprächsintervalle, die selbst die vorgesehenen Pufferzeiten überschreiten).

Nur wenn die Praxisorganisation und das ärztliche Zeitmanagement optimiert und miteinander vollständig kompatibel sind, entfallen die Zeitprobleme.

Wege zur Optimierung des ärztlichen Zeitmanagements

Die Lösung, wie eine derartige Optimierung und Koordinierung erreicht werden kann, besteht in der Durchführung einer Arbeitsanalyse. In vielen anderen Branchen bereits weit verbreitet, in Arztpraxen jedoch bislang nur selten anzutreffen, ist sie ein einfaches, aber wirkungsvolles Instrument, Zeitprobleme zu beseitigen. Praxisinhaber und Mitarbeiter erfassen dabei eine Woche lang schriftlich jeden Tag alle ihre Aktivitäten mit Angabe von Art und Dauer. Ergänzt wird die Untersuchung durch den Einsatz des Patientenlaufzettels (vgl. Marketinghilfe 3.1), in dem alle patientenbezogenen Stationen und Verrichtungen mit Art und Dauer dokumentiert werden. Durch die Zusammenführung aller Daten entsteht ein mehrdimensionales Abbild der Praxis-Arbeitsabläufe. Hieraus wird u. a. erkennbar,

- was in der Praxis geschieht, während der Arzt/die Ärztin Patientengespräche führen;
- in welchem Umfang und mit welchen Konsequenzen unangemeldete Patienten die Abläufe beeinflussen;
- welche Aufgaben die Mitarbeiter mit welcher Arbeitsauslastung und Qualifizierung ausführen (Grundlage der Personalplanung);
- ob die Arbeitsabläufe optimal koordiniert sind;
- wie sich die Aufenthaltszeit der Patienten zusammensetzt;
- etc.

Die Gestaltung des persönlichen Arbeits- und Selbstmanagement folgt einem einfachen Schema: dem **3A-4P-Portfolio des ärztlichen Zeitmanagements** (vgl. Abb. 3.2). Um die eigenen Ziele zu erreichen und die Praxisstrategie umzusetzen, müssen Ärzte bestimmte Arbeitsaufgaben erledigen. Dafür steht Ihnen Ihre **Arbeitszeit** zur Verfügung, in der Sie Ihre **Arbeitskraft** (Engagement, Energie) zur Erledigung Ihrer **Arbeitsaufgaben** einsetzen. Ärztliches Zeitmanagement bedeutet, diese 3A-Faktoren auf die 4P-Bereiche (**Patienten, persönlich,**

Personal und **Praxis**) gemäß den gesetzten Zielen zu verteilen. Geschieht dies nicht adäquat, entsteht Chaos.

Arbeitsorganisation		
Arbeitsaufgaben	Arbeitszeit	Arbeitskraft
Ziele		
■ Plus-Minus-Bilanzierung (Was funktioniert gut, was nicht?)	■ Soll- = Ist-Arbeitszeit?	■ Arbeitszufriedenheit?
■ Aufgabenstruktur? ■ Zeit-Wichtigkeits-Relation?	■ Soll- = Ist-Aufteilung? ■ Störungen?	■ Leistungskurve? ■ Aufgabenerledigung nach Leistungs-kurvenverlauf?
Status quo Ihres persönlichen Zeitmanagements		
■ Struktur der Auf-bauorganisation?	■ Struktur der Ablauforgani-sation?	■ Patientenfrequenz? ■ Patientenfluss? ■ Patientenbetreuung?
Strukturen	Prozesse	Ergebnis
Praxisorganisation		

Left vertical labels: Ziele / Patienten persönlich Personal Praxis

Abb. 3.2: Das 3A-4P-Portfolio des ärztlichen Zeitmanagements

Die Ergebnisse der Arbeitsanalyse von Dr. O. sind repräsentativ für die Defizite, die sich in Arztpraxen immer wieder finden:

■ **aktionistischer Arbeitsstil:** O. erledigt seine Aufgaben nach Anfall, nicht nach Priorität. Das Problem: Wirklich Wichtiges wird häufig viel zu spät erledigt, Unwichtiges dagegen oftmals sofort. Dies bedingt auch, dass O. alle seine Aktivitäten (Gespräche, Telefonate, Diktate etc.) vollkommen ungeordnet erledigt. Dadurch verschenkt er die Möglichkeiten, die sich aus der im Zeitmanagement bewährten Technik der Blockbildung ergeben, z.B. zeitliche Bündelung gleichartiger Arbeiten wie Telefonate. Zudem plant O. nicht schriftlich. Die Folge: Viele Dinge gehen im Praxisalltag einfach unter, geraten in Vergessenheit und müssen dann mühsam rekonstruiert werden.

- **Arbeitsfluss-Störungen**: „Chef, mit welchem Porto sollen wir diesen Umschlag frankieren?" „Haben Sie den Terminkalender gesehen?" Durchschnittlich – so ermittelt O. – wird er pro Tag 32-mal durch derartige Nachfragen gestört. Das Problem: Sein Arbeitsfluss wird hierdurch derart gestört, dass Arbeiten, die er mit Unterbrechungen erledigt, doppelt so viel Zeit beanspruchen wie die gleiche Tätigkeit ohne Störung. Die Folge: Der hieraus resultierende Zeitverlust beläuft sich auf durchschnittlich 46 Min./Tag.

- **Erledigung falscher Aufgaben**: 12 % der Tätigkeiten von O. – so die Aussage seiner Tagesprofile – entfallen auf Aufgaben, die eindeutig dem Arbeitsbereich seiner Mitarbeiter zuzurechnen sind (Transport von Unterlagen, Suche nach PC-Dateien etc.)

- **Effizienzkiller „Offene Sprechstunde"**: Die als Patientenservice gedachte, an zwei Vormittagen stattfindende offene Sprechstunde produziert – so das Ergebnis der Mitarbeiter-Tagesprofile – drastische Wartezeitüberhänge in die anschließend folgenden Termine. Das Problem: Hierdurch wird regelmäßig die gesamte Tagesplanung zunichte gemacht. Die Folge: Es führt zu Stress für Arzt und Mitarbeiter. Zudem wird eine erhebliche Patientenunzufriedenheit erzeugt.

- **Falsches Patientenmanagement**: „Kommen Sie doch um 10:00 Uhr, wir schieben Sie dann irgendwie ‚rein'." Ein weiterer „Zeitdieb" für O. ist die Termingroßzügigkeit seiner Mitarbeiter, ergänzt um falsch kalkulierte Pufferzeiten. An dreien der Untersuchungstage waren Termine bis zu fünffach belegt, da der Bestellrhythmus nicht stimmte. Insgesamt zeigte sich, dass die Wartezeiten der Patienten in keinem Verhältnis zur Behandlungszeit standen. Kurzzeitkontakter mussten z. B. ebenso lange auf den Arzt warten wie Patienten, die einer längeren Betreuung bedurften. Hinzu kam eine für O. sehr überraschende Erkenntnis: Um die aus der offenen Sprechstunde und den eingeschobenen Patienten resultierenden Wartezeiten zu entzerren, „parken" die Mitarbeiter Patienten in den Behandlungsräumen. Um dennoch eine gute Betreuung anzubieten, schauen sie regelmäßig nach ihnen. *Das Problem:* Die damit verbundenen Wege- und Aufenthaltszeiten summierten sich pro Tag und Mitarbeiter durchschnittlich auf 51 Minuten, also auf eine Stunde Arbeitszeitverlust. Die Folge: Das Personal fehlte oft an anderen Stellen, z. B. war das Telefon häufig unbesetzt. Und nicht zuletzt kam es auch immer wieder zu Situationen, in denen die Räume tatsächlich für Behandlungen benötigt wurden. Hierfür war aber eine erneute Umsetzung der wartenden Patienten notwendig, woraus weitere Zeitverluste entstanden.

Anhand der selbst ermittelten Ergebnisse und der darin enthaltenen Tagesprofile konnte O. das erste Mal seinen Arbeitsrhythmus in Relation zur Ablauforganisation betrachten, die Situation mit seinen Mitarbeitern besprechen und Lösungen entwickeln (z. B. zeitliche Bündelung von Kurz- und Langzeitterminen). Besonders hilfreich war für ihn, dass alle Daten vom Praxisteam selbst erhoben und ausgewertet worden und damit als Selbsterkenntnis in ihrer Glaubwürdigkeit absolut objektiv waren. Eine unterstützende Überzeugungsleistung oder gar Anweisungen seitens O. wurden nicht mehr benötigt.

Eine Arbeitsanalyse ist jedoch erst der erste Schritt zu mehr zeitlichem Freiraum. Sind mit ihrer Hilfe die Problempunkte identifiziert, müssen sie – in Zusammenarbeit des gesamten Praxisteams – beseitigt werden. Aber vor allem kommt es nun darauf an, auch die Struktur des ärztlichen Zeitmanagements zu verändern. Hierfür helfen die acht Grundregeln des ärztlichen Zeitmanagements, durch deren konsequente Anwendung ein durchschnittlicher Zeitgewinn pro Woche von 9 Stunden und 16 Minuten erzielbar ist. Auf das Jahr hochgerechnet ergeben sich hieraus 18,5 Tage mehr Zeit! Das Resultat: zeitliche Freiräume, eine gesteigerte Arbeitszufriedenheit, eine verbesserte Praxisorganisation, zufriedene Patienten und vor allem ein hervorragendes Image! Im Einzelnen handelt es sich um die in Tabelle 3.3 dargestellten Verhaltensweisen.

Tabelle 3.3: Effekte optimierter Verhaltensweisen im ärztlichen Zeitmanagementsystem

Verhaltensweise	Effekte und Vorteile	Beitrag zur Zeitersparnis
Ziele bilden	• Man erhält qualitative und quantitative Maßstäbe, an denen Erfolge oder Fortschritte der eigenen Arbeit gemessen werden können. • Die Arbeit in der Praxis wird an gemeinsamen Orientierungsgrößen ausgerichtet. • Es entstehen Transparenz und Berechenbarkeit. • Die Notwendigkeit vieler Rückfragen und häufigen Klärungsbedarfs sinkt deutlich.	ca. 6 %
Störungen vermeiden	• Herstellung von Arbeitskontinuität und Arbeitsfluss • Erhöhung der Arbeitseffizienz und -effektivität • Möglichkeit, zu befriedigenden Arbeitsergebnissen zu gelangen • Zwang für die Mitarbeiter, sich zu disziplinieren	ca. 16 %
Aufgaben nach Wichtigkeit klassifizieren und ordnen (A-B-C-Prinzip)	• ausschließliche Verwendung der Zeit auf die Arbeiten, die wirklich wichtig sind • ruhiges und ausgeglichenes Arbeiten, da die meisten Anforderungsspitzen, die aus plötzlich auftretenden Dringlichkeiten entstehen, gekappt werden • weniger Arbeit, da zielgerichtet delegiert werden kann • die Kooperation im Praxisteam wird verbessert, da für alle Arbeiten eine einheitliche Klassifizierung existiert	ca. 13 %
Delegation aller nicht ärztlichen Arbeiten an die Mitarbeiter	• schnellere Abwicklung von Vorgängen durch Einteilung und Koordination • höhere Arbeitszufriedenheit • verbesserte Kundenzufriedenheit • Kosten- und Zeitersparnis	ca. 20 %

Reservierung von ungestörten Arbeitszeiten (Blöcke zwischen 15 und 30 Min.)	• gezielte Vermeidung von Ärger und Hektik • Steigerung der Arbeitsqualität • spürbar verbessertes Betriebsklima, da die ärztliche Arbeitszeit für die Mitarbeiter berechenbar wird • Anstieg der Arbeitszufriedenheit, da man sich selbst in die Lage versetzt, konzentriert abgeschlossene Arbeitsergebnisse zu erzielen	ca. 11 %
Schriftliche/ elektronische Planung der Arbeit	• intuitives Lernen, wie die knappe „Ressource Zeit" gesteuert werden kann • Intensivierung der Arbeit, da die Arbeitskraft gezielt eingesetzt werden kann • Stress-Situationen können vorausschauend weitgehend vermieden werden • der initial erhöhte Zeitaufwand für die Planung wird durch den Wegfall der ständig neu zu treffenden Entscheidungen, was als nächstes zu tun ist, deutlich überkompensiert • Möglichkeit, die freie Zeit besser zu genießen, da das permanente Gefühl, etwas vergessen zu haben, entfällt	ca. 18 %
Verbesserung der internen Kommunikation	• schneller und reibungsloser Arbeitsfluss • hohe Flexibilität, auch in Ausnahmesituationen • kontinuierliche Weiterentwicklung der Praxisprozesse • optimierte Leistungsqualität	ca. 7 %
Optimierte Arbeitsplatz- organisation	• Aufwandsminimierung, vor allem für Routinearbeiten • Eliminierung von „Motivationskillern" • Ruhe und Ausgeglichenheit durch das Gefühl, mit der Arbeit immer „auf der Höhe der Zeit" zu sein • Verbesserung der Arbeitsqualität	ca. 8 %

TIPP:

Ein nach dem in Tabelle 3.3 aufgezeigten Muster optimiertes Zeitmanagementsystem hält nicht ewig. Im Arbeitsalltag schleichen sich stets erneut Verhaltensweisen, ja Routinen ein, die mit den initial etablierten nichts oder nur wenig zu tun haben. Das Resultat: kleine Zeitverschwendungen, die sukzessive immer größer werden können. Um dieser Entwicklung entgegenzuwirken, ist es notwendig, die Arbeitsanalyse in regelmäßigen Abständen, z. B. jährlich, zu wiederholen. Überdies sollte sie immer dann durchgeführt werden, wenn in der Praxis gravierende strukturelle Veränderungen stattgefunden haben (z. B. Ausweitung zu einer Gemeinschaftspraxis) oder mit einem veränderten Leistungsangebot neue Zielgruppen angesprochen werden, die eine modifizierte Abwicklungsroutine erfordern (z. B. Einführung eines IGeL-Konzepts).

3.3 Imagemanagement-Tools im Bereich *Corporate Communication*

In diesen Image-Gestaltungsbereich fällt die gesamte Praxiskommunikation: zum einen als interne Kommunikation, zum anderen nach außen gerichtet in Form von Werbemaßnahmen und Öffentlichkeitsarbeit. Corporate Communication (einheitliche Kommunikation und Information) beginnt in Arztpraxen mit einer standardisierten Begrüßungsformel am Telefon und setzt sich beispielsweise dadurch fort, alle Patienten (auch die anrufenden) im Laufe eines Gesprächs immer mit ihren Namen anzusprechen. Aber nicht nur der direkte und persönliche Kontakt zu Patienten fällt in diesen Bereich. Auch die Aufbereitung von Praxisbroschüren und des obligatorischen Internetauftritts gehören dazu, weil sie nicht nur formal (vgl. Kap. 3.1: Corporate Design), sondern auch inhaltlich aufeinander abgestimmt sein müssen.

3.3.1 Interne Kommunikation

Patienten fühlen sich in einer Arztpraxis besonders wohl, wenn ein positives Betriebsklima herrscht, das natürlich auch das Image entscheidend prägt. Harmonie, Ruhe, Ausgeglichenheit sind die Image-Schlüsselkriterien, die es in diesem Bereich zu gestalten gilt. Im kommunikativen Verhalten von Praxisteams sind ungelöste Konflikte innerhalb des Teams das größte Störpotenzial. Die hieraus resultierende, für Patienten häufig spürbare schlechte Stimmung ist der „Image-Killer Nr. 1". Die Lösung ist ein funktionierendes Konfliktmanagement.

Handlungsleitfaden für ein imageförderndes Konfliktmanagement

Konflikte sind Situationen, bei denen sich mindestens zwei unterschiedliche Ansichten, Vorstellungen oder Interessen gegenüberstehen, die aus eigenem Bemühen nicht harmonisierbar sind und bei Fortbestehen ernsthafte Konsequenzen für die Praxisarbeit haben, denn:

- die Arbeitsproduktivität nimmt ab
- die Arbeitsqualität sinkt
- Motivation und Mitarbeiterzufriedenheit sinken
- der Teamgeist schwindet
- das Betriebsklima verschlechtert sich
- die Patientenzufriedenheit ist gefährdet

Da Konflikte im Praxisalltag immer wieder auftauchen können, benötigen Sie für das Erreichen Ihrer Praxisziele ein funktionierendes Konfliktmanagement. Es besteht aus zwei Bereichen: der Konfliktprävention im Sinne einer vorausschauenden Vermeidung von Konflikten und der Konfliktlösung. Grundsätzlich zeigt die Analyse von Konflikten in Arztpraxen: Etwa zwei Drittel lassen sich durch Prävention vermeiden und ein Drittel bedarf einer Lösung.

In Bezug auf Konfliktprävention müssen Sie die möglichen Konflikturschen in Arztpraxen beachten, um richtig agieren zu können (vgl. Tab. 3.4).

Tabelle 3.4: Konfliktprävention in Arztpraxen: relevante Konfliktursachen

Konfliktursachen in Arztpraxen

Konfliktursache 1: Zwischenmenschliche Probleme

Zwischenmenschliche Probleme vermeiden Sie durch die Einstellung von Personal, die von Anfang an den Aspekt der sozialen Kompetenz berücksichtigt. Ebenso trägt ein Mitarbeiter-Beurteilungssystem dazu bei, eine weitgehend konfliktfreie Kooperationsatmosphäre zu schaffen. Regelmäßige Führungsgespräche und Teambesprechungen runden die Präventionsinstrumente dieses Bereichs ab.

Konfliktursache 2: Zieldiskrepanzen

Zieldiskrepanzen – die zweite Ursache von Konflikten – begegnen Sie am besten durch eine umfassende und detaillierte Festlegung von Zielen für Ihre Praxis und daraus abgeleiteten Arbeitszielen für Ihre Mitarbeiterinnen. Mithilfe schriftlicher Zielvereinbarungen und deren Soll-Ist-Vergleich etablieren Sie die Orientierung an Zielen als Arbeitsprinzip und vermeiden Zielkonflikte.

Konfliktursache 3: Fehlende Aufgabendefinitionen

Der dritte Grund für Konflikte in Arztpraxen sind fehlende Aufgabendefinitionen. Leider ist die Realität durch Überschneidungen von Aufgabenbereichen, mehrdeutige Kompetenzen und Über- bzw. Unterforderungen von Mitarbeiterinnen geprägt. Mit ausgearbeiteten Stellenbeschreibungen und einer festen Aufgabenzuordnung wirken Sie diesen negativen Folgen entgegen.

Konfliktursache 4: Schlecht organisierte Abläufe

Ein weiterer Konfliktverursacher sind schlecht organisierte Abläufe. Über eine strikte Vergabe und Einhaltung von Terminen, eine Planung der Konsultationszeiten, u. U. unterschieden nach verschiedenen Termintypen und der Bildung von Zeitblöcken für gleiche Arbeiten (z. B. Diktieren), optimieren Sie den Arbeitsfluss in Ihrer Praxis und schalten eine wesentliche Konfliktquelle aus.

Konfliktursache 5: Inadäquate Führung

Der nächste Konfliktgrund ist eine inadäquate Führung. Mithilfe Ihrer Führung stellen Sie sicher, dass Ihre Mitarbeiter die Ziele für ihre Arbeitsbereiche und Sie Ihr Praxisgesamtziel erreichen. Gerade im Führungsbereich steckt aber auch ein sehr hohes Konfliktpotenzial, wenn die Instrumente nur unzureichend, d. h. zu intensiv, falsch oder gar nicht angewendet werden. Mit Grundsätzen zu Führung und Zusammenarbeit und einem Führungsstil jedoch, der auf eine intensive Mitarbeiterkommunikation, weitreichende Delegation und wohldosierte Motivationsmaßnahmen setzt, sind Sie konfliktpräventiv auf der „sicheren Seite".

Konfliktursache 6: Unzureichende Mitarbeiterqualifizierung

Nicht zuletzt ist häufig eine unzureichende Qualifizierung der Mitarbeiterinnen die Ursache von Konflikten. Eine Qualifizierung Ihres Personals erreichen Sie durch eine umfassende Personalentwicklung. Zielsetzung ist dabei, Ihre Mitarbeiter über geeignete Maßnahmen gemäß den strategischen Zielsetzungen Ihrer Praxis so zu qualifizieren, dass sie die derzeitigen und zukünftigen Aufgaben optimal erfüllen können. Ist das gewährleistet, kann es zu keinen Über- oder Unterforderungen mit ihren konfliktfördernden Konsequenzen kommen. Die Qualifizierungsmaßnahmen können in der Teilnahme an externen Seminaren bestehen, effektiver jedoch sind praxisinterne Schulungen.

Arbeiten Sie bereits konfliktpräventiv und damit imagefördernd? Dann sollten Sie die meisten der Regelungen und Verhaltensweisen des folgenden Selbsttests (vgl. Marketinghilfe 3.2) in Ihrer Praxis umgesetzt haben. Zählen Sie zur Bestimmung Ihres Präventionsstatus, wie oft Sie bei der Durchführung des Tests eine Aussage mit „Ja" beantworten.

Marketinghilfe 3.2:   Selbsttest: Arbeiten Sie in Ihrer Praxis konfliktpräventiv?

	ja	nein
Ziele Ich setze mir für meine unternehmerische Tätigkeit Ziele, die die Praxisarbeit steuern.		
Für alle Ziele sind eindeutige Messgrößen definiert.		
Aus meinen Praxiszielen habe ich Arbeitsziele für meine Mitarbeiter entwickelt und mit ihnen abgesprochen.		
Es existiert eine Praxisstrategie, die für die nächsten zwei Jahre beschreibt, auf welchen Wegen und mit welchen Mitteln die Praxisziele erreicht werden sollen.		
Ich kontrolliere regelmäßig den Zielerreichungsgrad der Praxisarbeit und passe die Strategie kontinuierlich an.		
Aufgaben Alle zu erledigenden Arbeiten sind eindeutig zu einzelnen, abgegrenzten Arbeitsplätzen zusammengefasst, alle Schnittstellen genau definiert.		
Jeder Mitarbeiterin ist ein fester Arbeitsplatz zugeordnet.		
Es existieren verbindliche Stellenbeschreibungen für alle Mitarbeiterinnen.		
Es gibt klare Verantwortungszuordnungen.		
Die Praxisarbeit erfolgt ziel- und prioritätenorientiert, jeder weiß, was er zu tun hat.		
Ich habe schon einmal eine Organisations-Basisanalyse durchgeführt.		

Abläufe	Ich kontrolliere und optimiere die Organisationsabläufe in meiner Praxis kontinuierlich.		
	Die Abläufe sind auch bei großer Arbeitsbelastung beständig.		
	Unvorhergesehene Ereignisse kalkulieren wir planerisch mit Pufferzeiten ein.		
	Unangemeldet werden nur Notfälle angenommen.		
Führung	Der Mitarbeiterinnenstamm ist durch eine sehr geringe Fluktuation gekennzeichnet.		
	Es werden regelmäßige Praxisbesprechungen durchgeführt.		
	Meine Mitarbeiterinnen begegnen sich mit Respekt und Hilfsbereitschaft.		
	Das Arbeitsergebnis des Teams ist sehr hoch.		
	Die Gruppe fühlt sich zusammengehörig und entwickelt Teamgeist.		
Qualifikation	Ich habe klare Vorstellungen davon, welche Qualifikation jede Mitarbeiterin besitzen sollte.		
	Ich habe für jede Mitarbeiterin Qualifikationsziele definiert, die mit ihr abgesprochen sind.		
	Meine Mitarbeiterinnen erhalten regelmäßig Schulungen zur Verbesserung ihrer Assistenzfähigkeiten.		
	Es gibt ein Vorschlagwesen.		
	Es existiert für jede Mitarbeiterin ein Aus- und Weiterbildungsplan.		
Motivation	Unterschiede in Meinungen und Sichtweisen werden von den Teammitgliedern positiv gesehen.		
	Bei Bedarf übernimmt jede Mitarbeiterin auch die Aufgaben der Kolleginnen.		
	Alle fühlen sich zuversichtlich und motiviert.		
	Alle arbeiten in dem Bewusstsein – sowohl persönlich als auch als Gruppe – Wesentliches zum Gelingen des Praxisbetriebs beizutragen.		
	Notwendige Zusatzarbeiten werden bereitwillig erledigt.		
Gesamtergebnis „Ja"-Antworten			

Auswertung Ihres Selbsttests:

I. 0–15 „Ja"-Antworten: In Ihrer Praxis herrscht ein hohes Konfliktpotenzial, da Sie so gut wie keine konfliktpräventiven Maßnahmen getroffen haben.

II. 15–25 „Ja"-Antworten: Die Konfliktprävention erfüllt in Ihrer Praxis die Grundanforderungen, sollte jedoch unbedingt intensiviert werden.

III. 25–30 „Ja-Antworten": Ihre konfliktvorbeugenden Maßnahmen sind sehr gut ausgerichtet.

Sollte Ihre Nennungsanzahl in Kategorie I oder II fallen, können Sie anhand des seitlich angegebenen Fragenschlüssels (Ziele, Aufgaben, Abläufe, Führung, Qualifikation, Motivation) bestimmen, in welchen Konfliktbereichen Ihre größten Optimierungspotenziale liegen.

Können Konflikte nicht vermieden werden und sind die Konfliktpartner nicht selbst in der Lage, die Situation zu bereinigen, müssen Sie handeln und für eine möglichst rasche Lösung sorgen. Drei Fragen helfen Ihnen, die Lösung vorzubereiten:

- *Wer ist am Konflikt beteiligt?*
- *Worum geht es in dem Konflikt?*
- *Wie ist der Konfliktstatus (Dauer und Intensität des Konflikts)?*

Die Klärung dieser Fragen mündet in ein Konfliktlösungsgespräch mit den Beteiligten. Zielsetzung ist hierbei:

- eine Positionsbestimmung der Konfliktparteien durchzuführen: *Welche Argumente werden vorgebracht, welche Empfindungen haben die Konfliktparteien?*
- eine positive Lösung des Konflikts zu erarbeiten und zu vereinbaren, die von allen mitgetragen werden kann: *die Argumente der Gegenseite verstehen, einen Einblick in die Gefühlssituation der Gegenseite erhalten, den Kompromiss suchen*

Die folgende Schritt-für-Schritt-Anleitung gibt eine Hilfestellung, wie Sie Konfliktgespräche einfach und effizient führen können:

Schritt 1: Gesprächsvorbereitung

Ein Konfliktgespräch, egal ob es sich um einen kleinen oder großen Konflikt handelt, sollte nie „zwischen Tür und Angel" erfolgen. Sie schaffen optimale Voraussetzungen für eine erfolgreiche, d. h. lösungsorientierte Konfliktgestaltung, wenn Sie folgende Rahmenbedingungen schaffen:

- Vereinbaren Sie einen Gesprächstermin: Der Termin sollte wenige, ca. drei bis max. vier Tage nach seiner Absprache liegen. Diese Kurzfristigkeit ist notwendig, um durch ein schnelles Handeln Ihrerseits den Konflikt zu beenden und möglichen, noch zu erwartenden negativen Folgen vorzubeugen. Zudem soll den Konfliktparteien nicht ermöglicht werden, in der Zeit zwischen Terminabsprache und Termindurchführung die Streit- oder Faktenlage in Anbetracht des nahenden Gesprächs noch zu verändern.

- Bestimmen Sie einen Tag, an dem die Unterredung auf jeden Fall stattfinden kann und nicht verschoben werden muss.
- Wählen Sie eine Gesprächszeit, zu der die Unterredung nicht gestört werden kann, am besten nach Praxisschluss.
- Legen Sie eine genaue Gesprächsdauer fest. Die zeitliche Limitierung hilft Ihnen, das Gespräch, „auf den Punkt" zu bringen und mögliche Ausuferungen zu vermeiden.
- Benennen Sie bei der Einladung das Gesprächsthema und machen Sie Ihre Zielsetzung der Konfliktlösung deutlich. Verweisen sie darauf, dass es Ihnen nicht darum geht, Schuldige zu finden, sondern den Konflikt im Hinblick auf die Qualität und Funktionalität der Praxisarbeit zu beseitigen.
- Wählen sie einen Raum, in dem Sie ungestört sind. Schaffen Sie mit Kaffee, Getränken etc. eine beruhigende, positive Atmosphäre. Wählen Sie eine Sitzordnung, bei der Sie sich mit Ihrem Gesprächspartner gleichwertig gegenübersitzen. Sorgen Sie unbedingt dafür, dass Sie während des Gesprächs nicht gestört werden.
- Erstellen Sie für sich ein Gesprächskonzept („Wie will ich vorgehen?") mit folgenden Bestandteilen: einer Einleitung des Gesprächs mit kurzer Problemschilderung aus eigener Sicht, der Darstellung des Konflikts aus Sicht Ihres Gesprächspartners und das Vorgehen für eine gemeinsame Lösungssuche und einem Gesprächsabschluss mit Lösungsvereinbarung. Für den Fall, dass Ihr Gesprächspartner nicht fähig oder auch nicht bereit ist, eigenständig eine Konfliktlösung zu erarbeiten, sollten Sie ein eigenes Lösungsmodell zur Hand haben, das aber nur als letzter Ausweg zum Einsatz kommen sollte. Achten Sie dabei darauf, dass die Lösung sowohl leicht und schnell umsetzbar, gerecht und für den Praxisbetrieb förderlich ist.

Schritt 2: Gesprächsauftakt

In der Initialphase des Konfliktlösungsgesprächs geht es vor allem darum, eine positive Atmosphäre zu schaffen. Dieser Punkt ist für Ablauf und Abschluss von Konfliktgesprächen äußerst wichtig. Je nach Konfliktintensität gehen die Parteien vielleicht hoch emotionalisiert in das Gespräch, eine Situation, in der Sachargumente einen sehr schweren Stand haben. Mithilfe einer positiven Atmosphäre gelingt es Ihnen, die Emotionen zu beruhigen und eine Sachdiskussion vorzubereiten. Eine solch positive Atmosphäre schaffen Sie durch folgende Maßnahmen:

- Freundliche Begrüßung des Gesprächspartners
- Geben Sie ihm das Gefühl, willkommen zu sein.
- Bieten Sie ihm einen Platz an, offerieren Sie ein Getränk.
- Lassen Sie positive Mimik und Gestik wirken: Lächeln, geöffnete Arme (nicht über der Brust verschränkt), Blickkontakt.
- Verleihen Sie Ihrer Freude Ausdruck, dass sich Ihr Gegenüber zum Gespräch bereitgefunden hat: „Ich glaube, dass es ein guter Schritt ist, sich einmal zusammenzusetzen ..."
- Verdeutlichen Sie die Wertschätzung für Ihren Gesprächspartner: „Sie sind ja eine wichtige Leistungsträgerin dieser Praxis ...", „Sie arbeiten ja schon sehr lange und sehr erfolgreich in meinem Team ..."
- Umreißen Sie die Zielsetzung des Gesprächs: „.... und gerade deshalb möchte ich mit Ihnen besprechen, wie die Zusammenarbeit im Bereich ... verbessert werden kann ..."
- Verdeutlichen Sie Ihre Überzeugung, dass Sie sich sicher sind, gemeinsam eine tragfähige, für alle Beteiligten akzeptable Lösung zu finden.
- Unterstreichen Sie Ihre Rolle als unparteiischer Moderator: „Für mich ist eine Konfliktlösung wichtig, damit der Praxisbetrieb wieder reibungslos funktioniert. Vor diesem Hintergrund verstehe ich mich als neutraler Schlichter ..."
- Führen Sie ggf. ein Beispiel eines anderen Konflikts an, der ebenfalls erfolgreich beseitigt werden konnte.
- Betonen Sie Gemeinsamkeiten mit der vielleicht nicht anwesenden Konfliktpartei, z. B. bezüglich der Arbeitsleistung oder der Ziele: „Sie sind ja nun beide Perfektionisten, was die Arbeitsqualität betrifft", „... haben Sie beide ja schon vielfältige Erfahrungen sammeln können ..."

- Schildern Sie das Problem, das Sie identifiziert haben, in Form einer knappen und möglichst exakten Beschreibung, ohne Wertung und Interpretation: „... für mich stellt sich das Problem wie folgt dar ..."
- Stellen Sie die Bedeutung des Konflikts aus Sicht Ihrer Praxisführung dar: Wie wirkt sich der Konflikt auf das Arbeitsergebnis, die Arbeitsabläufe, das Betriebsklima und auf die Konfliktparteien selbst aus.
- Nutzen Sie diese Schilderungen, um die Bedeutung einer Konfliktlösung herauszustellen, nicht jedoch, um den Konfliktparteien Schuld zuzuweisen oder eine rasche Lösung durch moralischen Druck zu forcieren.

Schritt 3: Konfliktdarstellung aus Sicht der Beteiligten

In dieser Phase des Gesprächs geben Sie Ihrem Gesprächspartner Gelegenheit, die Situation aus seiner Sicht darzulegen. Im Einzelnen geht es um die Erhebung

- der Standpunkte,
- der Ziele, die hinter den Standpunkten stehen sowie
- der Argumente.

Die Konfliktdarstellung läuft wie folgt ab:

- Bitten Sie um eine sachliche Schilderung der Fakten ohne pauschale Anschuldigungen und undifferenzierte Unterstellungen: „Frau Z., wo genau liegt Ihr Problem?", „Frau Y, was stört Sie konkret?"
- Hören Sie Ihrem Gesprächspartner zunächst einfach zu. Damit signalisieren Sie, dass Sie seine Schilderung an- und ernst nehmen.
- Unterbrechen Sie seine Ausführungen nicht.
- Sind die Ausführungen zu allgemein, bitten Sie um eine Konkretisierung. So stellen Sie sicher, dass es nicht zu Missverständnissen kommt.
- Notieren Sie sich die wichtigsten Aspekte.
- Fordern Sie bei Bedarf Sachlichkeit ein: „Frau N., ich verstehe, dass Sie das aufregt, aber lassen sie uns zunächst einmal die Fakten zusammentragen ...".
- Hören Sie genau zu.

- Führen Sie das Gespräch ruhig und sachlich.

- Ist Ihr Gesprächspartner nicht in der Lage, sich adäquat auszudrücken (Sprache, Selbstbewusstsein), helfen sie ihm, seine Argumente vorzubringen, ohne jedoch diese zu unterstützen oder zu werten.

- Zeigen Sie durch Mimik, Gestik (Kopfnicken) und mit kurzen Bestätigungslauten („Mmh", „Ja", „Ach so") Ihr Interesse an den jeweiligen Ausführungen.

- Führen Sie bei einem zu großen Abschweifen der Schilderungen freundlich wieder auf das Kernthema zurück: „Frau P., dieser Punkt bringt uns etwas vom Thema ab, lassen Sie mich deshalb noch einmal darauf zurückkommen ...".

- Fassen Sie anschließend den Konfliktstandpunkt Ihres Gesprächspartners zusammen, indem Sie seine Konfliktbeschreibung spiegeln, ohne diese jedoch zu werten: „Frau K., Ihre Sichtweise dieses Konflikts ist also, dass ..." Auf diese Weise geben Sie Ihrem Gegenüber eine Antwort auf seine Ausführungen und zeigen eine Reaktion, ohne inhaltlich zu reagieren. Über die Spiegelung der Inhalte stellen Sie auch sicher, dass Sie die Darstellung richtig verstanden haben.

- Lassen Sie dann Ihren Gesprächspartner sich in die Situation seines Konfliktgegners versetzen, um den nächsten Schritt, die Lösungsentwicklung, vorzubereiten: „Frau P., Sie haben mir ja jetzt Ihre Sicht der Dinge dargestellt. Was meinen Sie denn, wie Frau B. dieses Problem sieht?"

- Fordern Sie bei einer Abwehrhaltung („Keine Ahnung, weiß ich nicht") Ihren Gesprächspartner auf, es einmal zu versuchen: „... Sie arbeiten ja nun schon eine längere Zeit zusammen, da müssten Sie doch zumindest eine grobe Vorstellung haben, warum Frau B. so reagiert ..."

Schritt 4: Lösungssuche

Nachdem die Fakten und Positionen dargestellt sind, stellt sich die Frage der Konfliktlösungsmöglichkeit. Hier ist zunächst Ihr Gesprächspartner gefragt:

- Fragen Sie Ihren Gesprächspartner direkt nach seiner Meinung, wie eine dauerhafte Beseitigung der Konfliktursache möglich sein könnte: „Frau P., welche Lösungen existieren denn Ihrer Meinung nach für diesen Konflikt …?"

- Führen Sie Ihren Gesprächspartner durch Fragen und Antworten zu einer Lösungsentwicklung.

- Versuchen Sie dabei, Zufriedenheit und erneute Motivation herzustellen.

- Nehmen Sie Einwände, die gegen Details der Einigung vorgebracht werden, ernst. Fragen Sie nach Alternativen.

- Lassen Sie mehrere Lösungsansätze erarbeiten, aus denen später einer ausgewählt werden kann oder die zu einem neuen Vorschlag kombiniert werden können: „Gäbe es da auch noch eine andere Möglichkeit …?"

- Diskutieren Sie mit Ihrem Gesprächspartner die Vor- und Nachteile der verschiedenen Lösungsmöglichkeiten: „Existieren neben den Vorteilen, die Sie genannt haben, vielleicht auch Nachteile, z. B. wenn Sie einmal an … denken …?"

- Beziehen Sie in die Diskussion auch den Lösungsweg, d. h. die konkrete Umsetzung mit ein: „Das ist ein guter Ansatz. Was müsste nun getan werden, damit er auch in die Tat umgesetzt werden kann?"

- Geht die Entwicklung der Ansätze nur zähflüssig voran, versuchen Sie, den Entwicklungsprozess durch eigene Fragen zu fördern: „Wäre es z. B. auch denkbar, dass …?" „Ich würde mir wünschen, dass …".

- Zieht sich Ihr Gegenüber durch Schweigen weiter aus dem Gespräch zurück, fragen Sie nach dem Grund: „Frau N., wir sind hier unter uns, da können Sie ruhig alles sagen, was Sie ärgert oder bedrückt."

- Beginnt sie erneut mit Schuldzuweisungen, fragen Sie nach der Absicht: „Was wollen Sie mit dieser Aussage Frau X. sagen?", „Welches konkrete Anliegen verbinden Sie mit dieser Anschuldigung?"

- Sind Schilderungen unlogisch oder diffus, fragen Sie nach: „Verstehe ich Sie da richtig, dass …", „Meinen Sie damit, dass …?"

- Stockt die Lösungsentwicklung immer noch, deuten Sie Möglichkeiten an, die aus Ihrer Sicht zur Konfliktlösung beitragen können, bringen Sie aber in dieser Phase noch keine vollständigen Lösungen, denn das beste Know-how über die Lösungen besitzen Ihre Mitarbeiterinnen: „Ich könnte mir vorstellen, dass …"

- Erst wenn „nichts mehr geht", d. h. wenn Ihr Gesprächspartner keinen Ausweg findet, unterbreiten Sie Ihr Angebot: „Mein Vorschlag ist, dass …".

- Formulieren Sie Ihr Angebot als Ich-Botschaft: „… da wir so zu keiner Lösung kommen, möchte ich Ihnen folgenden Vorschlag machen …", „Ich habe den Eindruck, dass wir momentan auf der Stelle treten, deshalb schlage ich vor …".

- Findet sich keine Konfliktlösung – auch nicht mithilfe Ihres Vorschlags –, sollten Sie eine Gesprächspause einlegen und danach noch einmal neu beginnen.

- Hilft auch die Gesprächspause nichts, vereinbaren Sie einen neuen Gesprächstermin.

- Stellen Sie auf keinen Fall vor dem nächsten Termin ein Ultimatum: „Wenn die Lösung des Konflikts beim nächsten Mal nicht klappt, dann …". Werten Sie den Abbruch am besten nicht und vertagen Sie das Gespräch (das Folgegespräch beginnt mit einer kurzen Zusammenfassung des bisherigen Gesprächsstands und dient dann der Lösungsentwicklung).

Schritt 5: Lösungsvereinbarung und Gesprächsabschluss

- Fassen Sie das Gesprächsergebnis zusammen.

- Vermeiden Sie allgemeingültige Formulierungen, beschreiben Sie die gefundene Lösung möglichst detailliert und verständlich.

- Unterstreichen Sie die Chance, die sich für die Beteiligten und das ganze Praxisteam aus der Einigung ergibt.

- Stellen Sie die Verpflichtung heraus, die Ihr Gesprächspartner in Bezug auf die Lösung hat.

- Formulieren Sie auch Ihre persönlichen Erwartungen an die neue Situation.

- Kündigen Sie eine schriftliche Protokollierung des Gesprächsergebnisses an. Halten Sie auch hier alle Einzelheiten der Regelung akribisch fest.
- Erkundigen Sie sich, ob es noch offene Fragen gibt.
- Bieten Sie Ihre Hilfe an, falls es bei der Lösungsumsetzung Probleme geben sollte.
- Beenden Sie dann das Gespräch.

Schritt 6: Durchführung/Nachbearbeitung

Kontrollieren Sie in der Folgezeit, wie sich die Konfliktparteien verhalten. Fragen Sie – in Abhängigkeit von der Schwere des Konflikts – bei den Beteiligten nach, ob die Situation nun zur allgemeinen Zufriedenheit geregelt ist. Geben Sie positives Feedback, wenn der Praxisbetrieb wieder reibungslos läuft und die Konfliktlösung greift.

Gelingt es auch mithilfe mehrerer Gespräche nicht, die Streitigkeit zu beseitigen, bleiben Ihnen drei Möglichkeiten:

- Erstens können Sie die Konfliktparteien so trennen, dass ihre Berührungspunkte minimiert sind, z.B. durch Übertragung verschiedener Aufgabenbereiche.
- Zweitens bietet es sich an, eine dritte Person hinzuzuziehen, z.B. einen befreundeten Fachkollegen, der zu Ihrem Praxisbetrieb und zu den Konfliktparteien keinen Bezug hat. Er übernimmt dann die Rolle eines Mediators oder Schlichters.
- Drittens können Sie sich – in Abhängigkeit von Konfliktintensität und -grund – von der Konfliktverursacherin trennen.

Der 10-Punkte-Aktionsplan zur Optimierung der internen Kommunikation

Ein wesentliches Kennzeichen von Arztpraxen mit sehr positiver Imageausstrahlung ist eine reibungslos funktionierende interne Kommunikation. Mit ihrer Hilfe stellen die Praxisinhaber nicht nur sicher, dass jede Mitarbeiterin jederzeit über die für ihren Aufgabenbereich relevanten Informationen verfügt, sondern sie nutzen auch konsequent die betriebswirtschaftlichen Effekte der Informationstransparenz: Doppelarbeiten und Kompetenzstrei-

tigkeiten werden vermieden, die organisatorischen Abläufe funktionieren reibungslos. Insgesamt wird die Arbeitseffizienz gesteigert und das Betriebsklima verbessert, zwei Größen, die maßgeblich das Image einer Praxis und ihre
Anziehungskraft bestimmen. Um diese Effekte zu nutzen, hilft der 10-Punkte-
Aktionsplan (vgl. Tab. 3.5).

Tabelle 3.5: Der 10-Punkte-Aktionsplan zur Optimierung der internen Kommunikation

10-Punkte-Aktionsplan zur Optimierung der internen Kommunikation

Aktionspunkt 1 „Führungsstil":
Partizipativ ist besser!

Interne Kommunikation ist dann effizient, wenn sie zweiwegig ist, d. h. wenn sie nicht
nur vom Praxisinhaber zu den Mitarbeitern erfolgt („Bitte diskutieren Sie jetzt nicht mit
mir, so geht das nicht!"), sondern dialog- und feedbackorientiert ist („Aus meiner Sicht
haben Sie hier einen Fehler gemacht, wie kam es denn dazu?"). Den Rahmen hierfür
bildet Ihr Führungsstil. Es wurde bereits dargestellt, welche Formen es gibt und welche
Kommunikationsart mit den jeweiligen Stilen verbunden ist.

Aktionspunkt 2 „Kommunikations- und Informationskultur:
Mit Grundsätzen erfolgreich!

Mithilfe von – am besten im Team entwickelten – Grundsätzen für Führung und Zusammenarbeit legen Sie – abgeleitet aus Ihrem Führungsstil – die praktischen Regeln fest,
nach denen die interne Kommunikation in Ihrer Praxis umgesetzt werden soll. Mit ihrer
Hilfe schaffen Sie Transparenz und einen nachvollziehbaren, verbindlichen Rahmen auch
für Ihre interne Kommunikation.

Aktionspunkt 3: „Kommunikationswege":
Zuordnung schlägt Rotation!

Eine weitere, wesentliche Voraussetzung erfolgreicher Praxiskommunikation ist die Zuordnung von Aufgaben auf die einzelnen Mitarbeiter. Je klarer und fester diese Zuordnung ist, desto effizienter ist die interne Kommunikation, da die Verantwortlichen, deren
Informationsbedarf und die notwendigen Kommunikationsschnittstellen, also die Informationswege, definiert werden können. Viele Ärzte präferieren aber das Wechsel- oder
Rotationsprinzip, da sie der Meinung sind, auf diese Weise ihre Mitarbeiterinnen besser
motivieren zu können (Verhinderung von Monotonie und bei Ausfall eines Mitarbeiters
– sei es durch Krankheit oder Kündigung – Vermeidung von Pannen und Unterbrechungen). Vergleicht man aber Arztpraxen, in denen Mitarbeiterinnen fest für definierte
Aufgaben zuständig sind, mit solchen, die das Rotationsprinzip favorisieren, im Hinblick
auf die Qualität der praxisinternen Kommunikation, so ist diese bei dem erstgenannten
Beispiel deutlich besser.

10-Punkte-Aktionsplan zur Optimierung der internen Kommunikation

Die Gründe liegen auf der Hand, wie ein Beispiel aus der Praxis verdeutlicht: Mitarbeiter 1 hat z. B. einen telefonischen Termin angenommen, muss aber sofort nach Beendigung des Telefonats in einen Behandlungsraum und nimmt sich vor, die Terminvereinbarung nach Rückkehr an den Empfang einzutragen. Mitarbeiter 2 löst ihn ab, nimmt ebenfalls einen Termin an und bucht ihn auf den vermeintlich freien Zeitraum. Mitarbeiter 1 kehrt zurück, die Doppelbuchung fällt auf, man diskutiert, wie verfahren werden soll und beschließt, nichts zu tun („Da muss Herr S. eben ein paar Minuten warten").

Kommt an dem betreffenden Tag noch ein ungeplanter Patient oder ein Notfall dazwischen, ist im Ablauf bereits „der Wurm" und das Chaos vorprogrammiert. Die Ursachenforschung („Wie konnte das denn passieren?") bleibt ergebnislos, eine Ursachenvermeidung ist ebenfalls nur schwer möglich.

Aktionspunkt 4 „Kommunikationspartner":
Orientierung durch Fixierung!

Ebenso wichtig wie die Aufgabenzuordnung selbst ist ihre Fixierung in Form von Stellenbeschreibungen. Mit ihnen legen Sie die Ziele und Aufgabendetails für jeden Mitarbeiter, sprich Kommunikationspartner, fest.

Die Stellenbeschreibung ist keine – wie sehr oft angenommen – „Papiergröße", sondern ein zeitgemäßes Führungsinstrument und ein Baustein erfolgreicher Praxisführung. In ihr dokumentieren Sie Ihre Vorstellung eines Arbeitsplatzes und Ihre Erwartungen an die beschriebene Stelle. So erhält jeder Mitarbeiter eine klare Orientierung – vor allem auch im Hinblick auf seine Informationsrechte und -pflichten – und Ihnen wird es möglich, auf der Basis aller Stellenbeschreibungen mit Ihren Mitarbeitern auf einer gemeinsamen Grundlage zusammenzuarbeiten.

Aktionspunkt 5 „Informations- und Kommunikationsstruktur":
Effektiv mit Zwischenhierarchie!

In Abhängigkeit von der Anzahl Ihrer Mitarbeiter vergrößert sich für Sie die Zeit, die Sie auf die interne Kommunikation und Information verwenden müssen. Gleichzeitig verringern sich Ihre Möglichkeiten, Ihren medizinischen Aufgaben nachkommen zu können. In dieser Situation erweist es sich als hilfreich, eine Praxismanagerin zu beschäftigen. Sie ist hierarchisch zwischen dem oder den Ärzten und den übrigen Mitarbeitern einer Praxis eingeordnet und besitzt gegenüber den anderen Mitarbeitern fachliche und disziplinarische Befugnisse. Ihre Aufgabe ist – einfach formuliert – die Führung der Praxis. Der oder die Praxisinhaber übertragen der Praxismanagerin im Zuge einer Arbeitsteilung alle Aufgaben, die mit dem Management der Praxis zu tun haben, um sich selbst voll und ganz auf die Patientenbetreuung konzentrieren zu können. Gleichzeitig wird die Kommunikation für alle wesentlich erleichtert, da es nur noch einen direkten Ansprechpartner gibt. Von dieser Situation profitiert das ganze Team, dem nun ein jederzeit verfügbarer Kommunikationspartner zur Verfügung steht und das Warten auf die „Sekunde mit dem Arzt" überflüssig macht.

10-Punkte-Aktionsplan zur Optimierung der internen Kommunikation

Aktionspunkt 6 „Informationsfluss I":
Mit Praxisbesprechungen kanalisieren!

Neben der Definition der Informationswege müssen Sie natürlich auch den tatsächlichen Informationsfluss sicherstellen. Das Instrument hierfür ist die Praxisbesprechung. „Machen wir doch schon!" oder „Ein alter Hut" sind oftmals Reaktionen, wenn man mit Ärzten über dieses Thema spricht. Überprüft man jedoch die Effizienz dieser sog. „Praxisbesprechungen", so ist das Ergebnis meist ernüchternd. Zu den wenigen Malen, die diese stattfinden, wird meist wenig besprochen und die Beteiligten sind danach meist so schlau wie zuvor. Auch für die Praxisinhaber ist das Ganze oftmals unbefriedigend, denn an die von ihnen – vermeintlich – festgelegten Dinge hält sich oft niemand.

Erfolgreiche Praxisbesprechungen zeichnen sich demgegenüber nicht nur dadurch aus, dass sie regelmäßig durchgeführt werden, sondern dass sie auch strukturiert ablaufen, z. B. auf der Grundlage einer Agenda, in die die Punkte eingehen, die die Mitarbeiter im Vorfeld der Besprechung aufgestellt und gesammelt haben.

Hinzu kommt die Notwendigkeit eines offenen Kommunikationsklimas, in dem jeder seine Meinung äußern kann und eine gegenseitige Akzeptanz und Wertschätzung besteht. Ziel des Informationsaustauschs in Form der Praxisbesprechung ist, Lösungen gemeinsam zu verabschieden, die dann für alle verbindlich sind, ohne dass der Praxisinhaber diese Verbindlichkeit „Kraft seines Amtes" anordnen muss. Damit sich später auch alle erinnern und die Informationen handlungsrelevant werden, müssen die Ergebnisse protokolliert werden.

Aktionspunkt 7 „Informationsfluss II":
Mit Mitarbeitergesprächen kanalisieren!

Mithilfe des Mitarbeiter-Einzelgesprächs tauschen Sie diejenigen Informationsinhalte aus, die nicht das ganze Team, sondern nur Sie und den einzelnen Mitarbeiter angehen. Das Mitarbeitergespräch umfasst nicht die im Vorübergehen ausgetauschten Informationen, sondern das vertrauliche, zielorientierte und ungestörte Zweiergespräch mit jeder Ihrer Mitarbeiterinnen. Wie die Praxisbesprechung erfordert auch dies, um nachhaltig zu wirken, eine kontinuierliche Durchführung. Auch hier müssen alle Ergebnisse schriftlich in Form sogenannter Zielvereinbarungen fixiert werden. Die Schriftform dient dazu, die Verbindlichkeit der Gesprächsinhalte zu unterstreichen. Außerdem haben Sie und Ihre Gesprächspartner zu jedem späteren Zeitpunkt exakt die Beschlüsse präsent und vermeiden lästige „Interpretationsspielräume" („Das habe ich aber ganz anders in Erinnerung").

Aktionspunkt 8 „Entwicklung des Kommunikations- und Informationssystems":
Durch Motivation den Wandel erfassen!

Ihr Dienstleistungsunternehmen Arztpraxis unterliegt im Zeitablauf einem Wandel, der durch veränderte Umfeldbedingungen, modifizierte Patientenansprüche und neue technische Möglichkeiten verursacht wird. Dem müssen Kommunikationswege und Informationsinhalte permanent angepasst werden. Sie als Praxisinhaber erkennen aber nur einen Teil des hierdurch notwendig werdenden Veränderungsbedarfs.

10-Punkte-Aktionsplan zur Optimierung der internen Kommunikation

Deshalb ist es von größter Wichtigkeit, dass Sie vor allem Ihre Mitarbeiterinnen motivieren, Veränderungsbedarf in der internen Kommunikation zu erkennen. Dieser kann zum einen aus den o. a. Zusammenhängen resultieren, zum anderen aber auch aus Überlegungen und Ideen der Mitarbeiter selbst. Fördern Sie die Entwicklung von Ideen gezielt im Rahmen eines Vorschlagswesens und motivieren Sie Ihre Mitarbeiter durch eine Belohnung – finanziell oder ideell – für besonders gute Vorschläge.

Aktionspunkt 9 „Informationsinhalte":
Die Form macht's!

Im Kontext der Kommunikationswege und des Informationsflusses spielt die Form der Informationsinhalte eine ergänzende, wichtige Rolle. Sachliche Inhalte, falsch „verpackt", verfehlen selbst bei optimaler Kommunikationsorganisation ihr Ziel. An erster Stelle der Erfolgsfaktoren steht die Verwendung einer positiven Sprache. Hierzu zählen im internen Umgang nicht nur Wörter wie „Bitte" und „Danke" statt „Machen Sie mal", sondern auch die Formulierung eindeutiger Aussagen. Mit einem in den Raum geworfenen „Das kann ja später jemand erledigen" initiieren Sie zum einen keine gezielte Aktion und werden sich in Ihrer vagen persönlichen Definition von „später" wahrscheinlich „später" darüber ärgern, dass immer noch nichts geschehen ist. Die Eindeutigkeit von Aussagen und Anweisungen entsteht immer dann, wenn klar benannt wird, was wer bis wann tun soll. Weil dies meist nicht geschieht, stellen täglich hunderte von Ärzten ihren Mitarbeiterinnen die Frage „Warum hat das denn wieder nicht geklappt?" und verlagern das Problem auf ihr Personal, das jedoch häufig gar nicht verantwortlich ist. Zum Dritten müssen Sie mit Ihren Mitarbeitern eine Klassifikation der Prioritäten von Informationen erarbeiten: Bei welchen eingehenden Telefonaten dürfen Sie während der Behandlung gestört werden oder welche Informationen über den nächstfolgenden Patienten benötigen Sie? Wichtig ist: Diese Prioritätenregelung muss – bis auf Widerruf – dauerhaft sein, denn nur dann ist sie wirklich praktizierbar.

Aktionspunkt 10 „Außenwirkung der internen Kommunikation":
Den Imagefaktor nutzen!

Die Art und Weise, in der Sie intern miteinander kommunizieren, hat auch eine Außenwirkung, die das Image Ihrer Praxis beeinflusst. Vor Patienten ausgetragene interne Streitigkeiten, ein rüder Umgangston zwischen Praxisinhaber und Mitarbeitern am Behandlungsplatz oder ein gereiztes innerbetriebliches Klima werden von Ihren Patienten registriert und als Baustein in die Beurteilung Ihrer Praxis aufgenommen. Insbesondere die „Abkanzelung" von Mitarbeitern durch den Praxisinhaber in Gegenwart von Patienten weckt Widerstände und Abneigung. Die gleiche Wirkung haben dauernde Störungen des Arzt-Patienten-Gesprächs durch das Personal, die „mal eben" dem Herrn Doktor eine Information geben möchten. Eine optimierte interne Kommunikation schafft hier Abhilfe und unterstützt die Image- und Corporate Identity-Profilierung Ihrer Praxis. Sensibilisieren Sie Ihre Mitarbeiterinnen stets für diese Problematik bzw. für diese Möglichkeiten.

Das Zwei-Welten-Phänomen der Mitarbeiterinnen-Patienten-Kommunikation

„Das ist ja hier bei Ihnen wie im Hotel!" schwärmte eine Patientin in einer Kölner HNO-Praxis und beschrieb sehr treffend, welchem Anspruch der Empfang, aber auch der generelle Umgang mit den Patienten in einer Praxis gerecht werden sollte. Leider trifft dieses positive Urteil nur auf einen geringen Anteil von Arztpraxen zu, denn nur die wenigsten Ärzte überprüfen regelmäßig diesen wichtigen Bestandteil der Praxisarbeit. Vielmehr beschränken sie sich darauf, den einen oder anderen Gesprächsfetzen zwischen ihrem Personal und den Patienten aufzuschnappen und sich hieraus ein Gesamtbild zu formen. Das ist dann meistens noch sehr positiv gefärbt, weil die Mitarbeiter – ihren „Chef" in der Nähe wissend – wie in einer Schulsituation möglichst positiv handeln.

Wie weit das Arztwissen von der Realität der Mitarbeiter-Patientenkommunikation entfernt ist (Zwei-Welten-Phänomen), zeigen die Ergebnisse von Beobachtungsreihen zum Kommunikationsverhalten der Mitarbeiter in Arztpraxen. Dabei wurden einzelne Gesprächssituationen protokolliert und die Praxisinhaber ex post befragt, wie ihrer Meinung nach die Mitarbeiter in diesen Situationen reagiert haben. Tabelle 3.6 fasst einige besonders charakteristische Kommunikationssituationen zusammen.

Tabelle 3.6:   Das Zwei-Welten-Phänomen der Mitarbeiterinnen-Patienten-Kommunikation

Kommunikationssituation 1
Gesprächsgegenstand: Ein Patient beschwert sich über die lange Wartezeit. ➔ Reaktion der Mitarbeiterin: Sie weist den Patienten darauf hin, dass man nicht „zaubern" könne und fordert ihn auf, wieder im Wartezimmer Platz zu nehmen und sich – wie alle anderen auch – zu gedulden. ➔ Annahme Arzt: Die Mitarbeiterin erklärt dem Patienten freundlich, dass es nun nicht mehr lange dauert.

Kommunikationssituation 2

Gesprächsgegenstand: Ein Patient bittet telefonisch darum, ein Rezept geschickt zu bekommen.
→ Reaktion der Mitarbeiterin: Sie erklärt dem Anrufer knapp, dass er sein Rezept nur erhält, wenn er in die Praxis kommt.
→ Annahme Arzt: Mitarbeiterin differenziert die Beantwortung danach, ob es sich um einen Stammpatienten oder eine Ausnahmesituation handelt, gibt ggf. Empfehlungen, wer das Rezept an seiner Stelle abholen könne.

Kommunikationssituation 3

Gesprächsgegenstand: Ein Patient kann sich im Anschluss an den Arztkontakt am Empfang nicht für einen Folgetermin entscheiden und blockiert den Ablauf.
→ Reaktion der Mitarbeiterin: Sie entscheidet sich für einen Termin, trägt diesen ein, füllt einen Termin-Erinnerungszettel aus und informiert den Patienten, den Termin telefonisch zu ändern, wenn es notwendig sei.
→ Annahme Arzt: Mitarbeiterin bittet den Patienten, sich den Termin in Ruhe zu überlegen, während die wartenden Patienten zunächst bedient werden.

Kommunikationssituation 4

Gesprächsgegenstand: Hoher Patientenandrang am Empfang, eine Patientin findet ihre Versichertenkarte nicht.
→ Reaktion der Mitarbeiterin: Sie schickt die Patientin zur Seite, verbunden mit der Erklärung, sie würde mit ihrer „Sucherei" den ganzen Praxisbetrieb aufhalten.
→ Annahme Arzt: Die Mitarbeiterin bittet die Patientin freundlich, in einem Seitenbereich des Empfangs ihre Karte zu suchen, während sie schon einmal den nächsten Patienten annehme.

Kommunikationssituation 5

Gesprächsgegenstand: Ein Termin muss telefonisch verschoben werden, da eine Mitarbeiterin einen Buchungsfehler gemacht hat.
→ Reaktion der Mitarbeiterin: Sie ruft den Patienten an und spricht – unter Verweis auf den Fehler der Kollegin – einen neuen Termin ab.
→ Annahme Arzt: Die Mitarbeiterin entschuldigt sich neutral für den Fehler der Praxis, bittet um Verständnis und spricht einen neuen Termin ab.

Kommunikationssituation 6

Gesprächsgegenstand: Ein Patient kommt unangemeldet in die Praxis.
→ Reaktion der Mitarbeiterin: Sie tadelt den Patienten für ein unangemeldetes Auftreten und nimmt ihn auf.
→ Annahme Arzt: Die Mitarbeiterin klärt ab, ob es sich um einen Notfall handelt, falls nicht, bietet sie dem Patienten einen Alternativtermin an. Eine Terminannahme darf ansonsten nur erfolgen, falls eine passende Terminvakanz vorliegt (z. B. ein angemeldeter Patient ist nicht gekommen).

Patienten formulieren in Zufriedenheitsbefragungen auch selbst sehr direkt, welche Dinge ihnen im Kontakt mit den Praxismitarbeiterinnen nicht gefallen haben oder worüber man sich geärgert hat, z. B.:

- „Der unangenehme Umgang"
- „Die fehlende Herzlichkeit der Damen"
- „Warmherzigkeit ist in dieser Praxis ein Fremdwort"
- Anweisungen wie: „In das zweite Zimmer rechts, habe ich gesagt."
- „... fragte ich nach der Toilette. Mit knappen Worten („vorne rechts") wurde mir der Weg gewiesen, die Tür war aber verschlossen. Meine Bitte nach Öffnung wurde mit einem bösem Blick beantwortet, die Dame „schoss" aus der Rezeption zur Tür, schloss sie auf und setzte sich wieder, ohne mich eines Blickes zu würdigen."

Hinzu kommen wenig verbindliche, beziehungshemmende und imageschädigende Formulierungen wie „Geht jetzt nicht", „Mache ich nicht" oder „Will der Herr Doktor nicht".

Manche Ihrer Kollegen schicken deshalb ihre Mitarbeiter auf Kommunikationsseminare und gehen davon aus, dass nach Rückkehr „das Übel" beseitigt ist. Manchmal wird diese Erwartung auch erfüllt, meistens erfolgt jedoch ein Rückfall in die alten Routinen. „Da kann man nichts machen, die wollen einfach nicht. Schade um das Geld," kommentierte ein Arzt den ausbleibenden Erfolg einer Fortbildungsmaßnahme in Sachen „Patientenfreundlichkeit" für seine Mitarbeiter. Doch dieser Schluss ist zu einfach. Befragt man Mitarbeiterinnen zu der geschilderten Problematik, ergibt sich häufig, dass sie den wesentlichen Grund für ihre angebliche „Freundlichkeitsverweigerung" im Führungs- und Betriebsklima ihrer Praxis sehen. Barsche Anweisungen, Tadel vor den Patienten und schwankende Stimmungen („Wenn er morgens aus dem Aufzug kommt, können wir von seinem Gesicht ablesen, wie der Tag wird") schaffen in vielen Praxen eine Grundstimmung, gegen die sich niemand immunisieren kann. Es kommt also nicht nur auf die Grundeinstellung und die Fähigkeiten der Mitarbeiter an, sondern vor allem auch auf die Qualität der inneren Zusammenarbeit im Rahmen von Führung und Organisation.

3.3.2 Partizipative Patientenkommunikation

Die gesamte Praxisarbeit basiert auf der Kommunikation mit den Patienten: Terminvereinbarung, Information über den Praxisablauf, Diagnostik, Therapie, Administration, Rezeptausstellung – überall ist es wichtig, dass mit den Patienten gesprochen wird. Grundsätzlich stehen Ihnen und Ihren Mitarbeiterinnen dabei zwei Kommunikationsstile zur Verfügung: der direktive und der partizipative.

Am häufigsten wird in Arztpraxen der direktive Stil verwendet. Er drückt sich in einem barschen Anweisungscharakter aus („Sie nehmen ...", „Sie sollten ...", „Sie gehen ...") und schließt mögliche Rückfragen, Einwände oder die Äußerung von Bedenken seitens der Patienten weitgehend aus. Das spart Zeit, ermöglicht eine hohe Patientenfrequenz und erleichtert die Praxisplanung. Doch diesen Vorteilen steht eine Reihe von Nachteilen gegenüber: So ist in Praxen, in denen die direktive Kommunikation praktiziert wird, die Compliance der Patienten deutlich geringer als in anderen Praxen. Da kaum Fragen gestellt werden können, treffen die Patienten ihre eigene Entscheidung, ob sie der Therapieempfehlung des Arztes oder den Hinweisen der Helferinnen folgen. So sind negative oder zumindest unbefriedigende Resultate vorprogrammiert. Beim Folgetermin sind dann Arzt und Patient enttäuscht und eine Negativ-Kommunikation beginnt („Warum haben Sie nicht ...", „Sie hätten doch ..." etc.), die auf Dauer dazu führen kann, dass der Patient die Praxis verlässt.

Wesentlich mehr Vorteile bietet der partizipative Kommunikationsstil. Er ist auf einen Dialog mit den Patienten angelegt, im Laufe dessen alle Fragen gleich beantwortet werden. Inhaltlich kann das Team seine Therapie- und Verhaltensanweisungen als Empfehlungen deklarieren. Der Nachdruck, Patienten im eigenen Interesse zu bestimmten Handlungen zu veranlassen, ist bei dieser Kommunikationsform nicht weniger ausgeprägt als beim direktiven Stil, lediglich die Form ist anders. Auch die Bedenken, man brauche deutlich mehr Zeit für die Patientenbetreuung, können durch die Ergebnisse von Arbeitsanalysen zerstreut werden. Auf jeden Fall bewirkt der partizipative Patientenkommunikationsstil eine deutlich höhere Compliance und damit zufriedenere Patienten, die ihre Zufriedenheit via Mund-zu-Mund-Propaganda auch an Dritte weitergeben.

Konkret umgesetzt wird der partizipative Stil durch folgende Verhaltensweisen:

- Konzentrieren Sie sich, wenn Sie mit Ihren Patienten sprechen, ganz auf diese und führen Sie keine Arbeiten „nebenbei" aus.
- Lächeln Sie viel und versuchen Sie, hierdurch ein positives Kommunikationsklima zu schaffen.
- Stellen Sie den Patienten häufig Fragen, weil es ihnen das Gefühl gibt, intensiv betreut zu werden.
- Hören Sie aufmerksam zu und machen Sie sich während der Patientengespräche u. U. Notizen, um den Patienten zu zeigen, dass Sie sich intensiv auf sie einstellen.
- Fallen Sie Patienten nicht ins Wort und unterbrechen Sie nur bei Ausuferungen deren Redefluss.
- Antworten Sie immer überlegt und vermeiden Sie abwimmelnde oder beruhigende Standardformulierungen.
- Versuchen Sie, mit wenigen Worten das Wesentliche zu sagen.
- Überprüfen Sie sich regelmäßig gegenseitig im Team hinsichtlich einer patientengerechten Sprache.
- Verwenden Sie weder einen Befehlston noch seien Sie übertrieben freundlich.
- Formulieren Sie möglichst immer positiv.
- Stehen Sie jederzeit zur Beantwortung von Fragen der Patienten zur Verfügung, auch wenn diese sich erst später im Anschluss an den Praxisbesuch ergeben und dann z. B. telefonisch gestellt werden.
- Sehen Sie jede Frage von Patienten als wichtig an.
- Verwenden Sie für Ihre Patienten immer eine angemessene Kommunikation (keine „Verniedlichungen", keine „kumpelhaften" Anreden o. Ä.).
- Vermitteln Sie Ihren Patienten das Gefühl, dass sie mitentscheiden können, was wie mit ihnen geschieht.

- Achten Sie bei allen Informationen und Erklärungen auf Verständlichkeit.

Beschwerdemanagement

Auch wenn es zunächst sehr abwegig erscheint: Ein Beschwerdemanagement wirkt positiv imagebildend. Der Grund: Die bewusste Aufforderung an Patienten, sich bei Unzufriedenheit zu beschweren und die Reaktion, sich als Team professionell um Beschwerden zu kümmern, verdeutlicht Patienten die Ernsthaftigkeit der Patientenorientierung und signalisiert Offenheit und Ehrlichkeit.

„Die Beschwerdequote in unserer Praxis liegt bei 0 %." „Das belegt doch die Qualität unserer Praxisdienstleistung!" Viele Ärzte betrachten die Anzahl von Beschwerden als Indikator für die Patientenzufriedenheit. Vielleicht haben Sie Glück und Ihre niedrige Beschwerdequote entspricht der Realität. Im Allgemeinen relativieren aber zwei Punkte die Aussagekraft der Quote: Zum einen beschweren sich erfahrungsgemäß nur ganz wenige der unzufriedenen Patienten aktiv bei Ihnen persönlich oder Ihren Mitarbeitern; zum anderen bleiben in manchen Praxen die Beschwerden bei den Mitarbeiterinnen „hängen" und dringen gar nicht erst bis zum Arzt durch. Das geschieht nicht aus Überarbeitung oder Vergesslichkeit, sondern ist ein bewusstes Verhalten zur Vermeidung von Repressalien durch den Arzt. „Mensch, lass' das bloß nicht den Doktor hören!", empfiehlt oftmals eine Kollegin der anderen. Der Rat ist sehr oft berechtigt, denn für viele Praxisinhaber ist eine Beschwerde ein Indiz für ein Versagen der Mitarbeiterinnen. Da hilft es auch nicht, wenn der Patient der eigentliche Verursacher ist oder durch unglückliche Umstände eine Beschwerdesituation zustande kommt. „So etwas darf einfach nicht passieren." Der Verantwortliche wird gesucht und „bestraft". Nun sind Beschwerdegründe sehr unterschiedlich und es gibt sicherlich Anlässe, die man der verantwortlichen Mitarbeiterin nicht durchgehen lassen sollte. Die Frage ist nur, ob die Konsequenz dieser eher seltenen Einzelfälle auf alle Beschwerden übertragen werden sollte.

Das Nichtaussprechen von Beschwerden oder ihr Unterdrücken führt zu Reaktionen mit weit reichenden Wirkungen: zum einen werden negative

Erfahrungen in einer Praxis über Mund-zu-Mund-Propaganda an Dritte weitergegeben und sie schaden damit entscheidend dem Image Ihrer Praxis; zum anderen – abhängig vom individuell empfundenen „Schweregrad" des Ärgernisses – suchen Patienten einfach eine andere Arztpraxis auf. In beiden Fällen erfahren Sie nichts oder erst sehr spät über die Negativreaktionen. Dann sind mögliche Zusammenhänge, die aber nicht mehr direkt herstellbar sind und die Fakten sind geschaffen.

Wenn Sie Ihre Praxis dienstleistungsorientiert gestalten und patientenorientiert führen, ergibt sich für Sie auch eine ganz andere Betrachtung des Themas „Beschwerde". Da Ihre gesamte Praxisarbeit auf die Erzeugung von Patientenzufriedenheit ausgerichtet ist, ist die Gefahr von Beschwerden bereits deutlich verringert. Treten sie dennoch auf, ist es nicht primär das Ziel, einen Verantwortlichen zu finden, sondern den Anlass, der zu Patientenunzufriedenheit führt, zu beseitigen. Die Beschwerde zeigt somit Optimierungsmöglichkeiten oder -notwendigkeiten auf.

Grundlegende Voraussetzung dieser Sichtweise ist natürlich, dass Beschwerden in ihrer „Emotionalisierungswirkung" entschärft werden. Ziehen alle Ihrer Praxismitarbeiter „an einem Strang", scheiden böser Wille oder grobe Fahrlässigkeit als Beschwerdegründe bereits aus. Dies ist der Ausgangspunkt dafür, dass das Erkennen und Beseitigen von Beschwerdeanlässen ein für die Praxisarbeit förderlicher Prozess ist. In vielen Branchen (Hotel, Gaststätten, Fluglinien, Autovermietungen) wird sogar explizit nach Beschwerden gefragt. Sicherlich kennen Sie die Hinweise in Broschüren und Prospekten, im Falle hoffentlich nicht eintretender Beschwerden diese persönlich oder besser noch schriftlich vorzubringen. Auf diese Möglichkeit können Sie auch in Ihrer Praxisbroschüre hinweisen. Zudem tragen regelmäßig durchgeführte Patientenzufriedenheits-Befragungen dazu bei, Beschwerden bereits in der Entstehungsphase zu identifizieren.

Das Eingehen auf Beschwerden zeigt, wie ernst Ihr Team das Thema „Dienstleistungsdesign und Patientenzufriedenheit" nimmt. Überdies kann ein Patient, dessen – begründete – Beschwerde ernst genommen und geklärt wurde, teilweise eine noch intensivere Multiplikatorwirkung als ein „nur" zufriedener Patient haben.

Beschwerden entstehen immer dann, wenn Erwartungen der Patienten durch die Realität des Praxisbesuchs nicht erfüllt werden. Dabei spielt es keine Rolle, ob diese Erwartungen vielleicht zu hoch oder unrealistisch waren, es zählt lediglich deren Erfüllung oder Nichterfüllung. Aus diesem Grund besteht ein professionelles Beschwerdemanagement aus zwei Bereichen: Beschwerdeprävention und Beschwerdebehandlung.

Die Beschwerdeprävention verfolgt das Ziel, die Erwartungen der Patienten und deren Zufriedenheit möglichst umfassend zu kennen, um nicht in eine „Erwartungs-Realitäts-Falle" zu tappen und die Praxisleistung hieran auszurichten. Das Instrument der Beschwerdeprävention ist die Patientenzufriedenheitsbefragung.

Natürlich lassen sich nicht alle Beschwerden vermeiden. Die Beschwerdeprävention kann dabei aber weitgehend helfen und vor allem dafür sorgen, dass schwerwiegendere Beschwerdeanlässe unterbunden werden. Nun greift die Beschwerdebehandlung. Hierfür müssen Ihre Patienten eine Möglichkeit erhalten, direkt, vertraulich und unkompliziert die Gründe für ihre Unzufriedenheit vorzubringen. Diese muss ernst genommen werden und zu Maßnahmen führen, die den Grund der Verärgerung beseitigen. Zudem muss ein Patient, der sich beschwert hat, eine Stellungnahme zu seiner Beschwerde und den eventuellen Konsequenzen erhalten. Allerdings sollten auch die Mitarbeiterinnen dazu gehört werden. Mit folgenden Gestaltungsregeln schaffen Sie und Ihre Mitarbeiterinnen bei der konkreten Bearbeitung von Beschwerden zufriedene Patienten:

- Die Beschwerde wird zunächst entgegengenommen, damit der Patient seinen Ärger loswird. Die Beschwerdeschilderung sollte mit Kommentaren wie
  - „Ja, ich verstehe"
  - „Das ist wirklich ärgerlich"
  - „Dadurch haben Sie ja wirklich eine Menge Ärger gehabt"
  - „Das tut mir leid"
  begleitet werden, die das Ziel haben, dem Patienten seine Aufregung zu nehmen.

Wichtig ist, den geschilderten Vorgang nicht zu werten und auch nicht voreilig zu entschuldigen. Ebenso sollte es nie zu einer Eskalation oder zu einem Streit kommen. Im Anschluss an die Beschwerdeschilderung wird versucht – falls notwendig – den Beschwerdegrund näher einzugrenzen:

- Liegt der Grund beim Patienten, erklärt man ihm freundlich aber direkt, warum es zum Problem kam.
- Ist es eindeutig, dass die Schuld auf einen Fehler in der Praxis zurückzuführen ist, drückt man noch mal sein Bedauern aus und biete eine konkrete Lösung an („Ihr Termin ist uns einfach durchgegangen. Ich sehe gleich einmal nach, was ich organisatorisch ändern kann, um Ihnen schnell eine Alternative für diese bedauerliche Panne anzubieten. Wie wäre es mit dem …?").
- Ist die Ursache kurzfristig nicht bestimmbar, bietet man dem Patienten eine Klärung an, verbunden mit einer Aussage, wann und wie der Patient erfährt, was aus seiner Beschwerde geworden ist („… ich kläre das mit meiner Kollegin, wenn sie wieder da ist und rufe Sie heute Nachmittag nach 16:00 Uhr an …").

Kapitel 4

Prozessbezogenes Imagemanagement

4 Prozessbezogenes Imagemanagement

Um das Dienstleistungsdesign Ihrer Praxis systematisch in den Bereichen *Corporate Design, Corporate Behaviour* und *Corporate Communication* zu gestalten, empfiehlt sich eine am Prozessablauf der Patientenbetreuung orientierte Betrachtung (vgl. Abb. 4.1).

	Corporate Design (Praxisdesign)	Corporate Behaviour	Corporate Communication
Bekanntmachung			
Terminvereinbarung			
Empfang			
Warten	Gestaltung des Praxisimages		
Arztkontakt			
Folgeaktivitäten			
Verabschiedung			

Abb. 4.1: Zusammenhang von Dienstleistungsprozess und Image-Gestaltungsbereichen

4.1 Corporate Communication und Corporate Design bei der Praxisbekanntmachung

Bereits die Art, wie eine Praxis bekannt gemacht wird, prägt das Image dieser Praxis. Hierfür stehen Ihnen unpersönliche Instrumente, d. h. Informationsmedien, und persönliche, d. h. Informationsmaßnahmen, die Sie selbst durchführen oder an denen Sie beteiligt sind, zur Verfügung. Grundsätzlich gilt: Je mehr Informationen Patienten über Ihre Praxis im Vorfeld eines Besuchs erhalten, desto größer ist die Anfangszufriedenheit und desto positiver ist deren Bild über Ihre Praxis.

4.1.1 Adressverzeichnisse

Zu den Informationsmedien zählen:

- Telefonbuch
- Branchenbuch
- Telefaxbuch
- Internet-Adressverzeichnis

Bei diesen Informationsmedien steht vor allem das Corporate Design, d. h. die Präsentation der Praxis durch Farben und Formen, im Vordergrund, da die Möglichkeiten der Patientenkommunikation auf Fachrichtung, Adresse sowie Telekommunikationsnummern beschränkt sind.

Aufgrund der Vielzahl von Einträgen sollten Sie unter dem Designaspekt auf jeden Fall die Kosten einer Hervorhebung bzw. Gestaltung Ihres Praxiseintrags prüfen. Eine Markierung in Ihrer Praxisfarbe oder die Verwendung Ihres Praxislogos geben Ihrem Eintrag eine besondere Note und heben ihn von anderen Einträgen ab. Stehen mehrere gleichwertige Praxen (z. B. hinsichtlich der regionalen Erreichbarkeit) für einen Patienten zur Wahl, ist die Wahrscheinlichkeit, dass er Kontakt zu einer Praxis mit gestaltetem Eintrag aufnimmt, deutlich höher. Schon in dieser frühen Stufe können Sie mithilfe des Dienstleistungsdesigns Patienten auf sich aufmerksam machen und Ihre Praxis in die engere Auswahl bringen.

4.1.2 Anzeigen

Ein weiteres Informationsmedium zur Gestaltung der Patientenkommunikation sind Anzeigen. Hierbei ist natürlich nicht an großformatige Werbeanzeigen in der Tageszeitung zu denken, sondern an kleinformatige, aber dennoch auffällige Anzeigen, mit denen eine Praxisübernahme, ein Praxisumzug, Praxisferien, das Jubiläum einer Mitarbeiterin angekündigt oder eine neue Mitarbeiterin gesucht werden. Dies alles sind Anlässe, in der Regionalpresse präsent zu sein und sich in Erinnerung zu bringen. Gemäß veränderter Musterberufsordnung dürfen Sie sogar ohne einen dieser Gründe in Tageszeitungen Anzeigen zu Ihrer Praxis schalten. Hierbei ist es natürlich nicht möglich, über die eigenen Leistungen zu informieren, aber das ist auch nicht das Ziel.

Vielmehr geht es darum, den für die Arztauswahl so wichtigen Imageaspekt „Sympathie" über die Medienpräsenz zu kommunizieren. Das gelingt Ihnen z. B., wenn Sie und Ihr Team einer Kollegin zum Geburtstag gratulieren, vielleicht sogar mit einem Foto der gesamten Belegschaft. Auf diese Weise schaffen Sie es, positive Assoziationen mit Ihrer Praxis zu verbinden: hier geht es freundschaftlich und fröhlich zu, assoziiert der Leser. Das legt nahe, dass auch die Patienten sehr gut behandelt werden. So wird mancher Leser das in einer solchen Anzeige zum Ausdruck kommende positive Betriebsklima auf die Praxis-Patientenbeziehungen übertragen und sich überlegen, das nächste Mal diese Praxis aufzusuchen.

Derartige Anzeigenschaltungen tragen aber auch zur Stammpatientenbindung bei. Eine Reihe von Patienten benötigte vielleicht schon seit längerer Zeit keinen Arztkontakt und ist deshalb über die Urlaubsregelungen nicht informiert. Den Abdruck im Regionalteil der Tageszeitung empfinden sie als umsichtig und patientenorientiert, das Imageziel ist erreicht.

4.1.3   Praxishomepage

Ihre Kontaktchancen erhöhen Sie weiter, wenn Sie über einen Internetauftritt verfügen, auf den Sie in den Informationsmedien hinweisen. Galt eine Internetpräsentation für niedergelassene Ärzte noch vor wenigen Jahren als Spielerei und eigentlich als überflüssig, ist der Praxisauftritt im Internet inzwischen fast ein Muss geworden.

Die Ursachen hierfür sind vielfältig: kostengünstige und leicht handhabbare Onlinezugänge, eine sich immer weiter entwickelnde Akzeptanz und Verbreitung des Internets in der Bevölkerung, auch bei älteren Menschen und in medizinischen Fachkreisen, sowie die immer komfortableren und zeitsparenderen Möglichkeiten, eigene Internetauftritte umzusetzen. Hinzu kommt die damit einhergehende, ständig größer werdende Anzahl von Internetnutzern, die sich für Gesundheitsthemen interessieren. Für sie ist die Tatsache, dass „ihre" Arztpraxis im Netz vertreten ist, inzwischen ein Beleg für Professionalität und Zukunftsorientierung des jeweiligen Praxisinhabers. Wenn Sie diese Attribute für Ihre Praxis in Anspruch nehmen wollen, kommen Sie an einer Homepage für Ihre Praxis nicht vorbei.

Die Bedeutung einer eigenen Internetpräsenz nimmt für Arztpraxen aufgrund des Patientenverhaltens überproportional zu. Neben der visuellen Gestaltung einer Praxis-Website kommt es dabei vor allem auf folgende Aspekte an[2]:

- Inhalte:
  - umfassende und verständliche Beschreibung des Leistungsangebots
  - gute Präsentation der Praxisräume
  - ausführliche Darstellung der Praxisorganisation
  - individuelle Vorstellung des Praxisteams
  - übersichtliche Informationen zu Lage und Erreichbarkeit
  - Hinweise auf Serviceleistungen (Links, Tipps, Veranstaltungstermine etc.)
- Form
  - Attraktivität
  - Übersichtlichkeit
  - Eindeutigkeit der Menüführung
  - gute Lesbarkeit der Texte
- Informationen
  - Vollständigkeit
  - Ausführlichkeit
  - Aktualität
  - Verständlichkeit

In Bezug auf die Imagewirkung hängt die Qualität einer Praxis-Internetpräsentation entscheidend davon ab, inwieweit es Ihnen gelingt, die spezifische Kompetenz Ihrer Praxis, die Positionierung, herauszustellen. Hierzu gehört im Bereich der Patientenkommunikation nicht nur die Darstellung Ihres Leistungsspektrums, sondern vor allem die Betonung des Nutzens, warum Patienten gerade in Ihre Praxis kommen sollen.

---

2   Vgl. Thill, K.-D. (2013). Marketing in der Arztpraxis. Analyse – Strategie – Instrumente. 2. akt. Aufl., Bremen: APOLLON University Press, S. 222 ff.

Im Mittelpunkt der Imagewirkung einer Praxis-Homepage steht jedoch ihre Authentizität. Der Begriff beschreibt die Eignung eines Webauftritts, die Gegebenheiten einer Arztpraxis so realistisch abzubilden, dass Patienten – und hier in erster Linie neue Praxisbesucher – im Moment Of Truth, dem Kontakt vor Ort, keine Diskrepanzen zwischen Internetpräsentation und Realität verspüren. Erscheint eine Arztpraxis dem Patienten authentisch, ist das für ihn ein Qualitätssignal, das die Basis für die Entstehung von Imagewerten wie *Vertrauen*, *Offenheit* und *Loyalität* legt. Er erkennt, dass das Versprechen aus dem Internet in der Praxis tatsächlich eingehalten wird.

Um eine möglichst hohe Authentizität einer Praxis-Website zu erreichen, müssen vor allem die digitalen visuellen Eindrücke mit denen der realen Praxis kompatibel sein. Hier gilt: Je mehr und je aktuellere Bilder verwendet werden, desto größer ist die Authentizität. Ebenso müssen die Farben von Praxis- und Webdesign übereinstimmen. Wird z. B. der Arzt in einem Kontext abgebildet, der sich in der Praxis nicht findet (Aufnahme aus einem Fotostudio vor einem Hintergrund, dessen Farbe nicht zur Praxisgestaltung zählt), mindert dies die Authentizität deutlich. Gleiches gilt für die Kleidung: Trägt das Personal bei der Arbeit stets Praxiskleidung, dürfen die Bilder keine Mitarbeiter in Privatkleidung zeigen. Aber auch die Beschreibung der Praxisarbeit muss mit der Vor-Ort-Realität korrespondieren. Lobt die Internetbeschreibung beispielsweise kurze Wartezeiten aus, die dann im konkreten Fall nicht eingehalten werden, beeinflusst das die Authentizität negativ.

4.1.4   Bewertungsportale

Patienten steht inzwischen eine Vielzahl von Internetportalen zur Verfügung, die Beurteilungen zu Arztpraxen abbilden. Die Anzahl der Einträge wächst rasant. Das Konzept der Arzt-Bewertungsportale ermöglicht Patienten, sich aus Beschreibungen anderer Patienten ein Bild über die Leistungsqualität von Arztpraxen zu verschaffen. So können sie schon vor einem Erstbesuch besser zwischen verschiedenen Praxen auswählen und die für sie geeignetste Alternative finden. Gleichzeitig erzeugen die Bewertungen ein Image für Ihre Praxis. Dadurch birgt das aktive Management von Bewertungsportalen eine neue Chance für Praxisinhaber, das Image ihrer Praxis auch im Internet zu prägen. Die zentrale Aktivität ist hierbei die Erstellung eines vollständigen Praxisprofils (Praxislogo, Bild des Arztes, Adresse, Leistungen, Öffnungszeiten etc.) in allen wichtigen Portalen. Entscheidend ist hierbei die Angabe der Praxis-Internetseitenadresse, da Interessierte über diesen Link direkt auf die Praxis-Homepage springen können.

Um dauerhaft eine positive Praxisimagewirkung zu erzielen, sollte zusätzlich ein Bewertungsportalmanagement (BPM) etabliert werden. Der Begriff bezeichnet den aktiven, die eigene Imageposition positiv fördernden Umgang mit den Patienten-Meinungsforen, bei dem Sie Ihre Patienten um gezielte Beurteilungen in den Portalen bitten. Das BPM umfasst vier Aktionsbereiche: Analyse, Instrumenteneinsatz, Organisation und Monitoring.

Aktionsbereich 1 ➜ Analyse: Mit der Analyse bestimmen Sie den Status quo der Beurteilungen Ihrer Praxis. Drei Fragen sind hierbei zu klären:

1) **In welchen Bewertungsportalen wird Ihre Praxis bereits beurteilt?** Zur Beantwortung dieser Frage werden zunächst die einschlägigen Internetportale auf Bewertungen durchsucht. Hierdurch können das Praxisimage im Netz sowie Stärken und Schwächen der Praxisleistung aus Patientensicht bestimmt werden.

2) **Wie intensiv nutzen Ihre Patienten Bewertungsportale?** Ergänzen Sie zur Ermittlung dieser Information Ihre routinemäßig im Rahmen des Qualitätsmanagements durchgeführten Patientenbefragungen um folgende Fragen: „Nutzen Sie Bewertungsportale? Wenn ja, welche?" und: „Kennen Sie unsere Praxisbeurteilung in Bewertungsportalen?"

3) **Wie intensiv nutzen Neupatienten diese Plattformen?** Fragen Sie hierzu alle Patienten, die das erste Mal in Ihre Praxis kommen, ob sie für die Auswahl ein Bewertungsportal zurate gezogen haben und – wenn ja – welches.

Mit diesen Angaben können Sie bestimmen, wo Ihre Praxis zukünftig schwerpunktmäßig vertreten sein soll (Zielportale). Diese empfehlen Sie Ihren Patienten und bitten sie, dort ihre Eindrücke zu dokumentieren. Grundsätzlich gilt: Hat die Analyse erbracht, dass die Bewertungen Ihrer Praxis über mehrere

Portale breiter gestreut ist, nehmen Sie am besten die drei bis max. fünf Internetseiten mit der höchsten Nutzung in Ihre Bearbeitung auf. Auf jeder der ausgewählten Seiten sollte das Profil Ihrer Praxis (Praxislogo, Ihr Bild, Adresse, Leistungen, Öffnungszeiten etc.) in den jeweils von den Betreibern vorbereiteten Masken vollständig ausgefüllt sein. Wichtig ist auch der Link zu Ihrer Praxis-Internetadresse, da Interessierte so direkt auf Ihre Praxis-Homepage gelangen können. Dort platzieren Sie einen Verweis, mit welchen anderen Bewertungsportalen Sie ergänzend zusammenarbeiten.

Aktionsbereich 2 ➜ **Instrumenteneinsatz:** Das wichtigste Instrument, um Ihre Patienten zu bewegen, in den Plan-Portalen Bewertungen abzugeben, ist die *Portalbroschüre* bzw. der Portalflyer. Er beschreibt, auf welchen Portalen Ihre Praxis vertreten ist und wie Patienten vorgehen müssen, um dort eine Beurteilung abzugeben. Sie enthält neben einer kurzen Beschreibung der Gründe, warum Sie Arzt-Bewertungsportale nutzen, die Adressen der relevanten Internetseiten und Kurzbeschreibungen, wie man sich dort als Nutzer anmelden und Beurteilungen abgeben kann. Die Broschüre legen Sie am besten im Wartezimmer und am Empfang aus. Weitere Instrumente sind:

- die persönliche Ansprache der Patienten beim Verlassen der Praxis
- ein Praxisaushang im Wartezimmer
- ein Hinweis in der Praxisbroschüre
- Informationen und Verweise auf Ihrer Praxis-Homepage
- ein Beitrag in der Praxiszeitung (vgl. Kap. 4.4.3)

Aktionsbereich 3 ➜ **Organisation:** Um das BPM professionell betreiben zu können, ist es im Hinblick auf die Organisation empfehlenswert – wie bei der Qualitätsmanagement-Arbeit – eine Portalbeauftragte zu benennen, die sich um das BPM kümmert, alle Aktivitäten koordiniert und zentrale Ansprechpartnerin ist. Als Arbeitsmittel benötigt sie einen jederzeit verfügbaren Internetzugang sowie die Anmeldedaten für die relevanten Portale.

Aktionsbereich 4 ➜ **Monitoring:** Damit das BPM seine Zielsetzung, die aktive Steuerung der Praxisbewertung und des Images im Internet, erfüllen kann, ist ein Entwicklungsmonitoring, d. h. eine Kontrolle notwendig. Zu diesem

Zweck untersuchen Sie in regelmäßigen Abständen die Beurteilungen in Ihren Portalen. Die Bewertungen können Sie zudem für Ihr Praxismarketing verwenden, beispielsweise in Form einer Mappe, die unter dem Titel „Unsere Praxis im Spiegel der Internet-Bewertungsportale" in übersichtlicher und leicht verständlicher Form die jeweils aktuellen Portalergebnisse aufführt und im Wartezimmer ausgelegt wird.

4.1.5   Pressearbeit

Ein von niedergelassenen Ärzten bislang erst in geringem Umfang genutztes Instrument zur Gestaltung des Dienstleistungsdesigns ist die Pressearbeit. Sie bezieht sich in erster Linie auf regionale Medien, kann aber auch – je nach Einzugsgebiet einer Praxis – auf den überregionalen Bereich ausgeweitet werden. Voraussetzung für den Einsatz dieses Instrumentes ist, dass berichtenswerte Informationen zur Praxis existieren. Dabei kann es sich um spezielle Leistungen handeln, die die Praxis anbietet, aber auch um ein Jubiläum, z. B. dass die Praxis seit nunmehr 60 Jahren in der dritten Generation am Ort besteht, oder um ein Seminar, das Sie in Ihren Praxisräumen anbieten.

Die Pressearbeit eignet sich hervorragend, das eigene Image zu kommunizieren, zumal Sie es nicht selbst ausführen müssen, sondern Dritte diese Darstellung übernehmen. Zur Übermittlung der relevanten Informationen an die Presse bieten sich verschiedene Wege an:

- **Pressemeldung:** Der einfachste Weg zur Information der Presse ist eine Notiz (max. eine DIN A4-Seite). Um in der Flut der täglich in Redaktionen eingehenden Meldungen beachtet zu werden und eine Veröffentlichung möglichst zielsicher zu erreichen, sollte eine Pressemeldung über eine Reihe von Charakteristika verfügen:
    - Das Thema ist der wichtigste Punkt einer Pressemeldung, um Interesse zu wecken. Wenn die Zugkraft des Anlasses nicht ausreicht, hilft auch die beste Formulierung nicht. Gute Anlässe sind neue, patientenfreundliche Praxisräume, der erfolgreiche Einsatz eines neuen Diagnose-/Therapieverfahrens, ein Engagement in der Patientenfortbildung etc.

- Das Geschäft mit Informationen ist schnell. Je kürzer und prägnanter berichtet wird, desto größer ist die Chance einer Veröffentlichung. Bei längeren Ausführungen empfiehlt es sich, zusammengehörende Detailinformationen inhaltlich und formal zu einzelnen Blöcken zusammenzufassen, die in sich wieder den Regeln von Kürze und Prägnanz folgen.
- Wesentliche Unterstützung und Anreicherung erhält eine Pressemeldung durch ergänzende Fotos oder Abbildungen, die nicht nur dem veröffentlichenden Medium helfen, den Bericht leserfreundlicher aufzumachen, sondern auch für die Profilierung der Praxis wesentliche Bedeutung haben.
- Auch die formale Aufmachung der Pressemeldung muss Ihren CI-Richtlinien folgen, damit gegenüber den Redaktionen bzw. Journalisten die „Imagelinie" der Praxis eindeutig dargestellt und somit die Wiedererkennbarkeit erhöht wird.

Marketinghilfe 4.1:   Konzeptpapier Pressemeldung

Elemente der Pressemeldung	
Hauptüberschrift (Headline): Wie lautet die schlagwortartig formulierte Kernaussage?	...
Unter-Überschrift (Subline): Welche Informationen sind ergänzend wichtig?	...
Einstieg (Teaser, Lead): Hinführung zum Thema	...
Mittelteil: Informationen, Erläuterungen, Einzelheiten (wer – was – wann – warum – wo – wie)	...
Schluss: Angaben zur Praxis, Kontaktmöglichkeiten	...

- **Pressegespräch:** Hierfür werden Journalisten der infrage kommenden Medien in die Praxis zu einem informellen Gespräch eingeladen, im Laufe dessen die Anwesenden über relevante Sachverhalte informiert werden. Die Atmosphäre ist sehr persönlich und bietet vor allem die Möglichkeit eines intensiven und individuellen Informationsaustauschs.

- **Pressebesichtigung:** Geht es Ihnen vor allem darum, z. B. ein in der Region einzigartiges medizintechnisches Gerät oder ein neues OP-Verfahren zu präsentieren, eignet sich insbesondere die Pressebesichtigung. Die Besichtigung sollte kompetent begleitet werden. Es ist hilfreich, wenn Ihre Mitarbeiter für Fragen und Fotos zur Verfügung stehen.

- **Interview:** Das Interview ist nichts anderes als ein Pressegespräch, jedoch nur mit einem Journalisten. Eine Variante ist das Rundfunkinterview im Lokalradio.

- **Reportage:** Hat das zu vermittelnde Thema einen hohen Aufmerksamkeitswert, bietet sich auch die Durchführung einer Reportage an. Ihr Vorteil ist, dass – über den eigentlichen Anlass hinaus – die Praxis als Ganzes eine Würdigung findet und auf diese Weise besonders gut profiliert werden kann.

- **Pressekonferenz:** Für Großpraxen ist zusätzlich noch das Instrument Pressekonferenz geeignet. Im Folgenden werden die wichtigsten Arbeiten im Rahmen von Planung, Organisation und Durchführung aufgeführt (vgl. auch Marketinghilfe 4.2):

  - *Voraussetzung:* Grundvoraussetzung für den Versand von Einladungen zu Pressekonferenzen ist eine Pressedatenbank, die unbedingt regelmäßig und sorgfältig gepflegt werden muss. Nichts ist peinlicher als „Karteileichen", die immer wieder kontaktiert werden.

  - *Einladung:* Als Durchführungsort kann – sofern Sie über genügend große Räume verfügen – Ihre Praxis dienen, aber auch ein Hotel-Veranstaltungsraum wäre eine passende Lokalität. Die Einladung zur Pressekonferenz sollte persönlich gehalten sein und nur den Anlass nennen, keine Einzelheiten preisgeben. Die Formulierung ist so zu wählen, dass Interesse geweckt wird an dem, was der Einladende vorstellen möchte. Dabei sollte darauf geachtet werden, die richtige Mischung zu finden, d. h. nichts als „Jahrhundertereignis" hochzustilisieren, die Wichtigkeit aber schon zu betonen. Ein Schlusssatz wie „Ich würde mich sehr freuen, wenn Sie die Zeit fänden, zu kommen", oder „Ich würde mich freuen, Sie am ... in unserer Praxis begrüßen zu dürfen", also Freundlichkeit und Verbindlichkeit, ist wichtig. Die „Highlights" der Pressekonferenz werden in der Einladung am besten nur kurz skizziert, um genügend Stoff für die eigentliche Veranstaltung zu haben. Im Hinblick auf eine schnelle Veröffentlichung muss der Termin der Konferenz unbedingt mit dem jeweiligen Redaktionsschluss abgeglichen werden. Es empfiehlt sich, im Sekretariat der eingeladenen Medien einen Tag vor der Pressekonferenz nachzufragen und abzuklären, ob der Termin durch einen Journalisten wahrgenommen wird. Auf Grundlage dieses letzten Teilnehmerstands können dann noch korrigierende oder ergänzende Maßnahmen wie z. B. die Bereitstellung von Stühlen oder Kaffeetassen getroffen werden.

- *Vorbereitungen:* Es sollte eine sorgfältig vorbereitete Pressemappe vorliegen. Journalisten nehmen so viele Informationen auf, dass es sehr hilfreich ist, wenn sie beim Verfassen ihrer Artikel auf Zahlen, Beschreibungen und Fakten zurückgreifen können, zumal die Branche, über die sie schreiben, ihnen oft fremd ist. Gerade Journalisten, die im Lokalteil schreiben, werden vielseitig eingesetzt. So kann nicht davon ausgegangen werden, dass sie sachkundig über das Thema schreiben können, wenn ihnen dazu keine schriftlichen Unterlagen vorliegen. Fotos sind immer willkommen, selbst wenn man nicht unbedingt von ihrer Verwendung ausgehen kann. Die Pressemappe sollte zudem allgemeine Informationen über Ihre Praxis enthalten, damit die relevante Information, die ggf. sachlich und auch trocken ist, in einen lebendigen Kontext gestellt wird. Eine Praxisbroschüre ist sehr hilfreich, ergänzt durch aktuelle Informationen, andere Nachrichten, geplante Ereignisse etc.
- *Ablauf der Pressekonferenz:* Größte Wichtigkeit kommt der Pünktlichkeit zu. Journalisten, die lange warten müssen, gehen wieder, weil sie stets unter Zeitdruck stehen. Sie haben nicht nur

eine Vielzahl von Terminen, sondern müssen meist noch am selben Tag die dazugehörigen Artikel verfassen und abliefern. Somit ist es wichtig, dass die Veranstaltung pünktlich und ruhig beginnt, am besten um 10:00 oder 11:00 Uhr vormittags. Ein früherer Beginn ist nicht ratsam, da Journalisten meist spät ins Bett kommen. Montag und Freitag sind weniger geeignete Tage. Marketinghilfe 4.2 gibt einen detaillierten Überblick zur Durchführung einer Pressekonferenz.

Marketinghilfe 4.2: Checkliste Pressekonferenz

Gestaltungselement	Checkpunkte
Anlass	• den Anlass der Pressekonferenz in einer persönlich gehaltenen Einladung klar definieren (keine falschen Vorstellungen über die Bedeutung vermitteln) • Prüfung: Rechtfertigt der Anlass wirklich eine Pressekonferenz?
Termin	• Termin möglichst so wählen, dass er nicht mit anderen voraussehbaren wichtigen, regionalen und/oder überregionalen Ereignissen kollidiert • nicht in die Ferienzeit oder kurz vor Festtage legen; es sei denn, es gibt einen konkreten Anlass
Budget	• Feinplanung der Kosten: Raummiete, Miete Projektionsgeräte, Bewirtung, bereitgestellte Materialien
Informationen	Vorabinformationen zur Verkehrsanbindung liefern: • kurze Beschreibung zur Benutzung öffentlicher Verkehrsmittel • Lageplan beifügen • über Parkmöglichkeiten informieren
Interne Organisation	• alle Mitarbeiterinnen müssen Bescheid wissen • Empfang der Journalisten durch ein Mitglied des Praxisteams • individuelle Begrüßung an der Tür durch den oder einen der Referenten/Praxisinhaber • pünktlicher Beginn • Hinweisschilder im Gebäude aufhängen • Gästeliste bereitlegen

Gestaltungselement	Checkpunkte
Konferenzraum	• hell und freundlich • Stühle, Tische, Podium, Klimatisierung, Garderobe, Flipchart • Pinnwand • Bewirtung mit Kaffee, Tee, Orangensaft, Mineralwasser und Keksen • kleiner Imbiss bei längerer Dauer, aber erst zu einem späteren Zeitpunkt (Pause!)
Informationsmaterial	• Bereitstellung von übersichtlich geordnetem Informationsmaterial: • optimal ist eine eigene Pressemappe der Praxis mit Logo, Adresse, Telefon-/Telefaxnummer auf dem Umschlag • hochwertige Mappen (diese werden erfahrungsgemäß aufgehoben, also wieder angesehen) • Dias bzw. Klarsichthüllen für Fotos oder Ausdrucke bereitlegen • mehrere Fotomotive zur Auswahl vorrätig haben (Hoch- oder Querformate) • Fotokopien in den Mappen müssen von guter Qualität sein • fehlerfreie Texte (was schon lange keine Selbstverständlichkeit mehr ist) • Notizpapier und Stifte bereitlegen
Ablauf	• Dauer: zwischen 30 und 60 Minuten, abhängig von der Wichtigkeit des Anlasses • nach Begrüßung der Journalisten erfolgt die Vorstellung der anwesenden Praxismitarbeiter mit Namen und Funktion (evtl. Visitenkarten austauschen) • Beantwortung der im Verlauf der Konferenz gestellten Fragen hat stets freundlich und sachlich zu erfolgen • bei nicht spontan zu beantwortenden Fragen mit Hinweis auf den zuständigen Mitarbeiter (spätere Beantwortung) reagieren; bei voraussehbaren Fragen sollte dieser Mitarbeiter anwesend sein • Direktiven an die Journalisten (worüber berichtet werden sollte) unbedingt vermeiden • Ende: Dank an die anwesenden Journalisten für ihr Erscheinen • nach Beendigung sollte sich der Referent noch zur Verfügung halten, da sich oft im Nachgang noch wichtige Gespräche ergeben • Bildjournalisten nicht die ganze Konferenz über warten lassen

Achten Sie bei Ihrer Pressearbeit darauf, folgende Fehler möglichst zu vermeiden:

- Verwendung *passiver* Themen: Betrachtet man die Anlässe, die zu Presseberichten von Arztpraxen führen, sind diese zu über 50 % Themen aus den Bereichen Investitionen, Zusammenschlüsse sowie Jubiläen. Hierbei handelt es sich um sog. passive Themen, d. h. der Anlass ergibt sich erst aus der Verfügbarkeit eines entsprechenden Ereignisses. Praxis-PR ist aber ein aktiv gestaltbares Instrument, für das auch bewusst und geplant Anlässe geschaffen werden können.

- Durchführung von Einzelaktionen: Die meisten Arztpraxen setzen bislang die Möglichkeiten der Presse- und Öffentlichkeitsarbeit nicht gezielt und vor allem nicht kontinuierlich ein. Aber nur so ist es möglich, ein umfassendes und imagebildendes Kommunikationsnetz zu schaffen. Singuläre Aktionen, und dies wird durch Kommunikationstheorie und -praxis bestätigt, sind in ihrer Wirkung eingeschränkt und hinterlassen keine deutliche und vor allem keine anhaltende Imageprägung. Erst durch Kontinuität und Aneinanderreihung abgestimmter Inhalte baut sich ein Kommunikationsniveau auf, das auch nachhaltig wahrgenommen wird.

- Auslassen von Maßnahmenvielfalt: Ärzte setzen nur ein enges Spektrum an Presseinstrumenten ein. Hierbei handelt es sich vor allem um Presseberichte. Durch diese Gleichförmigkeit ist natürlich die Möglichkeit zur Differenzierung der einzelnen Praxis nur gering, und das eigentliche Wirkungspotenzial der Presse- und Öffentlichkeitsarbeit wird nicht ausgeschöpft.

- Beschreibungen statt Profilierung: Sowohl die Berichterstattung als auch die Art der eingesetzten Instrumente profilieren eine Praxis nur wenig, wenn nur der Aspekt der Berichterstattung im Vordergrund steht. Ziel der Pressearbeit sollte sein, die Leistungsart und vor allem -qualität darzustellen.

4.1.6 Vortrag

Ein sehr effizientes, aber auch zeitintensives Image-Gestaltungsinstrument sind Vorträge vor Patienten, Krankenkassen, Selbsthilfegruppen oder Sportvereine suchen ständig nach Ärzten in ihrem lokalen Umfeld, die patientenverständliche Informationen zu Krankheitsbildern vermitteln. Kein anderes Instrument bietet Ihnen die Möglichkeit, sich mit Ihrer Persönlichkeit und Ihrem Fachwissen potenziellen Patienten so direkt zu präsentieren wie ein Vortrag.

Vorträge können Sie auch in Ihrer Praxis halten, wenn die räumlichen Möglichkeiten dies zulassen. Zielgruppen sind u. a. Ihre eigenen Patienten, unter Umständen zusammen mit deren Angehörigen.

Sie können mit Vorträgen auch viel Zeit und Arbeit bei Ihrer Patientenaufklärung und Adhärenz-Förderung sparen, wenn Sie Patienten mit den gleichen thematischen Informationsbedürfnissen, z. B. zu einem Krankheitsbild (Hypertoniker, Diabetiker etc.) in kleinen Gruppen mittels praxisinterner Vorträge und Schulungen informieren. Solche Informationsveranstaltungen, auch in Form öffentlicher Vorträge, sind gleichzeitig ein exzellentes Instrument, das die Bekanntheit Ihrer Praxis steigert, Patienten bindet und vor allem gewinnt sowie die Reputation durch direkt erlebbare Kompetenz fördert. „Zu viel Arbeit", „Zu zeitaufwendig in der Vorbereitung" oder „Geringer Nutzen": Die Einwände mancher Ihrer Kollegen gegen Seminare, Gruppenschulungen und Vorträge sind vielfältig. Doch bei der Bewertung dieses Instruments lohnt sich eine Erweiterung der Kosten-Nutzen-Betrachtung um den Imagebildungs- und -förderungseffekt. Mithilfe von Vorträgen, die einfach vorzubereiten sind, erfolgt eine persönlich-direkte Reputationsförderung, deren Wirkung doppelt so stark ausgeprägt ist wie das Resultat des Einsatzes unpersönlicher Instrumente, z. B. in Form Ihrer Praxisbroschüre oder Ihrer Homepage.

Vergleichbar mit dem Imageeffekt eines Vortrags ist das ärztliche Engagement in Selbsthilfegruppen und Vereinen oder Auftritte als Experte in Zeitungs-/Zeitschrifteninterviews bzw. Fernsehsendungen. Durch die thematische Behandlung der eigenen Therapieschwerpunkte können Sie nicht nur Kompetenz und Patientenorientierung kommunizieren, sondern gleichzeitig auch die für Ihr Leistungsangebot geeigneten potenziellen Patienten ansprechen. Der Marketingnutzen ist fast automatisch integriert, z. B. durch die Option der Veröffentlichung von Video-Mitschnitten auf Ihrer Homepage. Deshalb ist es auch nicht verwunderlich, dass Praxisbetriebe, deren Inhaber „vortrags-aktiv" sind, nicht nur eine starke Imageposition einnehmen, sondern auch ein deutlich besseres wirtschaftliches Ergebnis verzeichnen können als strukturell vergleichbare Praxen, die auf dieses Vorgehen verzichten.

Die Realisierung von Vorträgen, Seminaren und Informationsveranstaltungen gelingt Ihnen professionell und ohne große Belastung, wenn Sie die in Marketinghilfe 4.3 zusammengefassten Grundprinzipien nutzen:

Marketinghilfe 4.3: Checkliste Vorträge, Seminare, Informationsveranstaltungen

Gestaltungselement	Checkpunkte
Konzeption der Veranstaltung	▪ Entwickeln Sie zunächst den roten Faden für Ihre Veranstaltung. Skizzieren Sie hierfür zunächst die Kommunikationsziele, die Sie verfolgen: Was soll der Teilnehmer mit nach Hause nehmen? Leiten Sie dann die hierzu benötigten Inhalte und ihren logischen Aufbau ab. ▪ Entscheiden Sie sich für eine Präsentationsform (am einfachsten sind PC-Präsentationen mit Beamer-Unterstützung zu realisieren). ▪ Bringen Sie die Inhalte in Form. Berücksichtigen Sie dabei das Vorwissen Ihres Publikums (medizinische Laien) und vermeiden Sie Informationsüberlastungen, z. B. durch zu viel Text oder zu komplexe Grafiken. Folgen Sie dem Motto: „Keep it simple!"
Einladung	▪ Berücksichtigen Sie bei der Wahl Ihres Veranstaltungstermins Einflussgrößen wie Ferien- und Urlaubszeiten. ▪ Laden Sie Patienten Ihrer Praxis entweder mithilfe von Ankündigungszetteln ein, die an Ihrer Rezeption ausgelegt werden, oder durch gezielte mündliche Einladungen, wenn nur eine Teilgruppe Ihrer Patienten infrage kommt. ▪ Weitere Teilnehmer erhalten Sie durch Ankündigungen Ihrer Veranstaltung in der Tagespresse und durch einen Hinweis auf der Praxis-Homepage (mit Anmeldemöglichkeit).

Gestaltungselement	Checkpunkte
Vorbereitung der Veranstaltung	• Findet die Veranstaltung in Ihrer Praxis statt, lassen Sie die Räumlichkeiten frühzeitig vorbereiten und lüften. • Kontrollieren Sie die Präsentationstechnik auf Funktionsfähigkeit. • Die Bereitstellung von Erfrischungen (Wasser, Saft) schafft eine angenehme Atmosphäre.
Vortrag/Präsentation: Ihre Vortragsqualität wird durch Berücksichtigung folgender sieben Punkte maximiert	a) Kurzvorstellung der Praxis (wenn Publikum teilnimmt, das nicht aus Ihrer Praxis stammt) b) Darstellung der Inhalte in Form eines klaren, einfach nachvollziehbaren Aufbaus c) laienorientierte Aufbereitung, d. h. ohne Fachbegriffe oder mit deren Erläuterung d) Verwendung einer einfachen, bildhaften Sprache e) Einbau unterhaltsamer Elemente f) Schilderung von Sachverhalten anhand von Patientenfällen g) Unterstützung des Gesagten durch aussagekräftige Grafiken und Bilder.
Nachbearbeitung	Der besondere Nutzen von Veranstaltungen liegt in der Möglichkeit, die Inhalte in der Folge in anderen Medien und Kanälen für Ihr Praxismarketing zu nutzen, u. a. durch: • Abgabe einer schriftlichen, kurzen Zusammenfassung des Vortrags an die Teilnehmer (mit Praxisprofil und -adresse am Ende der schriftlichen Zusammenfassung) • ein Downloadangebot des Vortrags auf der Praxishomepage • durch die Auslage der Kurzversion Ihres Vortrags im Wartezimmer

4.1.7 Praxisbroschüre

Erfolgreiche ärztliche Tätigkeit beruht nicht nur auf professioneller Behandlungsqualität und einem funktionierenden Praxismanagement, sondern auch auf einer ebenso professionellen, imagewirksamen Außendarstellung dieser Qualitäten. Die Praxisbroschüre ist hierfür das geeignete Instrument. Eine – passend gestaltete – Praxisbroschüre kann die Imagebildung (einer der wichtigsten Aspekte des ärztlichen Patientenmanagements) nachhaltig unterstützen.

Mithilfe der Broschüre kann man die Vorstellungen bzw. das Bild, das Patienten sich von der Praxis machen, aktiv mitgestalten. So ist die äußere Form der Broschüre (Papier, Druck, Farbwahl etc.) bereits ein wichtiger Indikator für die Leistungsqualität. Da speziell Neupatienten diese nicht einschätzen können, suchen sie nach Qualitätssignalen. Die Praxisbroschüre stellt neben dem Ersteindruck der Praxisräume und dem Auftreten der Mitarbeiter ein solches Signal dar. Mit der Aufbereitung der Inhalte – Bilder (ärztliches Personal, Mitarbeiter, Geräte, Räume etc.) und Beschreibungen („Unsere Praxisphilosophie", „Was Sie von uns erwarten können") – übernimmt die Broschüre Präsentations- und Repräsentationsaufgaben. Einer gut gestalteten Praxisinformation gelingt es, bei den Lesern eine positive Grundstimmung zu erzeugen.

Die direkten Effekte werden durch indirekte ergänzt. So ermöglicht eine Praxisbroschüre es dem Patienten, „seine" Praxis mit nach Hause zu nehmen. Hier nutzt er sie nicht nur selbst, sondern zeigt sie auch Familienangehörigen, Bekannten, Freunden und Arbeitskollegen. Ist eine Informationsschrift kommunikationsstark gestaltet, wird sie Analysen des IFABS-Instituts zufolge im Durchschnitt 4,8 weiteren Personen gezeigt. Ist sie allerdings schlecht, erreicht sie lediglich eine Multiplikationsreichweite von 1,6 Personen. Darüber hinaus wird es bei Verwendung passend gestalteter Praxisbroschüren für Sie auch möglich, ohne einen Verstoß gegen Gesetze, Verordnungen und Richtlinien das Profil Ihrer Praxis zu beschreiben und sich so von anderen Praxen abzugrenzen.

Eine Möglichkeit in diesem Zusammenhang ist die Darstellung des eigenen beruflichen Werdegangs einschließlich einer Auflistung der wichtigsten Qualifikationen. Gleiches kann – soweit möglich – für die Mitarbeiter oder die gesamte Praxis (z. B. Zertifizierung) vorgenommen werden. Hierbei kommt der Praxisbroschüre eine ganz besondere Aufgabe zu, da derartige Informationen nur schwer im Arzt-Patienten-Gespräch vermittelt werden können. Ebenso ist es möglich, die Qualität der angebotenen Leistungen mithilfe von Anschauungsbeispielen zu verdeutlichen und so das Alleinstellungsmerkmal (USP; den Unique Selling Proposition) der eigenen Praxis zu vermitteln.

Neben den geschilderten Außeneffekten besitzt die Praxisbroschüre auch folgendes nach innen auf den Praxisbetrieb wirkendes, positives Potenzial:

■ Organisationsfunktion: Hier ist zunächst eine ganz „egoistische" Funktion zu erwähnen: die Unterstützung der Ablauforganisation. Mit den relevanten Detailinformationen ausgestattet, vermittelt sie einen klaren Rahmen für alle organisatorischen Fragen, um – so das Ziel – möglichst wenig dem Zufall oder der Nachfrage der Patienten zu überlassen. In dieser Funktion ist die Praxisinformationsschrift darauf ausgerichtet, interne Kommunikationszeit für Routineauskünfte einzusparen. So konnte z. B. für eine Arztpraxis in einer Arbeitsanalyse u. a. ermittelt werden, dass die Mitarbeiterinnen für Patienteninformationen zu immer wiederkehrenden Standardfragen (Öffnungszeiten, Angebotsspektrum etc.) durchschnittlich 39 Minuten pro Tag aufwendeten. Mithilfe einer Praxisbroschüre, in die u. a. auch die Antworten zu den Standardfragen aufgenommen wurden, konnten diese Zeiten eingespart werden, ein Potenzial von wöchentlich drei Arbeitsstunden. Die Praxisinformation entlastet das Personal also von sich immer wiederholenden Erklärungen.

■ Teamförderungsfunktion: Nicht zu unterschätzen ist die letzte Funktion der Praxisbroschüre: sie fördert – wird sie gemeinsam von und mit den Mitarbeiterinnen entwickelt – den Zusammenhalt des Personals (Teamgeist). Die Entwicklung – von der Idee über das Konzept bis zur Produktion – verbindet die Mitarbeiter in ihrem Engagement für die Praxis und vereint sie im Stolz auf das selbst entwickelte Objekt. Dieser positive Effekt wirkt sich auf das Betriebsklima und damit auch auf die Patienten und das Image aus.

Um Ihre Praxisbroschüre zur Unterstützung Ihres Imageaufbaus einsetzen zu können, kommt es auf die in Marketinghilfe 4.4 zusammengefassten Aspekte an.

Marketinghilfe 4.4: Wichtige Aspekte zur Gestaltung des Imagemanagement-Tools *Praxisbroschüre*

→ Die äußere Form der Broschüre (Papier, Druck, Farbwahl etc.) ist bereits ein wichtiger Indikator für die Praxis-Leistungsqualität. Da speziell Neupatienten diese nicht einschätzen können, suchen sie nach Qualitätssignalen. Die Praxisbroschüre und ihre Aufmachung ist neben dem Ersteindruck der Praxisräume und dem Auftreten der Mitarbeiter ein solches Signal.

→ Mit der Aufbereitung der Inhalte – Bilder (Arzt, Mitarbeiter, Geräte, Räume etc.) und Beschreibungen („Unsere Praxisphilosophie", „Was Sie von uns erwarten können") – übernimmt die Broschüre Präsentation- und Repräsentationsaufgaben. Einer gut gestalteten Praxisinformation gelingt es, bei den Lesern eine praxisbezogen-positive Grundstimmung zu erzeugen.

→ Images leben von Symbolen, Farben und Bildern. Statten Sie Ihre Broschüre deshalb unbedingt mit derartigen Elementen aus. Wenn Sie bei der Einrichtung Ihrer Räume und/oder der Gestaltung Ihres Logos bestimmte Praxisfarben verwenden, sollten diese auch Ihre Praxis-Imagebroschüre prägen. Unerlässlich sind Fotos Ihrer Praxisräumlichkeiten und Ihres Teams. Hierbei haben sich Porträtfotos der einzelnen Mitarbeiterinnen bewährt, aber auch eine Gruppenaufnahme des Teams oder Fotos verschiedener Szenen in der Praxis (allg. Untersuchung, OP, etc.).

→ Das Broschüren-Layout (die grafische Gestaltung) unterstützt die Imagewirkung dann besonders gut, wenn Übersichtlichkeit geschaffen wird, z. B. durch das Hervorheben wichtiger Informationen. In diesen Bereich fällt auch die Auswahl einer positiv anmutenden, leicht lesbaren Schrift (Schriftgröße!).

→ Auch die Textgestaltung trägt zur Imagebildung bei. Setzen Sie hierbei auf leicht verständliche (möglichst wenige Fachausdrücke), kurze Sätze, verwenden Sie positive (Situations-)Beschreibungen und freundliche, verbindliche Formulierungen.

4.1.8 Visitenkarten

Die Praxis-Visitenkarte ist ein hocheffizientes und kostengünstiges Imageinstrument, dessen Einsatz in vielen Praxen leider etwas in den Hintergrund gerückt ist. Vielleicht auch bei Ihnen? Dann erwecken Sie seine Funktionen zu neuem Leben. Folgende Aspekte helfen Ihnen dabei:

- Die Praxis-Visitenkarte ist ein klassisches Dauer-Werbemittel. Wie bei allen Werbeinstrumenten hängt die Wirkung zunächst von Form und Gestaltung ab.

- Verwenden Sie Visitenkarten in der im Geschäftsverkehr üblichen Größe (Scheckkarten-Format). So passt sie problemlos in jede Brieftasche und in jedes Portemonnaie.
- Nutzen Sie eine Klappkarte: Sie bietet Ihnen doppelten Platz für Praxisinformationen.
- Unerlässlich ist, die Gestaltung der Visitenkarte an die Gestaltungslinie (Corporate Design) Ihrer Praxis anzupassen.

■ Neben dem Namen des Praxisinhabers, der Adresse und Angaben zu Telefon, Fax, E-Mail- und Internet-Adresse sowie den Öffnungszeiten wirkt es besonders imagefördernd, wenn in Stichworten das Praxisleistungsspektrum aufgeführt wird.

■ Persönliche Visitenkarten für jede Mitarbeiterin sind besonders effektiv, am besten mit einem ansprechenden Foto und den Angaben zu Namen, Vornamen und Tätigkeit/Funktion.

■ Einen zusätzlichen Nutzen gewinnt Ihre Karte, wenn etwas Raum für handschriftliche Vermerke gelassen wird. So sparen Sie nicht nur die unpersönlichen Mitteilungszettel ein, sondern setzen bei Ihrer Kommunikation persönliche Akzente. Bei Neupatienten erzielen Sie so gleich einen Aha- und Wiedererkennungseffekt, wenn die Patienten, die im Anschluss an ihre telefonische Terminvereinbarung eine Praxisbroschüre mit Ihrer Visitenkarte zugeschickt bekommen und bei Betreten der Praxis gleich die Mitarbeiterin wiedererkennen, die sie angeschrieben hat.

■ Ihre Erinnerungs- und Informationsfunktionen kommen dann vollständig und besonders gut zum Tragen, wenn Sie die Karte grundsätzlich allen Unterlagen, die die Praxis verlassen (Briefe an Patienten, Informationen für zuweisende Ärzte etc.), beifügen.

4.2 Terminvereinbarung

Befragt man Patienten, was sie am meisten bei telefonischen Terminvereinbarungen mit Arztpraxen stört – und was sich somit imageschädigend auswirkt – erhält man Antworten wie:

- „Der barsche Befehlston der Arzthelferin am Telefon bei der Anmeldung"
- „Telefonische Erreichbarkeit sehr schlecht"
- „Kurz angebunden am Telefon"
- „Man kann beim Telefonieren die Privatgespräche der anderen Helferinnen mithören"
- „Endlose Warteschleife mit langweiliger Musik"
- „Telefon ist dauerbesetzt"

Die Terminvereinbarung ist für Neupatienten der erste aktive Schritt, mit Ihrer Praxis Kontakt aufzunehmen und ein persönliches Erscheinen zu vereinbaren. Für Stammpatienten ist sie eher Routine und auch viele Praxismitarbeiterinnen messen dieser Situation keine große Bedeutung zu. Das führt dazu, dass eine für das Praxismarketing ganz wichtige Gelegenheit in vielen Praxen täglich einfach ungenutzt bleibt.

4.2.1 Gestaltungsbereich *Corporate Behaviour*

Grundlage für ein imageförderndes Telefonverhalten ist zuallererst die Telefonanlage mit ihren Funktionen sowie der zugehörige Telefonarbeitsplatz. Leider wird dem technischen Aspekt der Telefonkommunikation von vielen Praxisinhabern eine zu geringe Bedeutung beigemessen. Auswahlkriterium für ein Praxistelefon sind meist die Kosten, nicht aber die Funktionen und Möglichkeiten, mit denen das Image gestaltet werden kann. Hierzu bedarf es im Idealfall eines eigenständigen Telefonarbeitsplatzes

Der Telefonarbeitsplatz

Der Telefonarbeitsplatz sollte über folgende Merkmale verfügen:
- Patienten, die sich in der Praxis befinden (Wartezimmer, Empfang), sollten Telefonate nicht mithören können.
- Anrufer sollten keine Hintergrundgeräusche aus der Praxis hören.
- Der Telefonplatz sollte über ein Headset verfügen, um beide Hände frei zu haben, sowie über einen PC mit Druckeranschluss.

- Alle notwendigen Formulare (Rezepte, Überweisungen etc.) und Vordrucke für Telefonnotizen bzw. ein praxisinternes E-Mail-System sollten bereitliegen.

- Unbedingt notwendig ist der Zugriff auf den Praxis-Terminkalender; der Arbeitsplatz ist so einzurichten, dass genügend Platz zum Schreiben vorhanden ist.

- Das Telefon hat eine feste Position und sollte an keinem anderen Ort der Praxis verwendet werden, da sonst z. B. bei schnurlosen Telefonen schnell das Suchen beginnt.

- Es ist empfehlenswert, das Praxistelefon als ISDN-Telefonanlage mit mehreren Leitungen auszulegen.

- Hilfreich ist die Möglichkeit, eine Warteschleife zu schalten, die mit wechselnder Musik oder Ansagen versehen werden kann. Musik und Ansage müssen unbedingt regelmäßig gewechselt werden.

- Die Lautstärke der Telefonklingel ist diskret, aber gut hörbar eingestellt.

- Der Klingelton hat einen angenehmen Klang und wird auch während des Tages nicht als nervig oder stressig empfunden.

- Die Ansage des Anrufbeantworters ist akustisch sehr gut verständlich, kurz, informativ und prägnant.

- Alle Mitarbeiterinnen sind mit den technischen Möglichkeiten der Telefonanlage (Weiterverbinden, Makeln etc.) vertraut.

Das Telefonverhalten

Die Terminvereinbarung bietet Neupatienten die Möglichkeit, sich ein erstes Bild über die Dienstleistungsqualität der Praxis zu machen (vgl. Kap. 4.2.2). Sie nutzen die Signale Ihrer Gesprächspartner (Freundlichkeit, Umfang der Informationen etc.), um Rückschlüsse auf die generelle Dienstleistungsqualität des Praxisbetriebs zu ziehen. Bei Stammpatienten trägt ein adäquates Telefonverhalten dazu bei, einen bereits existierenden – positiven – Eindruck zu verstärken. Ziel des Dienstleistungsdesigns bei der Terminvereinbarung ist die Schaffung des Eindrucks von Servicequalität. Der Anrufer soll positiv auf die Praxis eingestimmt werden.

Marketinghilfe 4.5: Checkliste Telefonverhalten in Arztpraxen

Gestaltungselement	Checkpunkte
Dauer der Meldezeit	• Wie lange muss der Anrufer warten, bis sich die Praxis meldet? • Erfolgt bei längerer Wartezeit eine Information über den Grund (z. B. in Form einer Ansage, dass alle Leitungen zurzeit besetzt sind o. Ä.)?
Begrüßung	• Wird auf den Anrufer eingegangen (Wird sein Name aufgegriffen)? • Ist die Art der Begrüßung verständlich und freundlich? (Der Anrufer darf niemals den Eindruck bekommen, lästig zu sein)
Auskunftsbereit-schaft	• Geht der Praxis-Gesprächspartner bereitwillig auf die Fragen des Anrufers ein? • Erhält der Anrufer schnell und umfassend Auskunft zu seinem Anliegen?
Gesprächsatmo-sphäre	• Schafft der Gesprächspartner eine angenehme Gesprächsatmosphäre? • Gibt es störende Hintergrundgeräusche?

Meldezeit bei Verbindungen	• Wie lange muss der Anrufer warten:
	  – bis die Verbindung hergestellt ist?
	  – bis der gewünschte Partner am Telefon ist?
	• Wie wird die Wartezeit gestaltet (Musik)?

Verbindungsqualität	• Gelangt der Anrufer direkt zu dem von ihm gewünschten Ansprechpartner? • Ist der sich Meldende – wenn er nicht der Ansprechpartner ist – bereits über das Anliegen des Anrufers informiert?
Sicherheit der Rückverbindung	• Gelangt der Anrufer, falls die Notwendigkeit einer Rückverbindung besteht, schnell zum gewünschten Ziel? • Ist der sich Meldende – wenn er nicht der Ansprechpartner ist – bereits über den Grund der Rückverbindung informiert?
Verabschiedung	• Erfolgt die Verabschiedung ebenso freundlich wie die Begrüßung?

Das Bestellsystem

In Bezug auf die Terminvereinbarung ist die Funktionalität des Bestellsystems eine wichtige Gestaltungsgröße des Images. Das Bestellsystem ist eine zentrale Steuerungsgröße der Qualität des Praxismanagements. Von seiner Gestaltung hängt maßgeblich ab, wie

- die kapazitäre und zeitliche Belastung des Praxisteams aussieht,
- gut Arbeitsproduktivität und Teamsynergie ausgeprägt sind,
- individuell angepasst die Patientenversorgung erfolgen kann und wie
- zufrieden die Patienten sind.

Ich bin einmal der Frage nachgegangen, mit welchen Bestellsystemen in Arztpraxen gearbeitet wird und wie sich diese auf die Patientenzufriedenheit, aber auch auf das Praxismanagement auswirken. Zu diesem Zweck wertete das IFABS-Institut 2013 die Ergebnisse aus Praxis-Ferndiagnosen aus. Die Analyseergebnisse zeigen Überaschendes:

Deklarierte Bestellsystemtypen: 62 % der Praxisinhaber gaben an, ein striktes Terminsystem zu führen, 12 % eine offene Sprechstunde. Die restlichen 26 % arbeiteten nach eigenen Angaben mit einer Kombination beider Formen, der sog. halboffenen Sprechstunde.

Das Terminsystem als „Mogelpackung": Die Detailanalyse der Ferndiagnose-unterlagen, insbesondere der Mitarbeiterangaben, zeigte jedoch, dass in Arztpraxen mit striktem Terminsystem entgegen den Aussagen der Praxisinhaber 47 % mit einer sog. „verdeckten halboffenen Sprechstunde" arbeiteten, denn das Personal in diesen Praxen schob Patienten ohne Termin, die keine Notfälle waren, in den Ablauf ein, ohne dass die Praxisinhaber hierüber informiert wurden. Wie schnell das „Einschieben" zu Problemen führt, zeigt das folgende Beispiel. „Wir wollten unseren Patienten auch ein bisschen entgegenkommen und haben eine halboffene Sprechstunde eingeführt," beschreibt der Allgemeinmediziner Dr. J. das Organisationsprinzip seiner Praxis. Zwischen 08:00 Uhr und 10:00 Uhr kann jeder Patient in die Praxis kommen, ab 10:00 Uhr werden Termine vergeben. Die Folge: Jeden Tag ärgern sich die Patienten – und auch solche mit Termin – über lange Wartezeiten. Zudem ist das Personal gegen Mittag vollkommen entnervt, denn die Zahl der Patienten, die in die offene Sprechstunde kommen, ist nie kalkulierbar und führt jeden Tag dazu, dass um 10:00 Uhr noch immer unzählige Patienten ohne Termin auf solche mit Termin treffen und alle warten müssen.

Noch detaillierter zeigt ein weiteres Beispiel, das aus einem konkreten Fall einer psychiatrisch-neurologischen Praxis entwickelt wurde (vgl. Abb. 4.2), die erwachsenden Probleme. Für den Zeitraum zwischen 08:00 und 09:15 Uhr waren vier Patienten ohne Pufferzeit geplant. Im Anschluss an die lange Konsultation mit Patient A wird seitens der Mitarbeiterin ein Patient eingeschoben. Vermeintlich nur ein kurzer Fall, aber der Arzt muss nun doch eine Viertelstunde auf ihn verwenden. Patient B muss 15 Minuten länger warten. Und erhält den Terminplatz von Patient C. Im Anschluss an Patient B wird erneut ein Patient eingeschoben („Es ist wirklich nur ganz kurz, ich muss ja auch gleich zur Arbeit"), gefolgt von einem Notfall. Patient C muss ca. 45 Minuten warten, blockiert aber bereits wieder einen neuen Terminplatz.

So setzt sich die Wartespirale – einmal begonnen – immer weiter fort. Kalkuliert man mit ein, dass die Patienten im Durchschnitt 10–15 Minuten vor ihrem Termin in die Praxis gekommen sind, ergeben sich bereits zu Sprechstundenbeginn Wartezeiten von ca. 1 Stunde. Auf ähnliche Werte kommt man auch in Praxen anderer Fachgruppen, in denen die Terminierung in kürzeren Abständen erfolgt, dafür aber mehr Patienten „eingeschoben" werden.

	08:00 Uhr	08:30 Uhr	08:45 Uhr	09:00 Uhr	09:15 Uhr	09:30 Uhr	09:45 Uhr
Plan-Termine	Patient A	Patient B	Patient C	Patient D	Weitere	Patienten	
Ist-Termine	Patient A	Patient	Patient B	Patient	Notfall	Patient C	Patient D
		eingeschoben		eingeschoben			
	Keine Wartezeit	15 Minuten Wartezeit				45 Minuten Wartezeit	45 Minuten Wartezeit

Abb. 4.2: Beispiel für eine ablauforganisatorische Regelung

Terminsystem versus halboffene und offene Sprechstunde im Vergleich: Ein striktes, gut strukturiertes Terminsystem ist den offenen und halboffenen Sprechstunden aus einer ganzen Reihe von Gründen eindeutig überlegen. An den halboffenen und offenen Sprechstunden schätzen die Patienten, ohne Anmeldung eine Praxis aufsuchen zu können. Das ist auch das Hauptmotiv (Patientenzufriedenheit, -orientierung), aus denen Ärzte diese Bestellform praktizieren. Die initiale Freude über den unkomplizierten Praxiszugang „vergeht" den Patienten jedoch schnell, da sie oftmals mit langen Wartezeiten konfrontiert werden. Die Praxismitarbeiter stehen zusätzlich vor dem Problem, dass ohne Termin angenommene Patienten sich wie Terminpatienten fühlen und die gleiche Erwartungshaltung (Kürze) an die Länge der Wartezeit haben. Durch das „Einschieben" unangemeldeter Patienten verlängert sich gleichzeitig aber auch die Wartezeit von Terminpatienten. Die Konsequenz ist eine insgesamt eingeschränkte Patientenzufriedenheit, die dem Motiv der Patientenorientierung entgegenwirkt und es nicht – wie eigentlich beabsichtigt – fördert. Patienten bewerten es eindeutig höher, termingerecht behandelt zu werden, als sich den Praxis-Besuchstermin aussuchen zu können.

Bei vergleichbaren Arzt-Gesprächszeiten beurteilen Patienten die subjektiv empfundene Gesprächsdauer und die Zuwendung des Arztes in Terminpraxen deutlich besser als in Praxen mit offenen oder halboffenen Bestellsystemen. Die Zufriedenheitsbewertung in Praxen mit Terminsystem beträgt 1,8 (Basis: Schulnotenskalierung, Durchschnittswert), die Zufriedenheitsnote in Praxen ohne Terminsystem lediglich 3,2 (Basis: Schulnotenskalierung, Durchschnittswert). Die Begründung ist sehr einfach: Aufgrund der Planbarkeit des Patientenflusses sind die Ärzte in Terminpraxen entspannter und wirken dadurch zuwendungsorientierter. Zudem kalkulieren sie eine Vorbereitungszeit für jeden Patienten ein und können die Gespräche effizienter führen.

Ein weiterer Aspekt ist, dass die Arbeitsproduktivität in Praxen mit Terminsystem deutlich höher ist als die in anders organisierten Praxen. Legt man eine Kernarbeitszeit zugrunde und vergleicht man nach einzelnen Fachgruppen sortiert den Patientendurchsatz, so werden in Terminpraxen deutlich mehr Patienten in dieser Zeit behandelt, d. h. der Wirkungsgrad der Arbeit in Terminpraxen ist höher. Das liegt u. a. auch daran, dass in Terminpraxen

häufig mit verschiedenen Termintypen gearbeitet wird, z. B. Kurz- und Lang-
kontakte, die gebündelt werden, z. B. in Form einer Bagatellsprechstunde. In
Nicht-Terminpraxen ist das nicht möglich, die Termintypen wechseln ohne
Planung. In Terminpraxen weiß das Personal genau, was zu tun ist, die Zusammenarbeit führt zu einer Synergie der Arbeitskräfte.

Praxen, die ein „echtes" Terminsystem praktizieren, haben 70 % weniger
Überstunden als Praxen mit anderen Bestellformen, da die Arbeit weitgehend
kalkulierbar ist. Auch die administrativen Arbeiten (Arztbriefe und Gutachten
schreiben) werden in Terminpraxen zeitnah erledigt, es „bleibt nichts liegen".

Die genannten Aspekte führen dazu, dass die Stressbelastung von Ärzten
und Mitarbeitern in Terminpraxen deutlich geringer ist. So liegt die Stressnote
(Basis: Schulnotenskalierung, Durchschnittswert, Skalierung: von 1 = „keine
Stressbelastung" bis 6 = „höchste Stressbelastung") in Praxen

- mit Terminsystem bei 2,1
- ohne Terminsystem bei 4,9

Diese Tatsache wirkt sich unmittelbar auf das Betriebsklima und die von den
Patienten wahrgenommene Praxisatmosphäre und damit auf das Image aus.
Zudem entfallen die vielen imageschädigenden Diskussionen mit eingescho-
benen Patienten, die gleiche Rechte wie Terminpatienten fordern.

Eine geordnete Arbeitszeit mit klaren Arbeitsstrukturen wirkt sich nicht
zuletzt auch auf die Mitarbeiterzufriedenheit aus. Die Zufriedenheitsnote
(Basis: Schulnotenskalierung, Durchschnittswert) beträgt in Praxen

- mit Terminsystem 1,7
- ohne Terminsystem nur 4,2

Auch die Sinnhaftigkeit der Arbeit wird in Terminpraxen deutlich besser beurteilt. Zudem ist die Teamharmonie unter den Mitarbeiterinnen deutlich höher.

Die aufgezeigten Punkte unterstreichen den Wert eines strikten Termin-
systems, nicht nur im Hinblick auf die Patientenzufriedenheit und das Image,
sondern auch in Bezug auf die Arbeitsproduktivität des Praxisteams.

4.2.2　Gestaltungsbereich *Corporate Communication*

Die Problembereiche

„Praxis Dr. Weber, Seibel, guten Tag." Täglich hören Tausende von Patienten derartige Meldungen, wenn sie eine Arztpraxis anrufen. Und täglich sind Hunderte von Praxismitarbeitern bemüht, den in den Telefonaten geäußerten Wünschen und Anforderungen nachzukommen. Auf den ersten Blick erscheint das alles ganz einfach. Doch der erste Blick täuscht. Untersucht man im Rahmen von Praxisanalysen die generelle Zufriedenheit von Patienten mit dem Telefonservice von Arztpraxen, drückt sich diese in einer durchschnittlichen, eher enttäuschenden Schulnotenbewertung von 4,4 aus. Die Patienten können dabei auch genau sagen, welchem Unbehagen sie mit dieser Note Ausdruck verleihen: Da ist zunächst die Abwicklung der Telefonate und Klagen über

- lange Wartezeiten, bis sich Praxen überhaupt melden,
- häufig besetzte Anschlüsse und die Notwendigkeit, immer wieder neu zu wählen,
- das „Verhungern" in Warteschleifen mit monotonen Ansagen und „nerviger" Musik.

Haben Patienten es geschafft, die Praxis „an den Draht" zu bekommen, lässt der Umgang der Ansprechpartner häufig zu wünschen übrig:

- ein barscher, unfreundlicher Ton wird ebenso bemängelt wie
- eine Behandlung „von oben herab" oder
- eine hektische Gesprächsatmosphäre, in der kaum Zeit für Fragen bleibt.

Als dritter Kritikpunkt werden die Begleitumstände der Telefonate genannt:

- laute Hintergrundgeräusche
- Parallelgespräche mit anderen Personen in der Praxis,
- Verrichtung von Nebenarbeiten, die z. B. durch das Klappern der PC-Tastatur hörbar sind und den Telefonpartner spürbar vom Gesprächsinhalt ablenken.

Die entscheidende Frage in diesem Zusammenhang ist: *Handelt es sich bei diesen Schilderungen um Einzelfälle oder um einen grundsätzlichen Zustand?* Beobachtungen des Telefonverhaltens in Arztpraxen zeigen stets die gleichen Probleme und ein insgesamt brachliegendes Optimierungspotenzial. Vor allem folgende Defizite prägen dabei das Bild:

- Die wenigsten Praxismitarbeiterinnen nennen bei der Meldung ihren Namen für den Anrufer verständlich.
- Die Anrufer werden während der Gespräche nicht mit ihrem Namen angesprochen.
- Nach kurzer Zeit stellt sich bei Praxismitarbeitern deutliche Ungeduld ein und das Sprechverhalten ändert sich (Sprechtempo, Wortwahl, Stimmfarbe).
- Kaum eine Mitarbeiterin signalisiert dem Anrufer durch Rück- und Zwischenfragen Interesse.
- Praxismitarbeiter verwenden zum großen Teil sog. „kalte" Abschlusstechniken, vor allem in Form eines Gesprächsabbruchs aus Zeitgründen, z. B. wegen wartender Patienten oder mit dem Hinweis, dass eine telefonische Auskunft zu aufwendig wäre und der anrufende Patient in die Praxis kommen solle.

Telefonische Patientenkommunikation unter Imagegesichtspunkten

Die Bedeutung des serviceorientierten Telefonverhaltens wurde unter Kapitel 4.2.1 aufgezeigt. In diesem Abschnitt sollen nun die Problembereiche im Praxisalltag vertiefend beleuchtet werden. Zudem wird ein „Leitfaden" zur Erreichung einer guten telefonischen Patientenkommunikation vorgestellt.

Es stellt sich zunächst die Frage, wie Sie die telefonische Patientenkommunikation in Ihrer Praxis unter Imagegesichtspunkten am besten gestalten. Bei der telefonischen Terminvereinbarung muss – wie bei allen anderen Telefonkontakten mit Patienten – der Nutzen des Anrufers im Mittelpunkt stehen, um so einen optimalen Dienstleistungseindruck zu hinterlassen. Anrufe sind keine Störungen, sondern Kontaktchancen für Ihre Praxis.

Die wichtigsten Aspekte, die für eine gut gestaltete Telefonkommunikation wichtig sind, sind im Folgenden zusammengestellt. Sie gelten für die

Phase der Terminvereinbarung ebenso wie für alle anderen Telefonate, die Ihre Mitarbeiterinnen mit Ihren Patienten führen. In manchen Praxen werden die folgenden Punkte praxisintern in Form von Rollenspielen trainiert, andere Praxisinhaber schicken ihre Mitarbeiterinnen, die für das Telefon verantwortlich sind, zu entsprechenden Seminaren.

Begrüßungsregeln: Wie sieht die optimale Begrüßung eines Anrufers aus? Schon für den Gesprächsstart gibt es klare Regeln, die eingehalten werden sollten. Am besten beginnen Ihre Mitarbeiterinnen mit einer der jeweiligen Tageszeit entsprechenden Grußformel („Guten Morgen", „Guten Tag"), gefolgt vom Praxisnamen. Danach nennt die telefonierende Mitarbeiterin nach dem Einschub („Ich heiße", „Mein Name ist") ihren Vor- und Nachnamen. Sollte sie den Namen ihres Gesprächspartners nicht kennen, erfragt sie ihn, ggf. verbunden mit der Bitte, ihn zu buchstabieren. Ebenso fragt sie nach seinem Vornamen.

Emotionen kontrollieren: Für die sich anschließenden Gespräche sollten sich ihre Mitarbeiterinnen bewusst sein, dass ihr emotionaler Zustand – wenn sie ihn nicht kontrollieren – vom Anrufer erkannt wird. Aus diesem Grund sollte vermieden werden, bei Ärger oder Freude schnell zu sprechen, Wortsilben auszulassen oder überdeutlich zu sprechen. Ebenso ist darauf zu achten, in unangenehmen Situationen oder bei Langeweile nicht langsam zu sprechen und die Silben nicht undeutlich zu artikulieren.

Stimmwechsel: Hilfreich ist, die Stimme im Wechsel während der Telefonate dezent zu heben und zu senken, um für den Anrufer durch zurückhaltende Betonungen einen angenehmen Stimmfluss zu erzeugen und Wichtiges herauszustellen.

Urteile und Routinen vermeiden: Besonders wichtig ist, sich kein vorschnelles Urteil über den Anrufer und sein Anliegen zu bilden, denn hieraus resultiert ein nur noch oberflächliches Zuhören. Ebenso darf auch nach dem fünfzigsten Telefonat die Begrüßung nicht monoton und „geleiert" wirken.

Stimmkraft und Stimmklang: Es sollte immer mit normaler Stimmkraft, weder zu leise noch zu laut gesprochen werden. Der Stimmklang sollte weder genervt, gehetzt oder gestört noch kalt, stur oder desinteressiert wirken. Auch ein ungeduldiger, überfreundlicher unpersönlicher Klang ist zu vermeiden.

Nebengeräusche vermeiden: Die Übertragungsqualität moderner Telefone führt leider auch dazu, dass Nebengeräusche fast überdeutlich hörbar sind, vor allem das Atemverhalten der telefonierenden Praxismitarbeiterinnen. Ein wichtiger Gestaltungsaspekt ist deshalb die Kontrolle der Atemtechnik. Zu vermeiden sind „beliebte" Reaktionen wie das seufzerartige Ausatmen, wenn ein Anrufer Sachverhalte sehr umständlich darstellt oder Informationen nicht versteht. Ebenso sollten Ihre Mitarbeiterinnen darauf achten, nicht kurz und laut zu atmen, wenn sie in Hektik sind. Besser ist, einen Augenblick abzuwarten, dreimal tief ein- und auszuatmen, ehe ein Gespräch angenommen wird.

Sprechgeschwindigkeit: Eine weitere Gestaltungsgröße ist die Sprechgeschwindigkeit. Sie sollte so gewählt werden, dass durch sie einerseits Ruhe und Ausgeglichenheit vermittelt, andererseits aber auch Schwung und Elan deutlich werden. Als Richtgröße empfiehlt sich ein Tempo, bei dem mit 100–150 Wörtern pro Minute gesprochen wird. Dabei ist aber auch das Sprechtempo des Anrufers zu berücksichtigen, dem man sich in Grenzen anpassen sollte, um eine gute Verständigungsbasis herzustellen.

Artikulierte Aussprache: Bei Telefonaten werden meist die ersten Silben schlechter erkannt. Deshalb sollten die ersten Worte immer sehr deutlich gesprochen werden. Auch häufiges Versprechen und die Verwendung von Verlegenheitslauten sollten minimal sein. Bei der Gestaltung der Telefonkommunikation kommt es auch auf eine möglichst deutliche Aussprache an, bei der vor allem auch die Wortendungen sehr gut zu verstehen sind.

„Weichmacher", „Abschwächer", Reizwörter und „Sprachmarotten" vermeiden: Ein Kennzeichen guter Telefonkommunikation ist die Vermeidung sog. „Weichmacher" oder „Abschwächer". So ist es besser, statt „Ich könnte Ihnen folgenden Termin anbieten" zu sagen: „Ich kann Ihnen folgenden Termin anbieten". Auch sollten Formulierungen wie „eigentlich", „eventuell" und „in der Regel" vermieden werden. Zudem sollte auf Reizwörter wie „trotzdem", „dennoch" und „aber" sollte verzichtet werden. Ganz besonders negativ wirken auf Patienten sog. „Killerphrasen" wie z. B. „Sie müssen ...", „ Ja, das sagen Sie ...", „Sie können doch nicht sagen ...", „Aber Sie müssen doch zugeben ...", „Unbestritten ist doch ..." „... das kann gar nicht sein", „Dafür kann ich doch nichts" oder „Das geht nicht!". Ein weiterer Gestaltungsaspekt ist die Benutzung einfacher Wörter, z. B. „Frage" statt „Fragestellung", „einfach" statt „unkompliziert", der generelle Verzicht auf Fremdwörter und eine Formulierung in der Ich-Form statt „wir" oder „man". Häufig stößt man bei Praxistelefonaten auf die Verwendung von „Sprachmarotten", („äh", „und", „nicht?") und Mode-Formulierungen („Ich würde sagen", „Ich denke", „Sag' ich 'mal"). Sie sollten möglichst unterbleiben, da sie den Sprachfluss hemmen und für den Anrufer irritierend wirken.

Satzbildung: Gesprächsunterstützend ist eine kurze, prägnante Ausdrucksweise mit möglichst wenig Leerlauf. Das ist durch eine Satzbildung erreichbar, die mit kurzen Sätzen, geringer Schachtelungstiefe und konkreten Formulierungen arbeitet. Wichtig ist, dass alle Sätze vollständig und abgeschlossen sind sowie in einem logischen Bezug zueinander stehen. Zusätzlich sollte Lexik und Grammatik korrekt sein.

Dialoge mit Fragen führen: Die Anruferzufriedenheit wird nachhaltig gefördert, wenn Telefonate als „echte" Dialoge geführt werden. Dabei muss die telefonierende Praxismitarbeiterin die notwendige Führungsrolle im Gespräch nicht aufgeben, wenn sie ihre Gespräche aktiv über Fragen führt, statt auf den Anrufer passiv zu reagieren. Das Gesprächsprinzip „mit Fragen führen" kennen Sie aus Ihrer Patientenarbeit. Es steht für ein Gesprächsverhalten, bei dem Sie durch gezielte Fragen an Ihren Gesprächspartner die aktive Rolle übernehmen und das Gespräch lenken. Diese Lenkung wird jedoch nicht offensichtlich, da Ihr Gesprächspartner ja antworten kann und somit auch wesentliche Gesprächsanteile bestreitet. Als Handwerkszeug stehen die folgenden Fragetechniken zur Verfügung, die Sie für jede Gesprächssituation individuell verwenden und kombinieren können:

- Die offene Frage, z. B. *Welche Beschwerden haben Sie?* Mit einer offenen Frage, die immer mit einem „W": was – weshalb – warum – wie – wann beginnt, werden die Gesprächspartner gebeten, eine Auskunft zu geben. Ziel der Frageform ist, möglichst umfangreiche Informationen zu gewinnen.

- Die geschlossene Frage, z. B. *„Ist bei Ihnen schon einmal eine solche Untersuchung durchgeführt worden?"*, die nur mit einem „Ja" oder „Nein" beantwortet werden kann, wird zur gezielten Ermittlung einer Zustimmung oder Ablehnung eingesetzt.

- Die Alternativfrage, z. B. *„Möchten Sie lieber vormittags oder nachmittags kommen?"*, ist darauf ausgerichtet, den Gesprächspartner zu einer Entscheidung zu veranlassen. Sie kann auch durch wertende Zusätze so umgewandelt werden, dass die Entscheidung in eine ganz bestimmte Richtung gelenkt wird. Beispiel: „Möchten Sie lieber vormittags kommen, obwohl es dann bei uns meist sehr voll ist oder lieber am Nachmittag, wenn es ruhiger ist?"

- Die Suggestivfrage, z. B. *„Sie möchten doch sicherlich nicht lange warten?"*, dient ebenfalls der Lenkung des Gesprächspartners.

- Bei der rhetorischen Frage, z. B. *„Wer würde sich in dieser Situation wohlfühlen?"*, wird keine Antwort erwartet bzw. ist eine Antwort überflüssig, denn sie ist eine in Frageform gefasste Aussage.

- Die Gegenfrage, z. B. *„Ist am Montag noch ein Termin frei?"* – Gegenfrage: *„Möchten Sie unbedingt am Montag einen Termin haben?"*, wird vor allem in kritischen Gesprächssituationen eingesetzt, um Zeit zu gewinnen oder den Gesprächspartner dazu zu bringen, seine Frage zu präzisieren.

- Die Kontrollfrage, z. B. *„Ist diese Lösung für Sie akzeptabel?"*, dient gleichermaßen der Bestätigung eines Sachverhalts oder einer Vermutung wie auch der Überprüfung, ob der Gesprächspartner die vermittelten Informationen verstanden hat.

- Die Motivationsfrage, z. B. *„Den Ablauf brauche ich Ihnen als lang-jährigem Patienten ja sicherlich nicht mehr zu erklären?"*, hat das Ziel, durch die Einbindung von Lob und Anerkennung in eine Frage den Gesprächspartner zu bestimmten Verhaltensweisen oder Aussagen zu bewegen.

Rückmeldungen geben: Dialogfördernd ist auch die Technik, Gesprächspartnern durch Ausdrücke wie „mhm" oder „aha" Rückmeldungen zu ihren Gesprächsbeiträgen zu geben und damit zu signalisieren, dass man die Inhalte verstanden hat, sie aber nicht bewerten muss. Ist eine Bewertung notwendig, sollte das immer durch eine klare Zustimmung oder Verneinung geschehen.

Wichtiges zusammenfassen: Bei wichtigen Gesprächsinhalten kann es – in Abhängigkeit vom Gesprächspartner – hilfreich sein, die wichtigsten Resultate des Telefonats mit kurzen Worten zu wiederholen. Dabei sollte immer Übereinstimmung mit dem Anrufer geschaffen werden („Lassen Sie mich das Ganze noch einmal zusammenfassen"). Das vermeidet Missverständnisse und demonstriert gleichzeitig Aufmerksamkeit. Die gleiche Methode – Paraphrasierung genannt – kann auch eingesetzt werden, um Vielredner zu stoppen. Die Anwendung dieser Technik setzt eine absolute Konzentration der telefonierenden Mitarbeiterin voraus. Verzichtet werden sollte – auch wenn dies manchmal angebracht erscheint – auf die Vervollständigung der Sätze von Anrufern. Der Gesprächsfluss wird hierdurch kaum gefördert und der Anrufer eher verärgert. Gerade zum Gesprächsende sollte die Zusammenfassung darauf ausgerichtet sein, besonders das Positive des Gesprächs zu betonen, da auf diese Weise der Gesprächsinhalt für den Anrufer besser in Erinnerung bleibt.

Professionell weiterleiten: Besteht die Notwendigkeit, einen Anrufer weiterzuverbinden, gibt es auch hierfür ein patientenfreundliches Vorgehen: Zuerst sollte dem Anrufer die Weiterverbindung angekündigt werden. Anstelle eines leider immer wieder zu hörenden, barsch-knappen „Moment 'mal" wird er kurz auf die Notwendigkeit einer Weiterverbindung hingewiesen, verbunden mit der Information, an wen sie erfolgt. Ebenso erfährt der neue Gesprächspartner, wer in der Leitung ist und warum. Kann der Anrufer während des Verbindungsversuches mithören, empfiehlt es sich, die Ankündigung „Am Apparat ist Frau Z." statt „Hier ist eine Frau Z.!" zu verwenden. Ist der Anschluss des Ansprechpartners besetzt, wird das Gespräch zurückgenommen und der Anrufer über eine mögliche Wartezeit informiert bzw. ihm angeboten, dass der Ansprechpartner ihn zurückrufen wird.

Rückrufe planen: Werden Patienten gebeten, zu einem späteren Zeitpunkt zurückzurufen, sollte die Bitte durch Angabe eines Zeitpunkts oder Zeitraums konkretisiert werden. Wird angeboten, dass die Praxis zurückruft, ist dabei selbstverständlich, dass der avisierte Rückruf auch absolut zuverlässig erfolgt. Die Ankündigung des Rückrufs sollte immer mit einer definitiven Angabe verknüpft sein, wann er erfolgen wird.

Vielredner stoppen: Es ist wichtig, stets ein paar Standardsätze parat zu haben, um ein Gespräch bei Bedarf schnell zu Ende bringen zu können (z. B. „Mein Chef möchte mich sprechen", „Ich werde von einem Patienten erwartet" oder „Vielen Dank für Ihren Anruf, aber es wartet leider schon ein zweiter Anrufer").

Harmonischen Abschluss finden: Am Gesprächsende sollte immer eine nette Formulierung stehen („Ich wünsche Ihnen einstweilen gute Besserung" etc.), die dem Anrufer eine emotionale Rückmeldung gibt.

Ein weiterer Gestaltungsaspekt des Images und der Patientenzufriedenheit ist die Kontinuität am Telefon: Wenn möglich, sollten eine Mitarbeiterin oder dieselben im Wechsel für das Telefon abgestellt werden. Hierdurch entsteht wirkliche Telefon-Professionalität. Ein Aspekt dieser Professionalität ist das konsequente Erfragen von Sachverhalten, die eine Einschätzung des für die Patientenbetreuung benötigten Zeitbedarfs ermöglichen. Besitzt eine Mitarbeiterin hierin Übung, kann sie Wesentliches zu einem effizienten Praxisbetrieb beitragen und alle Abläufe steuern. Hieraus resultiert eine hohe Patientenzufriedenheit, da die Wartezeiten minimiert und alle für jeden Patienten notwendigen Vorkehrungen rechtzeitig getroffen werden können. Das wird dadurch erreicht, dass am Telefon bereits deutlich gemacht werden kann, dass ein Erscheinen in der Praxis ohne Termin keinen Sinn hat. Hierdurch lässt sich die Anzahl der ungeplanten Patienten, die kein Notfall sind, deutlich einschränken („Wir bereiten dann alles für Sie vor, bitte seien Sie bei diesem Termin ganz besonders pünktlich, weil ...").

Nicht alles kann direkt am Telefon geklärt werden, in manchen Fällen sind Rückfragen notwendig oder es muss auf Untersuchungsergebnisse gewartet werden. Um Kosten zu sparen, verzichten viele Praxen auf Rückrufe und bitten die Patienten, ihrerseits erneut anzurufen. In Anbetracht des hohen Wettbewerbs unter den Telefonanbietern und der Möglichkeit, Flatrates abzuschließen, ist dieses Vorgegen aber heute überholt. Zudem verschenkt man ein hohes Maß an zeitlicher Gestaltungsfreiheit, da Rückrufe in Abhängigkeit von der eigenen Arbeitsorganisation und der Verfügbarkeit der notwendigen Informationen geplant erfolgen können. Bei Rückrufen lässt sich steuern, wann sie erfolgen, bei Anrufen nicht. Überdies ist mit einer sehr hohen Rückruftreue ein hoher Marketingeffekt erzielbar. Um ihn zu erreichen, müssen lediglich akribisch genaue Rückruflisten erstellt werden.

Ein besonders wichtiges Gestaltungsmerkmal der Telefonkommunikation ist, dass die Mitarbeiterin, die einen Anruf entgegennimmt, genau weiß, welche Zusagen sie Anrufern geben kann, da sie ihren Entscheidungsspielraum kennt. Direkte und kompetente Auskünfte sind ein wichtiger Faktor für zufriedene Patienten. Ebenso muss geregelt sein, wer bei Angelegenheiten, die nicht in den Entscheidungsspielraum der telefonierenden Mitarbeiterin fallen, angesprochen werden muss bzw. kann. In diesen Gestaltungskreis gehört auch eine eindeutige Prioritätenregelung, welche Anrufer als „VIP-Personen" auf jeden Fall zum Praxisinhaber durchgestellt werden dürfen, welche Anrufer auf jeden Fall von ihm fernzuhalten sind, welche Informationen an wen herausgegeben werden dürfen und wer in welchen Fällen an andere Mitarbeiter in der Praxis weiterverbunden werden darf.

Im Praxisalltag kommt es – besonders in Stoßzeiten – häufig vor, dass sehr viele Patienten auf einmal die Praxis betreten und parallel das Telefon bedient werden muss. Für diese Situationen sollte eine Regelung getroffen werden, welche Kollegin wann unterstützend am Empfang mithilft.

4.3   Empfang

Das Ziel der Gestaltung des Empfangs ist, für Ihre Patienten eine beruhigende, entspannende, Angst abbauende Atmosphäre zu schaffen. Der Empfang knüpft an den im Telefonat initiierten Patientenkontakt an und setzt die bislang über die Praxis gewonnenen bzw. entwickelten Bilder und Eindrücke in die Realität um. Fragt man Patienten, was sie beim Empfang in Arztpraxen am meisten stört, erhält man Aussagen wie:

- „Manche Arzthelferinnen ignorieren einen zunächst, wenn man an der Anmeldung steht, der Hinweis ‚Einen Moment bitte' würde schon genügen."
- „Massenandrang, der ohne System abgewickelt wird."
- „Hektische Atmosphäre, nichts ist koordiniert."
- „Der Dame am Empfang fehlt der Überblick."
- „Die PC-Eingabe ist wichtiger als ein nettes Wort."
- „Schrecklich finde ich, dass Voruntersuchungen auch am Empfang durchgeführt werden."

Die Rezeption darf aber nicht allein unter dem Aspekt der Patientenzufriedenheit gesehen und gestaltet werden, sondern muss auch Gesichtspunkte der Funktionalität und Arbeitsproduktivität berücksichtigen. Hier wird eine Vielzahl administrativer und organisatorischer Leistungen erbracht, von deren Qualität der gesamte Praxisarbeitsprozess entscheidend abhängt. So ist ein optimierter Empfang immer ein Kompromiss zwischen Patientenorientierung und Funktion.

Da der Empfang und die übrigen Praxisräume eine möglichst homogene Einheit bilden sollten, beziehen sich die Aspekte der Gestaltung des Praxisdesigns nicht nur auf den Empfang, sondern auf alle Praxisräume.

4.3.1 Gestaltungsbereich *Corporate Design*

Außeneindruck der Praxis

Neupatienten versuchen, sich mithilfe sog. Sekundärindikatoren ein Bild über die Leistungsqualität von Arztpraxen zu verschaffen. Neben dem Telefonkontakt ist das Gebäude, in dem sich die Praxis befindet, ein zweiter dieser Indikatoren. Aber auch Stammpatienten beeinflusst der Außeneindruck der Praxisimmobilie. Stehen z. B. der Außeneindruck (negativ) und die Dienstleistungsqualität (positiv) in einem starken Gegensatz, können schon leichte Minderungen der Dienstleistungsqualität, z. B. die unfreundliche Behandlung durch eine Mitarbeiterin, den Gesamteindruck der Praxis überproportional negativ beeinflussen.

Leider ist der Außeneindruck einer Praxis in den meisten Fällen nur indirekt durch den Praxisinhaber selbst beeinflussbar. Dennoch sollte bei gravierenden Verschmutzungen, Verunstaltungen oder baulichen Mängeln der Immobilie das Gespräch mit dem Vermieter bzw. Eigentümer gesucht und Abhilfe geschaffen werden. Die in Marketinghilfe 4.6 aufgeführten Prüfpunkte der Gestaltung sind für das Dienstleistungsdesign von besonderer Bedeutung.

Marketinghilfe 4.6: Prüfpunkte der Gestaltung für den Außeneindruck einer Praxis

Verkehrstechnische Gegebenheiten	ja	nein
■ Ist die Praxis mit öffentlichen Verkehrsmitteln gut erreichbar? Gibt es eine Haltestelle öffentlicher Verkehrsmittel in der Nähe der Praxis?		
■ Gibt es ausreichend Parkplätze in der unmittelbaren Umgebung Ihrer Praxis?		
■ Ist ein Taxi schnell abrufbar?		
■ Kommen die Taxifahrer in Ihre Praxis und holen die Patienten ab?		
■ Können Fahrräder problemlos und sicher in unmittelbarer Nähe Ihrer Praxis abgestellt werden?		

Praxisgebäude
■ Ist das Gebäude, in dem sich Ihre Praxis befindet, in einem guten baulichen Zustand?
■ Ist die Fassade zeitgemäß, ansprechend und frei von Graffiti-Malereien oder Fetzen angeklebter Plakate?
■ Sind die Mülltonnen sichtgeschützt untergebracht?
■ Ist das Praxisschild gut sichtbar und sauber am Hauseingang angebracht?
■ Ist der Hauseingang gut sichtbar, beleuchtet und somit einfach zu finden?
■ Ist der Praxiszugang auch für Behinderte geeignet, d h. barrierefrei/barrierearm (keine oder nur wenige Stufen, ausreichend breit), ggf. mit einem Rollstuhl befahrbar? Existiert ein Fahrstuhl?
■ Ist die Klingel für Ihre Praxis eindeutig beschildert und (auch für ältere oder sehbehinderte Patienten) gut lesbar?
■ Weist der Klingelblock eine einheitliche Beschilderung auf?
■ Hausflur und Treppenhaus: – Wird der Hausflur regelmäßig gereinigt und macht er im Gesamtbild einen gepflegten Eindruck? – Wird der Hausflur gut ausgeleuchtet und wird stets dafür Sorge getragen, dass die Beleuchtung auch funktioniert? – Werden Prospekte und alte Zeitungen regelmäßig entfernt? – Herrscht ein neutraler Geruch im Hausflur und im Treppenhaus? – Ist die Praxis ist durch den Hausflur bequem erreichbar (breite Treppe, ggf. Fahrstuhl)? – Sind der Eingangsbereich und das Treppenhaus ruhig? – Ist der Zugang zu Ihren Praxisräumen im Treppenhaus gut ausgeschildert? – Besteht für Kinderwagen oder Rollstühle außerhalb der Praxis genügend Platz zum Abstellen? – Ist der Boden-/Treppenbelag des äußeren Eingangsbereichs rutschfest?
■ Ist das Praxistürschild gut sichtbar?
■ Existiert eine professionelle Schmutzfangmatte vor dem Praxiseingang?
■ Verfügen Sie über eine Tür-Gegensprechanlage (z. B. für Patienten, die Hilfe benötigen, um die Praxisräume zu erreichen)?

Als zweites Element bestimmt das Praxisschild den Qualitätseindruck. Dieses imagewirksame Instrument fristet aber in vielen Arztpraxen ein Schattendasein. Wind und Wetter ausgesetzt, durch Klebereste gezeichnet oder mit Sprüngen kann dieses „Aushängeschild" seine Funktion als repräsentative Visitenkarte und als Erkennungszeichen mit Werbefunktion nicht mehr adäquat ausführen. Folgende Tipps helfen Ihnen, Ihr Praxisschild als Marketinginstrument richtig in Szene zu setzen:

- Zwar sind die Gestaltungsmöglichkeiten durch die Berufsordnung eingegrenzt, es existiert aber immer noch ein großer Spielraum. Ein nennenswertes Gestaltungselement ist die Form, durch die Sie Ihr Schild bereits zum Blickfang machen können, z. B. achteckig, oval, konturiert etc.

- Unerlässlich ist der prägnante Aufdruck Ihres Logos. Natürlich muss das Praxisschild auch auf die Corporate-Identity-Linie Ihrer Praxis (Farben, Typografie) abgestimmt sein.

- Materialien helfen, Ihr Schild und den Eindruck, der über Ihre Praxis entstehen soll, wertvoll zu gestalten, z. B. durch die Verwendung von Glas und Edelstahl-Abstandhaltern.

- Nicht nur, um in der Herbst- und Winterzeit auch gesehen zu werden, sondern auch, um einen edlen Gesamteindruck zu erzeugen, ist eine Beleuchtung Ihres Schildes hilfreich.

- Nutzen Sie Abbildungen Ihres Praxisschildes in allen Informationsmedien (Praxisbroschüre, Praxiszeitung, Homepage), um auf diese Weise eine durchgängige Identität zu schaffen.

- Reinigen Sie das Schild regelmäßig, ersetzen Sie es bei Beschädigungen, bekleben Sie es nicht mit Informationszetteln.

- Bei Bedarf sollte die Außenbeschilderung durch eine Innenausschilderung ergänzt werden. Auch hierbei sind die o. a. Kriterien zu beachten.

Inneneindruck der Praxis

Mehr noch als die Außenwirkung prägt der Inneneindruck das Bild der Patienten über Ihre Praxis. Über Defizite im Außenbereich sehen Patienten u. U. noch hinweg, da ihnen klar ist, dass sie durch Sie und Ihr Team nur begrenzt beeinflussbar sind. Der Inneneindruck hingegen wird Ihnen eindeutig zugeordnet. Der folgende Prüfkriterienkatalog gibt Ihnen einen Überblick, auf welche Punkte es ankommt (vgl. Marketinghilfe 4.7).

Marketinghilfe 4.7: Prüfkriterienkatalog Inneneindruck der Praxis

Eingangstür	ja	nein
■ Ist sichergestellt, dass kein Durchzug entsteht, wenn die Eingangstür geöffnet wird?		
■ Schließt die Eingangstür selbstständig? ■ Schließt die Eingangstür leise?		
■ Ist die Eingangstür in einem einwandfreien Zustand (ohne Griffspuren, kein abgeblätterter Lack)?		
Empfangsbereich		
■ Können sich im Empfangsbereich mehrere Patienten gleichzeitig aufhalten, ohne dass ein Eindruck von zu großer Enge entsteht?		
■ Besteht am Empfang die Möglichkeit, Taschen abzustellen, ohne dass diese im Weg stehen?		
■ Ist ausgeschlossen, dass Patienten am Empfang vertrauliche Unterlagen und Informationen (Computer) einsehen können?		
■ Sind Empfang und Wartezimmer voneinander vollständig abgetrennt, so dass Gespräche am Empfang von wartenden Patienten nicht mitgehört werden können?		
Praxisräume		
■ Sind die Praxisräume für die Patienten gut überschaubar?		
■ Ist das Raumangebot so bemessen, dass kein Gefühl der Enge entsteht?		
■ Sind alle Räume auch für Behinderte gut erreich- und betretbar?		
■ Sind die Räume hell und freundlich ausgeleuchtet (keine dunklen Zonen)?		
■ Sind die Räume nach außen schallisoliert, z. B. gegen Straßenlärm?		
■ Sind die Räume zueinander schallisoliert?		
■ Wird die Praxis regelmäßig gelüftet?		
■ Wird darauf geachtet, dass in den Räumen keine Zugluft entsteht?		

- Sind die Praxisräume jahreszeitlich passend temperiert (im Sommer kühl, im Winter warm)?

- Wird darauf geachtet, dass die Räume nicht zweckentfremdet werden, z. B. Aktenablage in Untersuchungszimmern?

- Sind alle Räume gut sicht- und lesbar ausgeschildert?

- Werden alle Räume nach jedem Patienten wieder aufgeräumt?

- Schließen die Türen zu allen Räumen selbstständig?

- Sind alle in der Praxis aufgehängten Bilder gerahmt?

- Ist die Praxiseinrichtung funktionell, ohne dabei „kalt" zu wirken?

- Ist die Praxis frei von „Stolperfallen", z. B. durch lose Teppiche oder Kabel?

- Liegen alle elektrischen Leitungen unter Putz?

- Existieren Putz- und Reinigungspläne sowie Hygiene- und Abfallbeseitigungspläne?

- Wird die Praxis spätestens jedes zweite Jahr renoviert?

Ergänzend haben sich folgende Gestaltungsregeln für den Empfang bewährt:

- Wählen Sie eine Türklingel – soweit diese benötigt wird – mit einem möglichst angenehmen und dezenten Klang, evtl. kann der Klang auch durch ein Lichtsignal ersetzt oder ergänzt werden.

- Alle Mitarbeiter sollten darauf achten, dass sich die Rezeption stets in einem sauberen und aufgeräumten Zustand präsentiert. Frühstücksbrote, Cola-Dosen und Pralinenschachteln sind ebenso unangebracht wie aufgetürmte Aktenordner oder Zeitungsstapel. Der Hintergrund: Ordnung ist für Patienten ein Qualitätsindikator und wird mit Assoziationen wie „geordneter Ablauf" und „systematisches Arbeiten" verbunden.

- Ein Blumenstrauß oder ähnliche, an die Jahreszeit angepasste dezente Dekorationen schaffen eine angenehme, freundliche Atmosphäre.

- Die gesamte Belegschaft sollte Namensschilder tragen. Dadurch wird es für die Patienten leichter, auch unbekannte Mitarbeiterinnen anzusprechen.

- Vermeiden Sie „Behördentresen", an denen Patienten als Bittsteller auftreten und durch eine schmale Öffnung mit den Mitarbeiterinnen sprechen müssen. Schaffen Sie eine offene Atmosphäre, achten Sie gleichzeitig auf den Datenschutz (abgewandte PC-Bildschirme, keine offen ausliegenden Patientenunterlagen).
- Organisatorisch sollten Sie den Empfang – wie den Praxisbetrieb generell – so gestalten, dass hektische Betriebsamkeit nach Möglichkeit vermieden wird.
- Achten Sie auf den Zustand des Bodens, der Wände und der Möbel. Beschädigungen und Verunreinigungen sollten umgehend beseitigt werden. Setzen Sie nach Möglichkeit warme Farben ein.
- Ganz wichtig ist ein helles, freundliches Licht. Es nimmt den Patienten Berührungsängste und wirkt einladend. Auch für den Arbeitsbereich des Personals ist eine helle Beleuchtung wichtig.
- Schaffen Sie für Ihre Patienten eine Diskretionszone, sodass sie – ohne die Mithörmöglichkeit Dritter – ihr Anliegen schildern können.
- Achten Sie auf saubere Kleidung Ihres Personals.

Ein eigener Gestaltungsbereich ist die Patiententoilette, die leider in vielen Praxen vernachlässigt wird. Doch auch – oder gerade – hier setzen Sie Image- und Qualitätssignale für Ihren Praxisbetrieb und demonstrieren Patientenorientierung. Auf folgende Aspekte kommt es dabei an:

- Ihr WC sollte ungehindert und diskret zugänglich sein. Verzichten Sie auf das in manchen Praxen etablierte Prozedere, dass die Toilette abgeschlossen ist und Patienten am Empfang nach dem Schlüssel fragen müssen.
- Montieren Sie zwei Kleiderhaken, damit Jacken oder Handtaschen nicht an die Türklinke gehängt werden müssen.
- Verwenden Sie kein billiges, kratziges Toilettenpapier. Die Preisunterschiede zwischen den verschiedenen Qualitäten sind ohnehin nicht sehr groß und zeigen Sie auch auf diesem Weg Wertschätzung für Ihre Patienten.

- Erstellen Sie im Team eine Checkliste, welche Dinge in welchen Abständen, zu welchen Zeiten und von wem im Patienten-WC kontrolliert werden sollten. Vor allem ist wichtig, dass stets genug Toilettenpapier, Seife und Trockentücher zur Verfügung stehen.
- Wirken Sie unangenehmen Gerüchen schon im Vorfeld mithilfe von Duftölen entgegen.
- Wichtig ist auch eine gute Schallisolierung, u. U. leise Musik, damit Ihre Patienten nicht befürchten müssen, dass peinliche Geräusche in die Praxis dringen.
- Besonders professionell ist, wenn Ihre Toilette über einen Notrufknopf oder eine einfache Klingel verfügt. Die WC-Tür sollte natürlich im Notfall auch von außen zu öffnen sein.
- Gerade in großen Praxen mit einem hohen Patientenaufkommen ist es besonders hygienisch, wenn Sie Ihre Toilette mit einem Überzugs-Automaten ausstatten, der nach jeder Benutzung eine frische Folie über den Toilettensitz zieht.

4.3.2 Gestaltungsbereich *Corporate Behaviour*

Ein erster Gestaltungsaspekt bezieht sich auf die Frage, ob – in Abhängigkeit von der Praxisgröße – ein oder zwei Mitarbeiterinnen fest am Empfang arbeiten oder ob ein kontinuierlicher Wechsel aller Mitarbeiterinnen stattfindet. Das Wechsel- oder Rotationsprinzip – das sich natürlich nicht nur auf den Empfang beschränkt – wird von vielen Ärzten präferiert, da sie der Meinung sind, auf diese Weise ihre Mitarbeiter motivieren zu können (Verhinderung von Monotonie). Wichtiger ist ihnen aber, dass es bei Ausfall eines Mitarbeiters – sei es durch Krankheit oder Kündigung – zu keinen Pannen und Unterbrechungen kommt. Doch ist eine derartige „Prävention für den Ernstfall" auch effizient und produktiv? Um Aufgaben wirklich gut erfüllen zu können, muss man sie perfekt beherrschen. Hierzu benötigt man nicht nur die entsprechenden Fähigkeiten, sondern muss sich relevante Erfahrungen im Zeitablauf einer sog. Lernkurve aufbauen. Im Zuge eines Rotationsprinzips verhindern zwei Dinge den Aufbau der Lernkurve. Zum einen werden die

Mitarbeiter auch in Bereichen eingesetzt, die sie von ihren Grundvoraussetzungen aus gar nicht beherrschen. Die z. B. eher kontaktscheue Mitarbeiterin, die in Buchhaltung, Schriftverkehr und Leistungserfassung sehr gut ist, wird sich am Empfang äußerst unwohl fühlen und diese Aufgabe auch nicht gut erledigen. Zum zweiten erfolgt die Übernahme der einzelnen Aufgabenbereiche immer in bestimmten Abständen, sodass es oftmals gar nicht möglich ist, aus Fehlern oder Erfolgen zu lernen.

Vergleicht man Praxen, in denen eine Mitarbeiterin fest für Empfang, Terminverwaltung und Telefon zuständig ist, mit solchen, die das Rotationsprinzip favorisieren, so finden sich im erstgenannten Fall deutlich weniger innerbetriebliche Probleme. Hier warten die Patienten vergleichsweise am kürzesten, die Praxisinhaber geben an, wesentlich entlastet zu werden und auch der innerbetriebliche „Frieden" ist deutlich besser, da es nicht – wie oft bei der Rotation – zu Situationen kommt, in denen Fehler gemacht wurden und ein Mitarbeiter die Schuld auf den anderen schiebt.

Und der „Sand kommt sehr schnell ins Getriebe": Mitarbeiterin 1 hat z. B. einen telefonischen Termin angenommen, muß aber sofort nach Beendigung des Telefonats in einen Behandlungsraum und nimmt sich vor, die Terminvereinbarung nach Rückkehr an den Empfang einzutragen. Mitarbeiterin 2 löst sie ab, nimmt ebenfalls einen Termin an und bucht ihn auf den vermeintlich freien Zeitraum. Mitarbeiterin 1 kehrt zurück, die Doppelbuchung fällt auf, man diskutiert, wie verfahren werden soll und beschließt – leider läuft es in der Realität so – nichts zu tun („Da muss Herr S. eben ein paar Minuten warten").

Kommt an dem betreffenden Tag noch ein ungeplanter Patient oder ein Notfall dazwischen, ist im Ablauf bereits „der Wurm" und das Chaos vorprogrammiert. Die Ursachenforschung („Wie konnte das denn passieren?") bleibt ergebnislos, auch eine Ursachenvermeidung ist nicht möglich.

„Ja, schön und gut, aber was ist, wenn diese Mitarbeiterin die Praxis verlässt? Dann bricht alles zusammen!", werden Sie vielleicht denken. Aber kaufen Sie kein Auto, weil es irgendwann einmal eine Panne haben könnte? Existiert ein professionelles Personal- und Führungsmanagement, ist die Personalfluktuation in Arztpraxen äußerst gering. Zudem verlassen Mitarbeiter ihren Arbeitsplatz ja nicht „über Nacht", sodass immer noch genügend Zeit bleibt, eine vernünftige Übergabe zu organisieren. Und noch ein weiterer Zusammenhang sollte betrachtet werden: Praxen, die mit dem Rotationsprinzip arbeiten, nutzen bestenfalls 60 % ihres Effizienz- und Produktivitätspotenzials, Praxen mit festen Aufgabenzuordnungen liegen deutlich bei 90 % (mehr ist insgesamt auch gar nicht möglich, da hier Menschen arbeiten und keine Maschinen).

Ein zweiter Gestaltungsaspekt des Empfangs ist die dort herrschende Arbeitsatmosphäre. Sie sollte weitgehend frei von Hektik sein. Patienten erwarten in erster Linie Ruhe und geordnete Abläufe, eine hektische Atmosphäre gleich zu Beginn des persönlichen Kontakts wirkt sich negativ auf das Bild der Patienten über die Praxis aus. Die Ausgeglichenheit der Arbeitsabläufe wird zum einen durch die persönliche Arbeitsweise jeder Ihrer Mitarbeiterinnen geprägt, viel mehr jedoch durch eine gut durchdachte Arbeitsorganisation. Aus diesem Grund ist es empfehlenswert, einmal jährlich eine Organisationsanalyse durchzuführen, um die Effizienz des Arbeitsflusses zu erhöhen, denn erfahrungsgemäß schleichen sich immer wieder Verhaltensweisen und Regelungen ein, die den Arbeitsfluss hemmen, ohne dass es von den Beteiligten registriert wird. Hierfür benötigen Sie keine externe Hilfe, sondern können eine solche Untersuchung mithilfe einfacher Bordmittel in Form einer Arbeitsanalyse umsetzen. Mit ihrer Hilfe lassen sich Aufbau- und Ablauforganisation, Bestellsystem und ärztliches Zeitmanagement mit der Patientenstruktur überprüfen und synchronisieren. Die Umsetzung erfolgt am einfachsten mithilfe eines Patientenlaufzettels, auf dem alle Arbeiten für die Dauer einer Woche nach Art, Dauer und Verantwortlichem/Ausführendem dokumentiert werden. Diese Datenbasis gibt Ihnen ein Abbild Ihrer Arbeitsprozesse, die dann optimiert werden können. Durch die Zusammenführung aller Daten entsteht ein mehrdimensionales Abbild der Praxis-Arbeitsabläufe. Hieraus wird u. a. erkennbar,

- was in der Praxis geschieht, während Sie Patientengespräche führen,
- in welchem Umfang und mit welchen Konsequenzen z. B. unangemeldete Patienten die Abläufe beeinflussen,

- welche Aufgaben die Mitarbeiter mit welcher Arbeitsauslastung ausführen (Grundlage der Personalplanung),
- ob die Arbeitsabläufe optimal koordiniert sind.

4.3.3   Gestaltungsbereich *Corporate Communication*

Ohne dass überhaupt ein Wort gesprochen ist, kommuniziert eine Fotowand mit Bildern, Namen und Funktionsbezeichnungen des gesamten Praxisteams einen positiven Image-Ersteindruck und hilft vor allem neuen Patienten bei der Orientierung.

Wie schon erwähnt, zählt gerade bei der Gewinnung neuer Patienten der erste Eindruck. Neben den räumlichen und atmosphärischen Aspekten der Praxisgestaltung ist eine Vorstellung der Praxismitarbeiter aus Höflichkeit notwendig, denn Patienten möchten wissen, mit wem sie es zu tun haben. Ein geeignetes Medium hierfür ist eine Bilderwand des Praxisteams, mit deren Hilfe auch Sympathie und Vertrauen geschaffen werden können. Folgende Kriterien garantieren eine kommunikationsstarke Gestaltung:

- Die Tafel sollte an einem zentralen Ort gut sichtbar aufgehängt werden, möglichst gleich im Eingangsbereich oder im Wartezimmer. Wichtig ist, dass in ihrem Umfeld genügend Platz zum ungestörten Betrachten ist und interessierte Patienten anderen nicht im Weg stehen. Auch die Rückseite der Rezeption oder eine Platzierung direkt neben dem Sprechzimmer sollten vermieden werden.
- Alle Mitarbeiterinnen und Ärzte, aber auch die Auszubildenden sollten auf dieser Tafel aufgeführt sein. Bei einem Personalwechsel ist unbedingt darauf zu achten, die Fotos sofort auszutauschen. Die Fotos müssen aktuell (nicht älter als ein Jahr), qualitativ hochwertig und groß genug (Erkennbarkeit) sein. Bei gravierenden Veränderungen des äußeren Erscheinungsbildes einzelner Mitarbeiterinnen ist ein Austausch notwendig. Verwenden Sie Aufnahmen, auf denen alle Mitarbeiterinnen möglichst natürlich aussehen.
- Zu jedem Foto gehört eine Bildunterschrift mit Vor- und Zuname sowie einer Funktionsbeschreibung, am besten ergänzt durch eine Kurz-

beschreibung von Ausbildungsgängen, Zusatzqualifizierungen und Spezialkenntnissen. Hierdurch wird für Patienten ein Qualitätssignal gesetzt, das Vertrauen schafft. Die Schriftgröße der Bildunterschriften sollte so gewählt werden, dass auch ältere Patienten sie lesen können.

- Achten Sie bei der Tafelgestaltung darauf, dass sie zum Corporate Design Ihrer Praxis passt. Der Hintergrund sollte so angelegt sein, dass die Bilder plastisch hervorgehoben werden. Eine gleichmäßige Anordnung der Fotos mit großzügig bemessenem Platz zwischen den einzelnen Bildern verstärkt die Wirkung und erleichtert die Erkennbarkeit.

- Geben Sie der Bilderwand eine Überschrift („Unser Praxisteam") und einen Abschlusssatz an der Unterseite („Haben Sie Fragen? Sprechen Sie uns an!" oder „Wir sind dafür da, dass Sie schnell wieder gesund werden").

- Als Ergänzung zur Bilderwand sollten alle Ärzte und Mitarbeiterinnen Namensschilder tragen.

Am besten unterstützen Sie die Fotowand durch die Auslage von Praxis-Visitenkarten. Dieses Medium wirkt in der Aufzählung der Praxiskommunikationsmöglichkeiten zunächst eher unscheinbar, da es durch seine Größe in der Mitteilungsfunktion deutlich limitiert ist. Das ändert sich jedoch schlagartig, wenn Sie nicht in der Dimension der „klassischen" Visitenkarte denken, sondern eine Klappkarte konzipieren (vgl. S. 114). Und schon verfügen Sie über den Platz, auch Ihr Leistungsspektrum, ja, vielleicht sogar ein Foto zu integrieren. Zudem schaffen Sie ein Dauerwerbemittel, da Klappkarten deutlich weniger häufig weggeworfen werden als die Normalform.

Nichts schafft so schnell und nachhaltig eine positive Atmosphäre und Patientenzufriedenheit wie ein freundlicher Empfang:

- der Blickkontakt, der zeigt, dass der ankommende Patient wahrgenommen wurde
- das Lächeln als mimische Vor-Begrüßung und positive Einstimmung
- die eigentliche Begrüßung (mit Vorstellung der Mitarbeiterin bei Neupatienten)

- die positive Sprache zur Schaffung einer angenehmen Gesprächssituation
- die persönliche Anrede des Patienten

Die freundlichste Begrüßung allein schafft aber noch keinen nachhaltigen Zufriedenheitseffekt. Patienten erwarten zudem eine professionelle Auskunft, wie sich der Praxisaufenthalt weiter gestalten wird und was sie als Nächstes tun sollen. Aus diesem Grund ist unbedingt darauf zu achten, dass am Empfang nur Mitarbeiterinnen arbeiten, die mit den verschiedenen, durch die einzelnen Patienten und ihre Behandlung entstehenden Situationen souverän umgehen können. Sie sollten die notwendigen organisatorischen Schritte ebenso kennen wie die aktuelle Belegungssituation der Praxis und müssen natürlich über die Kompetenz verfügen, situationsadäquat zu agieren.

Ebenso sollten sie in der Lage sein, „klassische" Aktionsüberschneidungen zu bewältigen, beispielsweise, wenn sie sich mitten in einem Telefonat mit einem Patienten befinden und ein weiterer Patient die Praxis betritt. Nur wenige Mitarbeiterinnen reagieren in dieser Situation richtig und geben dem Patienten – um ihn zu begrüßen – ein bittendes Zeichen mit dem Kopf oder der Hand, heranzutreten bzw. sich – wenn eine Möglichkeit hierfür vorhanden ist – zu setzen. Eventuell unterbrechen sie das Telefonat kurz, um ihn zu begrüßen. Als Grundregel sollte in Ihrer Praxis gelten: Kein Patient steht an der Rezeption, ohne dass er zumindest begrüßt wurde. Ebenso darf keine Mitarbeiterin, wenn Patienten die Praxis betreten, wegsehen oder vorgeben, besonders beschäftigt zu sein.

Das Verhalten Ihrer Mitarbeiterinnen beim Empfang – und natürlich auch während des gesamten Aufenthalts – hat eine direkte Wirkung auf den Eindruck, den Patienten über ihren Stellenwert in Ihrer Praxis erhalten. Personen, für die man eine Dienstleistung erbringt, lässt man nicht warten, sondern schenkt ihnen seine ungeteilte Aufmerksamkeit. Ausschweifende Privatgespräche in Gegenwart von Patienten, Radiomusik am Empfang und „ignorierende Geschäftigkeit" sind deshalb auf jeden Fall zu vermeiden. In diesem Zusammenhang ist es hilfreich, mit den Mitarbeiterinnen eine Praxisbesprechung in Form einer Kreativsitzung unter dem Motto „Der optimale Patientenempfang" durchzuführen. Tragen Sie mit Ihrer Belegschaft zusammen, welche Faktoren wichtig sind und entwickeln Sie für verschiedene Standardsituationen – z. B. wenn ein Patient die Praxis betritt, während die Mitarbeiterin am Empfang telefoniert – Vorgehensweisen, die Empfangssituation patientenorientiert zu gestalten.

Vor allem die Sprache Ihrer Mitarbeiterinnen trägt dazu bei, die Empfangssituation patientenorientiert zu gestalten:

- Ihre Mitarbeiterinnen sollten konsequent darauf achten, das Wort „muss" zu vermeiden. Statt zu sagen: „Sie müssen uns noch Ihre Versichertenkarte bringen" bietet sich die Formulierung „Bitte bringen Sie uns noch Ihre Versichertenkarte" an.

- Beschuldigungen, selbst wenn sie von der Sache her zutreffend wären, sollten nach Möglichkeit unterbleiben. Statt „Das haben Sie wohl falsch verstanden" ist es besser zu sagen: „Wahrscheinlich habe ich mich nicht ganz deutlich ausgedrückt, ich meine…"

- Ihre Mitarbeiter sollten sich angewöhnen, immer in der Gegenwart zu sprechen. Das bedeutet z. B., statt „Wie war noch einmal Ihre Telefonnummer?" fragen sie besser „Welche Telefonnummer haben Sie?"

- Wenig patientenorientiert sind auch „Bankrottphrasen", etwa: „Das ist jetzt sehr ungünstig, wir haben ganz viel zu tun". In einer solchen Situation empfiehlt sich, diplomatisch zu antworten: „Für die Klärung Ihrer Frage ist etwas mehr Zeit nötig, kann ich Sie später zu Hause anrufen, wenn es etwas ruhiger bei uns ist?"

- Natürlich gibt es auch Situationen, in denen Patienten ablehnende Auskünfte gegeben werden müssen. Das ist unumgänglich, die Ablehnung des Patientenanliegens kann aber mit drei Techniken in seiner Negativwirkung deutlich gemildert werden. Die erste Technik besteht darin, Ablehnungen immer mit Erklärungen zum Ablehnungsgrund zu verknüpfen. Die Aussage „Die Folgeuntersuchung können wir heute nicht mehr durchführen" klingt barsch und abweisend, die Variation: „Leider können wird die Folgeuntersuchung heute nicht mehr durchführen, da Frau Doktor gleich einen Hausbesuch machen muss" hat die gleiche Ablehnung zum Inhalt, ist nun aber für den Patienten verständlich und nachvollziehbar. Bei der zweiten Technik wird ein „Nein" in positive Redewendungen verpackt. Statt „Herr Doktor ist zurzeit nicht zu sprechen" sagt man „Herr Doktor ist ab ... Uhr wieder zu sprechen"; oder statt „Dafür bin ich leider nicht zuständig" formuliert man „Zuständig ist meine Kollegin, Frau ...". Natürlich gibt es auch Fälle, in denen keine positive Umformulierung möglich ist. Dann kommt die dritte Technik, die Verwendung einer angepassten Wortwahl, zur Anwendung. Hierbei verwendet man z. B. statt des Wortes „warten" (negativ) das Wort „gedulden" (positiv).

- Kommunikation wird patientenorientiert, wenn die Aktionen und Arbeiten, die Ihre Mitarbeiterinnen für Ihre Patienten ausführen, als Hilfen „deklariert" werden. Die Aussage „Da kann ich Ihnen nicht helfen" wird zu diesem Zweck umformuliert in „Für diesen Bereich ist Frau S. zuständig, ich hole sie eben". Und statt „Ja, das kann ich machen" wird gesagt „Ich kümmere mich persönlich um Ihr Anliegen". Ebenso kann die Frage „Wann passt es Ihnen?" patientenorientierter in die Aussage „Ich kann Ihnen folgende Termine anbieten" umgewandelt werden.

- Ein wichtiger Punkt ist die Konkretisierung von Gesprächsinhalten. Statt zu sagen: „Kommen Sie später noch einmal vorbei" bietet sich beispielsweise die Formulierung „Am besten kommen Sie um 15:00 Uhr noch einmal vorbei" an.

- Gerade wenn es hektisch zugeht oder eine Kollegin fehlt, kann es bei bester Ablauforganisation zu Informationsdefiziten kommen. Die müssen leider häufig die Patienten „ausbaden", da Mitarbeiterinnen, die nicht die vollständigen Informationen besitzen, sich im Recht glauben und das die Patienten auch spüren lassen. Häufig werden dann Formulierungen wie „Das kann gar nicht sein" oder „Das haben wir noch nie gemacht" benutzt und der Patient zum „Dummen" gemacht, selbst wenn er im Recht ist. Darum ist es immer besser, sich selbst zunächst einmal zu informieren und den Patienten um etwas Geduld zu bitten: „Bitte warten Sie einen Augenblick, ich frage eben bei meiner Kollegin nach."

- Kompetenz bedeutet nicht, alles zu wissen. Dennoch lässt sich auch bei Nichtwissen Kompetenz verbal demonstrieren. Also sagen Ihre Mitarbeiterinnen nicht „Das weiß ich leider nicht", sondern „Das werde ich für Sie klären" oder „Ich hole meine Kollegin, Frau Z., die Ihnen das genau erklären kann". Grundsätzlich sollte zudem vermieden werden, in solchen Situationen falsche Kompromisse einzugehen, etwa mit der Aussage: „Ich will mal sehen, was ich für Sie tun kann". Zwar ist ein Patient dann kurzfristig zufriedengestellt, doch i. d. R. erweist sich eine solche Vertröstung später als Bumerang, der die Patientenzufriedenheit negativ beeinflusst. Besser ist, nur das zuzusagen, das später auch eingehalten werden kann.

Weitere Gestaltungsaspekte für den Empfang der Patienten:

- Es wirkt besonders patientenorientiert, wenn Ihre Mitarbeiterinnen Tatsachen als Fragen formulieren. Dazu wandeln sie z. B. die übliche Antwort: „Dazu kann Sie der Doktor am besten informieren" einfach um in „Darf ich Sie gleich zum Doktor bringen? Der kann Ihnen am besten weiterhelfen".
- Vermieden werden sollten Befehle und Anordnungen. Wird einem Patienten gesagt: „Sie müssen dann heute nachmitag pünktlich um 15:00 Uhr hier sein!", ist dies weit weniger nachhaltig als die gleiche Aussage in einer patientenorientierten Auskleidung: „Wir bereiten alles so vor, dass wir pünktlich um 15:00 Uhr mit Ihrer Behandlung beginnen können."

4.4   Wartephase

Patientenaussagen zur Frage: „Was hat Sie gestört oder worüber haben Sie sich geärgert?"

- „Trotz Termin bei jedem Arztbesuch mindestens eine Stunde Wartezeit! Warum dann noch ein Termin?"
- „Bei Terminabsprache sollte Wartezeit kürzer sein."
- „Zu lange Wartezeit."

- „Information, dass die Wartezeit zehn Minuten dauert, musste dann aber länger als eine Stunde warten."
- „Patienten, die später kamen, wurden vorher drangenommen."
- „Anderthalb Stunden warten für drei Minuten Arztkontakt, indiskutabel."
- „Zu kleines Wartezimmer, alte Zeitschriften."

Keine andere Größe des Praxismanagements steht so sehr im Mittelpunkt des Interesses – und leider auch der Kritik – wie die Wartezeit der Patienten. Lange Wartezeiten wirken sich nicht nur negativ auf die Beurteilung der Patientenbetreuung durch die Patienten aus, sondern – und das ist das Fatale – auch auf alle anderen Leistungsmerkmale.

Obwohl die Wartezeit individuell-subjektiv beurteilt wird, abhängig von der Persönlichkeit, den Lebensumständen (Berufstätige, Rentner etc.), dem jeweiligen Leidensdruck und den Wartebedingungen in der Praxis, geben die Ergebnisse aus Praxisanalysen klare Hinweise darauf, wie die Länge der Wartezeit in Terminpraxen das Patientenverhalten beeinflusst. Grob lassen sich drei Wartezeit-Verhaltenszonen unterscheiden:

- eine Wartezeit bis zu einer Dauer von etwa 16 Minuten wird akzeptiert,
- wer zwischen 16 und 34 Minuten warten muss, duldet dies i. d. R., die Zufriedenheit ist aber bereits deutlich eingeschränkt,
- ab einer Wartezeit von 34 Minuten entsteht offener Ärger, der auch – je nach Temperament – gegenüber den Medizinischen Fachangestellten (häufig) und dem Arzt (seltener) artikuliert wird.

Ebenso zeigen Praxisanalysen, dass in Praxen mit Wartezeitproblemen die Beurteilungsnoten für die ärztliche Behandlung im Durchschnitt ein Drittel schlechter ist als in den Praxen ohne dieses Defizit. Der Grund: Lange Wartezeiten steigern die Erwartung der Patienten an die Länge der Gesprächs- und Behandlungszeit. Als „Ausgleich für ihre Geduld" erwarten die Patienten auch eine zeitintensive Zuwendung des Arztes. Je länger das Warten, desto höher der Anspruch. Wird diese Erwartung nicht erfüllt, entstehen Frustration und

Unzufriedenheit. In den meisten Praxen herrscht hierzu die Ansicht, die Patienten würden sich mit der Zeit an die Wartezeiten gewöhnen. Negativeffekte werden nur erwartet, wenn sich diese noch weiter deutlich verlängerten. Vergleicht man Praxen mit und ohne Veränderung zu langer Wartezeiten nach einem Jahr ergab sich, dass Praxen ohne Veränderung durchschnittlich 19 % weniger Stammpatienten hatten, die mit Veränderung jedoch 8 % mehr.

Die Wartezeit kann so gesteuert werden, dass nicht nur die Patienten zufrieden sind, sondern auch die Produktivität sowie die Qualität der innerbetrieblichen Zusammenarbeit verbessert werden.

4.4.1 Gestaltungsbereich *Corporate Design*

In diesem Gestaltungsbereich geht es darum, den Imagefaktor Wartekomfort zu gestalten. Der Komfortbegriff ist ein patientenorientiertes Qualitätskriterium, das sich an der allgemeinen Erlebniswelt Ihrer Patienten orientiert. Eine Arztpraxis ist zwar ein hochspezialisiertes Dienstleistungsunternehmen, muss sich aber dennoch in einem Punkt mit Dienstleistungsbetrieben im nicht medizinischen Bereich messen, den die Patienten kennen: der Gestaltung der Wartezeit. Bei diesem Merkmal steht Ihre Praxis also nicht nur in Konkurrenz zu anderen Praxen, die Ihre Patienten kennen, sondern auch zu sonstigen Dienstleistern, die die Patienten als Kunden besuchen, z. B. Friseure oder Werkstätten. Aufgrund deren vollkommen verschiedener Strukturen greifen hier aber ganz eigene organisatorische und wartezeitverkürzende Unterhaltungsregeln (sog. Delaytainment-Techniken), die mittelbar Auswirkungen auf die Beurteilung des Wartens in Arztpraxen haben und zu direkten Vergleichen führen: „Bei meinem Zahnarzt geht es doch auch schneller", „Eine Tasse Kaffee gibt es doch heute schon bei jedem Friseur".

Experimentelle Untersuchungen zeigen, dass ein optimierter Wartekomfort das subjektive Gefühl der Patienten für die Länge der Wartezeit deutlich beeinflusst. In einer Untersuchung des IFABS-Instituts wurden in zwei Vergleichsgruppen Patienten in Wartezimmern mit und ohne Wartekomfort nach 15 Minuten gebeten, ohne auf die Uhr zu sehen die Länge ihrer Wartezeit zu schätzen. Die Patienten in der „komfortlosen" Warteumgebung veranschlagten durchschnittlich, 24,2 Minuten gewartet zu haben, die Befragungspersonen im wartezeitverkürzenden Umfeld tippten lediglich auf 10,3 Minuten.

Wartekomfort lässt sich mit einfachen Mitteln schaffen. Die folgende Checkliste (vgl. Marketinghilfe 4.8) gibt Ihnen einen ersten Überblick der relevanten Gestaltungsaspekte.

Marketinghilfe 4.8: Checkliste: Gestaltungsaspekte Wartebereich

---

Im Wartebereich sollten folgende Aspekte Berücksichtigung finden:
→ Rezeption ist durch eine Tür diskret geschlossen
→ ausreichende Größe, geräumig
→ saubere Gardinen/Jalousien
→ sauberer Fussbodenbelag ohne Gebrauchsspuren
→ ausreichende Anzahl Kleiderhaken und -bügel bereithalten
→ Regenschirmständer
→ bequeme Stühle mit Armlehnen, die nicht zu eng zueinander stehen (Komfort ist wichtiger als Design)
→ angenehmes Raumklima (Temperatur, Gerüche)
→ helle und freundliche Einrichtung (Pflanzen, Möbel)
→ breites Angebot an Zeitschriftentiteln, sodass jeder Patient eine passende Lektüre findet
→ ausschliesslich aktuelle Zeitschriften, abgenutzte Hefte werden aussortiert
→ ausgelegte Prospekte, Broschüren und Zeitschriften werden regelmäßig geordnet
→ leise Hintergrundmusik zur Entspannung
→ Getränkeangebot, um den Wartekomfort zu erhöhen
→ es gibt keine Uhr im Wartezimmer
→ von Zeit zu Zeit werden die Bilder im Wartezimmer ausgewechselt, um den Patienten Abwechslung zu bieten

---

Im Einzelnen schaffen Sie eine patientengerechte, zufriedenheitsfördernde Warteatmosphäre mithilfe der im Folgenden beschriebenen Maßnahmen.

Großzügigkeit

Ihr Wartezimmer muss keine Halle sein, es sollte aber selbst bei Belegung aller Plätze keine spürbare Enge vermitteln. Je kleiner ein Wartezimmer ist, desto mehr muss über organisatorische Maßnahmen versucht werden, eine Überlastung zu vermeiden. Abzuraten ist dabei explizit

- von sog. Kurzwartezonen vor Sprechzimmern – Patienten fühlen sich hier wie auf einem Präsentierteller,
- von der Aufforderung, dass Patienten an der Rezeption warten sollen und
- von der Nutzung eines Zweitsprechzimmers als Interimswarteraum.

Wichtig ist, die Stühle nicht zu eng zu stellen und auch zur Garderobe – soweit sie im Wartezimmer untergebracht ist – einen Zugang freizuhalten. Achten Sie darauf, dass die Garderobe nicht nur groß genug ist, sondern dass der Platz vor der Garderobe ausreicht, um Jacken und Mäntel an- und ausziehen zu können, ohne sitzende Patienten zu behelligen.

Raumgestaltung und Sitzmöbel

Eine patientengerechte Raumgestaltung erhalten Sie wie folgt:

- Wählen Sie warme, helle Farben für Wände und Möbel sowie einen Fußbodenbelag, der leicht zu reinigen ist.
- Kontrollieren Sie den Warteraum – wie auch Ihre gesamte Praxis – regelmäßig auf Gebrauchsspuren und lassen Sie diese umgehend beseitigen.
- Möblieren Sie sparsam – so sieht es immer aufgeräumt aus. Dekorieren Sie die Wände mit gerahmten Bildern, nicht mit durch Heftzwecken befestigte Poster.
- Runden Sie die Raumgestaltung mit einigen Pflanzen ab.
- Manche Praxen „schwören" auf ihr Aquarium, eine Anschaffung sollte aber im Hinblick auf den hohen Pflege- und Wartungsaufwand sorgfältig geprüft werden. Alternativ ist ein Zimmerspringbrunnen denkbar, der gleichzeitig beruhigend wirkt und für eine gereinigte Raumluft sorgt.
- Versuchen Sie, das Wartezimmer möglichst gegen Außen- und Innenlärm abzuschirmen. Wenn möglich und vorhanden, sollte die Tür zum Wartezimmer immer geschlossen sein.

- Hängen Sie keine Uhr ins Wartezimmer, denn damit lenken Sie vielleicht das Bewusstsein Ihrer Patienten auf einen Punkt, der ja gerade durch den Wartekomfort vermieden werden soll.
- Denken Sie auch an einen Papierkorb und einen Schirmständer.

In vielen Praxen nehmen die Patienten auf „Sitzgelegenheiten" Platz, nämlich auf harten Stühlen: sie sind unbequem und unansehnlich. Der ideale Praxisstuhl ist körpergerecht geformt, fest, aber bequem und mit Armlehnen ausgestattet.

Sauberkeit und Raumklima

Erstellen Sie einen Reinigungsplan für das Wartezimmer und sprechen Sie ihn mit Ihrer Reinigungskraft ab. Denken Sie auch daran, mindestens einmal pro Jahr Jalousien und Vorhänge reinigen zu lassen.

Achten Sie auf eine jahreszeitlich passende Klimatisierung. Lässt sich das nicht mit Fenster und Heizung realisieren, ist die Anschaffung eines auf die Raumgröße ausgerichteten Klimatisierungsgeräts sinnvoll. Verabreden Sie mit Ihren Mitarbeiterinnen, dass der Raum regelmäßig belüftet wird.

Beleuchtung

Sparen Sie – vor allem in der Herbst- und Winterzeit – nicht an Licht. Es sollte warm und hell sein und den ganzen Raum ausleuchten. Zudem wirkt Licht — richtig eingesetzt – positiv auf Ihre Patienten. Vermeiden Sie aber, dass Patienten direkt angestrahlt und geblendet werden, setzen Sie lieber auf indirektes Licht. Auch eine Glastür oder Glasbausteine können den Helligkeitseindruck im Wartezimmer verstärken.

Kinderspielecke

Sind Kinder Ihre Zielgruppe oder kommen viele Mütter zur Behandlung mit ihren Kindern in Ihre Praxis, ist eine Kinderspielecke sehr hilfreich, um die Wartezeit zu verkürzen. Achten Sie aber darauf, dass es keine „Pseudo-Spielecke" ist, sondern ihrer Bezeichnung auch gerecht wird. Es sollte eine breitere, auf die hauptsächlich in der Praxis vertretenen Altersgruppen ausgerichtete Auswahl an Spielsachen bereitstehen, die Utensilien müssen vollständig und voll funktions-/einsatzfähig sein. Das betrifft auch die Kinderbücher. Je nach Platzangebot ist auch an ein separates Kinderwartezimmer zu denken. Wichtig nicht nur unter Image-Gesichtspunkten: Das Spielzeug ist regelmäßig zu reinigen.

Zeitschriftenangebot und Hintergrundmusik

Unmut über das Zeitschriftenangebot steht ganz oben auf der Liste von Patientenbeanstandungen hinsichtlich des Wartezimmer-Service. Lassen Sie es gar nicht erst so weit kommen: Bieten Sie ein breites Zeitschriftenangebot („für jeden etwas") an, das auf die von Ihnen betreuten Patientenzielgruppen abgestimmt ist. Tragen Sie Sorge dafür, dass die angebotenen Zeitschriften stets aktuell sind, sprechen Sie mit Ihren Mitarbeiterinnen ab, dass „zerlesene" Hefte umgehend aussortiert werden und planen Sie mit Ihrem Personal eine Routine ein, die gewährleistet, dass die Zeitschriften mehrmals am Tage geordnet werden.

Praxisinhaber, die leise, harmonische Hintergrundmusik im Pulstakt von etwa 60 Schlägen verwenden, berichten über eine deutlich ausgeprägtere Gelassenheit und Ruhe ihrer Patienten.

Getränke

Um einen besonderen Wartekomfort zu schaffen, eignet sich das Angebot von Getränken. Wichtig ist hierbei, dass durch das Angebot keine großen organisatorischen Zusatzarbeiten verursacht werden. Das gewährleisten Getränkeautomaten. Die einfachste Lösung sind Kaltgetränke. Softdrinks wie Coca Cola, Limonaden und Säfte eignen sich hier weniger, sowohl wegen ihres Zuckergehalts als auch wegen ihres Preises. Am besten bieten Sie Wasser an, das nicht nur im Sommer eine willkommene, immer passende und vor allem für jeden Patienten geeignete Erfrischung ist:

- Verwenden Sie hierfür aus Organisations- und Hygienegründen einen Mietspender (keine Flaschen), dem sowohl gekühltes als auch zimmertemperiertes, möglichst stilles oder kohlensäurearmes Wasser entnommen werden kann.

- Stellen Sie das Gerät an einem gut zugänglichen Platz im Wartezimmer auf, an dem jeder Patient ohne Störung der anderen sein Wasser entnehmen kann.
- Vergessen Sie nicht einen genügend groß dimensionierten Abfallkorb neben dem Spender, in den die mitgelieferten Pappbecher geworfen werden können.
- Stellen Sie sicher, dass immer genügend Becher zur Verfügung stehen und bestellen Sie rechtzeitig neue Wasserbehälter.

Wollen Sie warme Getränke anbieten, benötigen Sie einen Kaffeeautomaten. Er ist die beste Lösung, da Thermoskannen immer wieder nachgefüllt werden müssen, zudem werden Zucker und Milch benötigt, die separat aufgestellt in kürzester Zeit zu Verunreinigungen führen. Die im Vergleich zum Wasserspender höheren Mietkosten können Sie durch Abgabe der Getränke zum Selbstkostenpreis kompensieren.

Ein Kaffeeautomat unterstützt Ihre Bemühungen um ein „Mehr" an Wartekomfort dann, wenn er

- ein möglichst niedriges Betriebsgeräusch hat, was gerade in kleinen Räumen sehr wichtig ist,
- eine Auswahl zwischen verschiedenen Kaffeesorten und Kakao und/oder Tee bietet
- möglichst wartungsarm ist
- über einen zuverlässigen Wartungsservice verfügt
- auf einer Bodenunterlage steht, die leicht gereinigt werden kann, denn gerade bei der Entnahme der Becher kann es zum Verschütten der Getränke kommen
- ein Abfallkorb für benutzte Becher in Gerätenähe steht.

Fernsehen

Gut überlegen sollten Sie, ob Sie ein Wartezimmer-TV bereitstellen. Auf den ersten Blick überzeugt dieses Medium durch Vorteile wie Unterhaltungs- und Informationswert, insbesondere, wenn medizinische Themen behandelt werden. Andererseits genießen viele Patienten auch gerade die Ruhe des

Wartezimmers, wo sie von allen optischen und akustischen Reizen weitgehend abgeschirmt sind. Hinzu kommt: Wenn Sie Ihr Wartemanagement optimal ausgerichtet haben, ist es den Patienten nur möglich, kurze Sequenzen wahrzunehmen, ein für den Zuschauer wiederum höchst unbefriedigender Zustand.

4.4.2 Gestaltungsbereich *Corporate Behaviour*

Zu lange, das Image beeinträchtigende Wartezeiten haben – wie im Jahre 2013 durchgeführte Praxisanalysen des IFABS-Instituts zeigen – eindeutig zurechenbare organisatorische Gründe:

- Fehler in der Praxisführung: Nur 8 % der Praxisinhaber hatten schon einmal grundsätzlich ihre Organisation überprüft.
- Fehler in der Aufbauorganisation: In 76 % der Praxen buchte jede Mitarbeiterin Termine, lediglich in 34 % der Praxen gab es eine nur für diese Tätigkeit zuständige Mitarbeiterin. Im ersten Fall lag die Termin-Fehlerquote (Buchung falscher Termine, Doppelbuchungen, vergessene Termine etc.) bei 6,3 %, in allen anderen Fällen bei durchschnittlich 34 %.
- Fehler in der Ablauforganisation: In lediglich 19 % der Praxen wurden konsequent bereits am Telefon die Anliegen der Patienten ermittelt und der benötigte Zeitbedarf kalkuliert. Nur 13 % der Praxen berücksichtigten bei ihrer Terminplanung Pufferzeiten, so dass der Bestellrhythmus auch seinem Namen gerecht wurde. In 49 % der Praxen waren Arbeitsbeginn und Sprechstundenbeginn nicht deckungsgleich, im Durchschnitt warteten bei Sprechstundenbeginn die erstbestellten Patienten bereits 23,5 Minuten; Ursache war vor allem ein zu später Arbeitsbeginn des Praxisinhabers. In 62 % existierte – vor allem aus Patientenbindungsgesichtspunkten – eine halboffene Sprechstunde, die nicht mit der Terminsprechstunde kompatibel war. Nur 23 % der Ärzte hatte jederzeit ein genaues Bild der Wartesituation. In 35 % der Praxen existierten Planzeiten für unterschiedliche Kontakt- und Behandlungsformen, aber nur 18 % der Ärzte hielten sich auch

hieran. 89 % der Mitarbeiter in Terminpraxen gaben an, regelmäßig Patienten ohne Termin „dazwischenzuschieben", auch wenn hierfür eigentlich keine Zeit war. In 43 % der Praxen wurden Kurzwartezonen und Konsultationszimmer als „Zweitwartezimmer" missbraucht, um so eine künstliche Verkürzung der Wartezeit durch Warteortverlagerung zu erreichen; gerade dieser Punkt wird von Patienten besonders wenig geschätzt.

- Fehler im ärztlichen Zeit- und Selbstmanagement: 77 % der Praxisinhaber realisierten ein Zeit- und Selbstmanagement, das nicht auf die Praxisorganisation abgestimmt war.

Durch gezielte Vermeidung der aufgeführten Fehler lässt sich die Länge der Wartezeit so einrichten, dass die Patientenzufriedenheit optimiert wird. Auf die Aspekte der Ablauforganisation wurde bereits eingegangen, deshalb kann die Darstellung an dieser Stelle auf einige Punkte des ärztlichen Zeitmanagements konzentriert werden, das in Interaktion mit der Ablauforganisation das Image in der Wartephase beeinflusst.

Kennen Sie das auch: Sie haben das Gefühl, dass in Ihrer Praxis wieder alles drüber und drunter geht und Sie gar nicht wissen, wo Ihnen der Kopf steht. Das Wartezimmer ist auch heute wieder übervoll, bereits in der letzten Woche hätten Sie mehrere Arztbriefe für zuweisende Kollegen schreiben müssen, aber es hat sich einfach keine Gelegenheit zur Erledigung ergeben. Die Mitarbeiterinnen benötigen zudem dringend Ihre Hilfe, da an einem PC wieder das Betriebssystem abgestürzt ist. Viele Ärzte manövrieren sich so durch den Tag und erledigen ihre Arbeit nach einem täglich wechselnden Entscheidungsschema aus Druck, Lust/Unlust und Pflicht. Mit einem funktionierenden Zeitmanagement hat dieses Vorgehen nichts zu tun. Zu viel Zeit vergeht schon dabei, eine aktuelle Übersicht der Arbeiten zu erstellen und dabei täglich neue Überlegungen anzustellen, was als Nächstes nun wirklich zu tun ist. Der beste Weg, die Arbeit in den Griff zu bekommen, ist eine Klassifizierung der einzelnen Aktivitäten nach einem Ordnungsschema, das diese in eine zeitliche Erledigungsreihenfolge bringt. Das einfachste Ordnungsprinzip ist eine Einteilung der Arbeiten nach ihrer Bedeutung für die Praxisarbeit und ihrer terminlichen Dringlichkeit der Erledigung. Folgen Sie dieser Einteilung, verwenden Sie automatisch Ihre Zeit auf die Arbeiten, die wirklich wichtig sind. Sie arbeiten ruhig und ausgeglichen, da die meisten Anforderungsspitzen, die aus plötzlich auftretenden Dringlichkeiten entstehen, gekappt werden und Sie haben insgesamt weniger Arbeit, da Sie zielgerichtet delegieren können. Hinzu kommt, dass die Kooperation im Praxisteam verbessert wird, da für alle Arbeiten eine einheitliche Klassifizierung existiert.

Ein zweiter Aspekt der Gestaltung Ihres Zeitmanagements besteht darin, dass Sie im Laufe eines Arbeitstages Ihre Arbeitskraft in „Blitzpausen" regenerieren und Zeiten zur ungestörten Bearbeitung von Vorgängen reservieren. Beides sorgt für eine kontinuierlich über den Tagesverlauf umsetzbare, gleich hohe Arbeitsqualität. Außerdem sparen Sie gleichzeitig Zeit, denn wenn Sie ausgeruht sind, schaffen Sie Ihr Arbeitspensum besser und disziplinierter. Wenn Sie ungestört arbeiten können, erledigen Sie nachgewiesenermaßen mehr Arbeit in kürzerer Zeit. Das Einsparpotenzial liegt hierbei – wie Praxistests zeigen – bei 50%.

4.4.3   Gestaltungsbereich *Corporate Communication*

Die Patientenkommunikation im Umfeld der Wartezeit erfolgt auf zwei Wegen: persönlich durch Ihre Mitarbeiterinnen über alles Organisatorische zur Wartezeit und unpersönlich mithilfe von Broschüren und Aushängen. Hierbei geht es um die generelle Information Ihrer Patienten über Ihre Leistungen.

Das Interesse von Patienten an Gesundheitsfragen nimmt, wie erwähnt, ständig zu. Diesen Trend können Sie nutzen, um über alle Aspekte der Gesundheitsversorgung, die Sie und Ihr Team bieten, zu informieren. Hierzu gehört zunächst die in Kapitel 4.1.7 vorgestellte **Praxisbroschüre**. Sie ist unter Kosten-Nutzen-Gesichtspunkten das wohl beste Medium der Praxispräsentation und bietet niedergelassenen Ärzten wie kein anderes Marketinginstrument eine Vielzahl legaler Möglichkeiten, Patienten über die eigene Praxis zu informieren und Imagebildung für die „Dienstleistung Arztpraxis" zu betreiben. Dennoch nutzen sie bislang nur knapp 40 % der deutschen Ärzte und verzichten damit auf ein vielseitiges und effektives Instrument zur Unterstützung ihrer Arbeit. Mithilfe einer Praxisbroschüre können Patienten schnell und umfassend über alle sie interessierenden Aspekte einer Praxis – Praxisöffnungszeiten, Telefon- und Faxnummern, Abläufe und Angebote – informiert werden. Damit entspricht der Arzt nicht nur den Erwartungen der Patienten, sondern erleichtert auch sich und seinen Mitarbeitern die Arbeit, da viele Details nicht mehr – immer wieder neu – im direkten oder telefonischen Gespräch erklärt werden müssen.

Darüber hinaus ermöglicht eine solche Broschüre, im zulässigen Rahmen Marketing und Imagewerbung für das Dienstleistungsunternehmen Arztpraxis zu betreiben. So kann eine Praxis mithilfe von Bildern (Arzt, Mitarbeiter, Geräte, Räume etc.) und Beschreibungen („Unsere Praxisphilosophie", „Was Sie von uns erwarten können") vorgestellt und hierdurch eine positive Grundstimmung bei den Patienten erzeugt werden.

Die **Praxiszeitung** ist in der Tradition der Kundenzeitschriften zu sehen und bietet eine weitere Möglichkeit, Wartezeit als Marketingzeit für die Praxis zu nutzen. Mit einem Umfang zwischen vier und sechs Seiten, am besten im DIN A4-Format, ist die Zeitung gerade richtig bemessen. Als Erscheinungsrhythmus sind jährlich vier Ausgaben ideal und lassen Ihnen und Ihrem Team genügend Zeit für die Entwicklung der einzelnen Nummern. Inhaltlich beschäftigt sie sich mit allem, was für Patienten im Zusammenhang mit Ihrer Praxis wichtig und interessant sein kann.

Die sicherlich am weitesten verbreitete Aufklärungshilfe für Patienten ist die Informationsbroschüre. Sie dient dazu, Patienten in einer für Laien verständlichen Sprache

- die Grundlagen ihrer Krankheiten vor Augen zu führen,
- diagnostisch-therapeutisch notwendige Maßnahmen zu beschreiben und
- unterstützende Begleitmaßnahmen, die der Patient selbst durchführen kann, in ihrer Anwendung und Wirkung zu erläutern.

Informationsbroschüren werden von pharmazeutischen Firmen, Selbsthilfegruppen, Verbänden und Krankenkassen herausgegeben und Ärzten zur Verfügung gestellt. Wichtig ist, dass Sie alle diese „Fremdbroschüren" vor der

Abgabe inhaltlich prüfen, damit es nicht zu Abweichungen zwischen Ihren persönlichen Aussagen im Patientengespräch und den Ausführungen der abgegebenen Broschüre kommt. Darüber hinaus können natürlich Patientenbroschüren – so gut sie auch gemacht sein mögen – das persönliche Gespräch nicht ersetzen.

Natürlich können Sie auch selbst Informationsbroschüren erstellen. Ein Beispiel ist die IGeL-Broschüre, mit der Sie Ihr IGeL-Angebot und dessen Nutzen für die Patienten darlegen können. Um im Sinne des Dienstleistungsdesigns wirken zu können, sollte eine solche Broschüre folgende Charakteristika aufweisen:

- handliches („Westentaschen-)Format"
- auf knitterfreies Papier mit versiegelter Oberfläche (schmutzabweisend) gedruckt
- orientiert an der Aufmachung und Qualität von Werbeprospekten
- klare inhaltliche Struktur durch Absatzbildung (man kann sich schnell orientieren)
- Freiflächen zwischen den Texten, um nicht durch zu viel Text abzuschrecken
- Kombination von Farben und Bildern (aber nicht zu bunt)
- eine durchgehende Gestaltungslinie, die auf das Corporate Design der Praxis abgestimmt ist
- durch grafische Symbole (z. B. Aufzählungszeichen) aufgelockert
- aufgrund der Verwendung einer größeren Schrift gut lesbar
- stellt die Inhalte mit einfachen, kurzen Sätzen dar
- ist für Laien verständlich (keine Fachbegriffe)

Wenn Sie Broschüren auslegen, sollten sie sich in Ständern befinden, die – parallel zu den Zeitschriften – regelmäßig neu geordnet werden. Zudem empfiehlt es sich, nur Informationsmaterial auszulegen, das wirklich benötigt wird.

Vielleicht veröffentlichen Sie Artikel in Fachzeitschriften. Legen Sie Kopien davon in Ihrer Praxis aus, ergänzen Sie bei für Laien schwer verständlichen

Inhalten den Artikel durch eine vorangestellte, kurze, in patientengerechter Sprache abgefasste Zusammenfassung.

Nicht alle Patienten nutzen das Internet. Das sollten Sie berücksichtigen und für diesen Personenkreis aktuelle Informationen aus Ihrer Homepage ausdrucken und in der Praxis auslegen. So erreichen Sie nicht nur diese Patienten, sondern erinnern die Internetnutzer Ihres Klientels immer wieder an Ihren Auftritt.

Weitere Informationen können Sie auch an einem Schwarzen Brett aushängen. Auch hier ist unbedingt darauf zu achten, dass die Informationen stets aktuell sind. Es ist nicht empfehlenswert, das Informationsbrett für den Aushang von standespolitischen Stellungnahmen und Aufrufen zu nutzen, so richtig sie sein mögen. Patienten möchten in der Situation des Arztbesuchs, bei der es ja primär um sie geht, nicht mit gesellschaftspolitischen Problemen belastet werden. Zudem sollten Sie Ihre Bemühungen um zufriedene Patienten nicht mit Standespolitik verbinden, da dies zu einer Abschwächung der Wirkung Ihrer Dienstleistungsdesigninstrumente führt.

Sie, Ihre Mitarbeiterinnen oder das ganz Team haben/hat an Fortbildungsmaßnahmen teilgenommen? Ihre Praxis ist zertifiziert? Einzelne Ihrer Mitarbeiterinnen verfügen über besondere, beurkundete Fähigkeiten? Alle genannten Aspekte können und sollten Sie für Ihr Marketing nutzen. Hängen Sie die Qualifikationsbelege im Wartezimmer in einem ansprechenden Rahmen aus, der den Wert der bescheinigten Kenntnisse und Fähigkeiten unterstreicht. Haben Sie keine Scheu, Ihre Leistungsqualität auf diese Weise zu dokumentieren, denn an solchen „Beweisen" ist allen – Stamm- wie Neupatienten – gelegen. Zertifikate dienen der Orientierung und Einschätzung (neue Patienten), aber auch der fortwährenden Bestätigung (Patientenstamm), in der „richtigen" Praxis zu sein.

Information zur Wartezeit

„Nehmen Sie doch kurz im Wartezimmer Platz" oder „Es wird nicht lange dauern, dann hat Herr Doktor für Sie Zeit" sind die wohl häufigsten Aussagen im Zusammenhang mit der Patienteninformation über die Länge der Wartezeit. Aber Ihre Mitarbeiterinnen sollten den Patienten keine – wie auch immer gearteten – Versprechungen machen. Der einfache Hinweis „Nehmen Sie bitte bis zur Behandlung im Wartezimmer Platz" genügt vollkommen. Ebenso sollten Patienten, die für Spritzen, Blutentnahmen oder andere Kurzanwendungen aufgerufen werden, immer unter Angabe dieser Anwendung aus dem Wartezimmer abgeholt werden („Frau Karl, kommen Sie bitte zur Spritze!"). Damit beugen Sie Beschwerden von Patienten vor, die u. U. vorher in die Praxis gekommen sind und bereits länger warten. Im Hinblick auf den aufgerufenen Patienten bleibt die Diskretion gewahrt, da ja keine Krankheit genannt wird.

Ist eine längere Wartezeit unvermeidlich, sollten Ihre Mitarbeiterinnen die Patienten über die Gründe informieren. In dieser Situation ist es angebracht, eine ungefähre Zeitangabe zu machen, damit sich Ihre Patienten hierauf einrichten können. Zudem ist es empfehlenswert, mit Ihrem Personal abzustimmen, in welchen Situationen wartenden Patienten ein neuer Termin angeboten werden sollte.

TIPP:

Ein patientenorientierter, auf Zufriedenheit angelegter Warteservice basiert grundsätzlich auf einer persönlichen Abholung der Patienten; ein Aufruf über eine Sprechanlage oder quer über den Empfangstresen sollte unbedingt vermieden werden.

4.5 Arztkontakt

„Image-Killer" der Arztkontaktphase beschreiben Patienten wie folgt:

- „Arzt war kurz angebunden."
- „Doktor hat wenig Verständnis für mein Anliegen gezeigt."
- „‚Rein – Guten Tag, was fehlt Ihnen – raus' –
  das ist Fließbandabfertigung!"
- „Konnte mein Anliegen gar nicht richtig darstellen."
- „Mehr Interesse der Frau Doktor am Leiden der Patienten."
- „Ärztin hat mehr telefoniert als mit mir gesprochen."

Der Arztkontakt ist sicherlich der wichtigste Abschnitt im Kreislauf der Dienstleistungserbringung. Das Ziel der Gestaltung ist hierbei „gute" Patientenkommunikation, die hohe Patientenzufriedenheit erzeugt und das Image am nachhaltigsten prägt.

4.5.1 Gestaltungsbereich *Corporate Design*

Neben den bereits beschriebenen Anforderungen an die generelle Gestaltung der Räume Ihrer Praxis sollten Sie in Ihrem Besprechungszimmer Signale der technischen Sterilität, der Gefühlskälte oder der Fabrikatmosphäre (Raumgröße, Licht, Bilder, Mobiliar etc.) vermeiden. Ihr Raum sollte einen sachlichen, aber auch persönlichen Eindruck erzeugen, in dem sich Ihre Patienten geschützt und wohlfühlen. Ebenso wichtig ist, dass die Stellung, die Größe und die Form des Schreibtisches samt Sitzgelegenheiten für Ihre Patienten partnerschaftlich und gleichberechtigt angelegt sind. In manchen Fällen empfiehlt es sich auch, Patienten nicht vor oder neben dem Schreibtisch zu platzieren, sondern eine Besprechungsecke einzurichten oder – bei hierzu geeigneten Systemmöbeln – den Schreibtisch um einen Besprechungstisch zu erweitern. Räumen Sie zudem alle Zeitungs- und Unterlagenstapel aus dem Blickfeld Ihrer Patienten.

In den Bereich „Praxisdesign" fällt auch Ihre Ausstrahlung:

- Besitzen Sie eine positive Aura?
- Gehen Sie offen auf Menschen zu?
- Haben Sie ein positives Menschenbild?
- Lernen Sie gerne neue Menschen kennen?
- Freuen Sie sich auf Ihre Patienten?
- Lächeln Sie während Ihrer Patientengespräche?
- Drücken Sie in Mimik, Gestik und Körperhaltung aus, dass Sie positiv eingestellt sind?
- Legen Sie Wert auf Ihr äußeres Erscheinungsbild?
- Fühlen Sie sich in Ihrer Kleidung wohl?

Halten Sie von der Sitzposition her eine „nahe Distanz", d. h. den richtigen Körperabstand zu Ihrem Gegenüber. Die Kontrolle ist einfach: Beobachten Sie die Reaktionen Ihrer Patienten. Lehnt dieser sich zurück? Dann besteht eine zu große Nähe. Bewegt er sich in Ihre Richtung? Dann wünscht er sich eine größere Nähe und empfindet die Distanz als zu groß.

4.5.2   Gestaltungsbereich *Corporate Behaviour*

Der wichtigste Gestaltungsaspekt im Designbereich „Praxisorganisation" des Arzt-Patienten-Gesprächs ist die ungestörte, für Anamnese, Diagnose und therapeutische Beratung ausreichende Gesprächszeit.

Eine der wichtigsten Einflussgrößen ist somit die Praxisorganisation. Sind Bestellsystem, Arbeitsabläufe und ärztliches Zeitmanagement nicht adäquat ausgerichtet und aufeinander abgestimmt, kommt es zu längeren Wartezeiten. Die Folgen: Sowohl der Zeitdruck des Arztes als auch die Erwartungshaltung der Patientinnen an das Arztgespräch steigen. Diese Konstellation führt zu dem fast schon als „klassisch" zu bezeichnenden Dilemma der einseitigen Kommunikation: Der Arzt übernimmt die Gesprächsführung und reduziert durch Ja-Nein-Fragen die Patienten auf möglichst kurze Antworten. Ein Dialog, der von den meisten Patienten erwartet wird, kann unter diesen Umständen gar nicht erst aufkommen. Für manche Situationen ist dieses Vorgehen durchaus geeignet, z. B. um gehemmten Patienten zu helfen oder um Vielredner zu stoppen, das Gros der Patienten schätzt diese Gesprächsform aber nicht. Aus praxisorganisatorischer Sicht geht es deshalb darum, die Anzahl der behandelbaren Patienten und die Arbeitskapazität des Praxisteams sowohl zeitlich als auch quantitativ aufeinander abzustimmen. Gelingt dies, greift ein wichtiger Mechanismus: Bei gleicher Gesprächslänge beurteilen Patienten die Gesamtqualität des Gesprächs mit einem entspannten Arzt durchschnittlich mit der Note 1,4 (Basis: Schulnotenskalierung), bei einem angespannt wirkenden Arzt lediglich mit der Note 3,5.

Zur Organisationsgestaltung gehört, dass Patientenkontakte, von denen bereits im Vorfeld bekannt ist, dass sie länger dauern werden, auf Randzeiten der Sprechstunde verlegt werden. Ebenso ist es unerlässlich, Pufferzeiten einzuplanen und vor allem ein striktes Terminsystem (vgl. Kapitel 4.2) zu etablieren, da das „Einschieben" von Patienten zu den häufigsten Störgrößen des Praxisablaufs und damit der Kommunikation gehört.

Patienten erwarten eine störungsfreie Unterhaltung mit dem Arzt. In mehr als zwei Drittel aller Praxen beklagen sich Patienten über Unterbrechungen. Da der Störungsgrund meist in Fragen der Mitarbeiterinnen zu Abläufen, Unterlagen etc. besteht, sind Störungen leicht zu vermeiden:

- Wissen Ihre Mitarbeiterinnen nicht, dass Sie nicht gestört werden möchten, bedarf es klarer Absprachen, wer zu welchen Anlässen, wann und warum nachfragen darf.

- Wissen sie, dass sie nicht stören dürfen und tun es trotzdem, sind die gleichen Absprachen notwendig, nun allerdings flankierend in Zielvereinbarungen fixiert und in Führungsgesprächen besprochen.

- Nehmen die Störungen trotz der genannten Maßnahmen nicht ab, sollte zunächst die Aufgabenverteilung und, falls sich hier keine Ursache findet, die Personalqualität überprüft werden.

Rufen Patienten häufig an, empfiehlt sich die Einrichtung einer Telefonsprechstunde, bei der Telefonate auf bestimmte Zeiten des Tages konzentriert werden. Hierbei ist sicherzustellen, dass Sie zu diesen Zeiten auch tatsächlich erreichbar und die technischen Voraussetzungen des Praxistelefons (keine Blockierung der Leitungen durch andere Patienten) hierfür geeignet sind.

4.5.3 Gestaltungsbereich *Corporate Communication*

Der Hauptaspekt einer Imagegestaltung liegt im Gespräch mit Ihren Patienten. Die einsetzbaren Gestaltungsinstrumente sind im Folgenden für die einzelnen Phasen Ihrer Gespräche aufgeführt. Die Auswahl orientiert sich dabei an einer Förderung der Adhärenz, da dieses Prinzip den maximal möglichen Imageeffekt in sich trägt:

- **Gesprächsvorbereitung:** Gesprächsvorbereitend können Ihre Mitarbeiterinnen konsequent bereits schon am Telefon die Anliegen der Patienten ermitteln. Sie sollten diese Information als Einstieg in das

Patientengespräch nutzen. Damit zeigen Sie dem Patienten, dass Sie sein Anliegen ernst nehmen und sich auf sein Erscheinen vorbereitet haben. Sich vor einer Konsultation über den Patienten zu informieren führt dazu, dass der Patient das Gefühl erhält, bekannt und willkommen zu sein. Ebenso beeinflusst es die Patientenzufriedenheit positiv, wenn Sie sich vor dem Gespräch die Informationen des letzten Kontakts vergegenwärtigen. Statt „Ich schaue eben einmal nach, was bei Ihrem letzten Besuch angefallen war", können Sie sagen „Beim letzten Mal hatten wir ja über ... gesprochen". Mit einer kurzen Gesprächsvorbereitung und diesem Satz schaffen Sie sich treue Stammpatienten. Ergänzend sollten Sie immer darüber informiert sein, wie lange ein Patient in der Praxis gewartet hat, ehe er zu Ihnen gekommen ist. Musste er wider Erwarten länger auf das Gespräch mit Ihnen warten, sollten Sie diesen Umstand aktiv thematisieren („Heute mussten Sie leider etwas länger warten, weil ...). Auf diese Weise beugen Sie einer möglichen Manifestierung von Unzufriedenheit vor.

- **Diskretion:** Stellen Sie für jeden Patienten absolute Diskretion sicher, sowohl in Ihrem Sprechzimmer als auch in den Behandlungsräumen. Nur unter dieser Prämisse ist ein erfolgreiches Beratungsgespräch überhaupt möglich.

- **Begrüßung:** Ein Patient berichtete mir von einer Dermatologin, bei der er in Behandlung war. Wenn sie das Konsultationszimmer betrat, in dem der Patient saß, sagte sie nichts und würdigte ihn auch keines Blickes, sondern setzte sich vor ihren Computer und arbeitete dort einige Minuten. Dann erhob sie sich und wandte sich dem Patienten mit der Frage: „Was soll bei Ihnen gemacht werden?" zu. Ein extremes Beispiel? – Leider nicht. Das auf den Patienten Zugehen, lächeln, ihm die Hand geben und ihn mit seinem Namen zu begrüßen wird nur in knapp der Hälfte der deutschen Arztpraxen konsequent praktiziert. Damit startet das Patientengespräch bereits im Negativbereich.

- **Small-Talk zur Gesprächseröffnung:** Eröffnen Sie jedes Gespräch mit dem Aufbau einer Sympathie-Atmosphäre. Sprechen Sie mit Ihrem Gegenüber über ein Thema, das Sie und Ihren Patienten verbindet, aber nicht unmittelbar mit dem Grund seines Praxisbesuchs zu tun hat. Hiermit schaffen Sie gleich zum Gesprächsbeginn eine Atmosphäre, in der es dem Patienten leicht fällt, offen über seine Probleme zu berichten.

■ **Zeitnot:** Wenn Ihre Zeit knapp ist, kündigen Sie dies am besten dem Patienten zum Gesprächsbeginn an. So kann er sich darauf einstellen und es kann entschieden werden, ob u. U. ein weiterer Termin vereinbart wird.

■ **Patientengerechte Sprache:** Eine nicht patientengerechte Sprache ist eine Gesprächsbarriere und beeinflusst die Patientenzufriedenheit äußerst negativ. Das Unverständnis führt auf Seiten der Patienten zu Einschüchterung, zu einem In-Sich-Zurückziehen und zu Unzufriedenheit. Untersuchungen belegen, dass die Verwendung verständlicher Erläuterungen nicht zu der vielfach befürchteten Verlängerung von Patientengesprächen führt, dafür aber die Compliance und vor allem die Arzt-Patienten-Bindung verstärken. Voraussetzung einer effizienten Kommunikation ist in diesem Kontext die initiale Analyse des Wissensstandes der Patienten zu ihren Erkrankungen und den Therapiemöglichkeiten („Haben Sie hiervon schon einmal gehört ...?").

■ **Dialogorientierung:** Arzt-Patienten-Kommunikation muss – soll sie beide Seiten zufriedenstellen – im Grundsatz als Dialog angelegt sein. Natürlich ist es unumgänglich, dass Sie, um überhaupt eine Diagnose stellen oder eine Beratung durchführen zu können, bestimmte Fragen nacheinander stellen müssen und so zeitweise das Gespräch dominieren. Aber das wird auch von Ihnen erwartet. Um aber dennoch ein dialogorientiertes Arzt-Patienten-Gespräch zu führen, ist die Berücksichtigung dreier Grundregeln wichtig:

- Unterbrechen Sie Ihre Patienten möglichst nicht bei deren Antworten, Erklärungen und Schilderungen.
- Ignorieren Sie die Emotionen der Patienten nicht.
- Geben Sie immer eindeutige Erklärungen ab.

Ermuntern Sie Ihre Patienten, Fragen zu stellen und versuchen Sie, die Therapie- und Behandlungsplanung mit ihnen gemeinsam zu entwickeln. Setzen Sie in Ihren Dialogen sowohl verbale und nonverbale Techniken ein, um die Grundvoraussetzung effektiver Patientenkommunikation, eine angenehme Gesprächsatmosphäre zu schaffen und Vertrauen aufzubauen. Seien Sie ein guter Zuhörer und kontrollieren Sie vor allem, ob der Patient auch Ihnen zugehört und alles verstanden hat. Einfaches Kopfnicken ist hierfür ein schlechter Indikator. Führen Sie das Gespräch mit Fragen, um den Antworten nicht nur Informationen für die Behandlung zu entnehmen, sondern auch den Grad des Verständnisses seitens Ihres Gegenübers zu ermitteln. Sichern Sie sich den Respekt Ihrer Patienten, indem Sie selbst auch Ihre Patienten respektieren. Verwerfen Sie deshalb Patientenmeinungen nicht einfach und blocken Sie deren Argumente nicht gleich ab. Dieses Verhalten fördert Ablehnung und schadet zudem Ihrer Souveränität. Versuchen Sie vielmehr, mit Fakten und einfachen Beispielen eine gemeinsame Gesprächsgrundlage zu erhalten. Sprechen Sie ruhig und entspannt, zeigen Sie in der gleichen Weise dem Patienten auch die „Grenzen des Möglichen" auf, z. B. bei besonderen Verordnungswünschen.

Geben Sie keine Anweisungen, sondern suchen Sie immer die Kooperation des Patienten und bitten Sie ihn direkt darum. Verdeutlichen Sie, dass nur ein gemeinsames, abgestimmtes Vorgehen zum Erfolg führt. Stellen Sie immer die Verantwortung des Patienten für sich selbst heraus und verdeutlichen Sie Ihre Rolle als Berater.

- **Informationsübermittlung:**
    - Erklären Sie stets, was Sie während einer Behandlung tun und weshalb.
    - Erläutern Sie nach Möglichkeit die Vor- und Nachteile verschiedener Behandlungsmöglichkeiten und Therapien.
    - Sprechen Sie offen über mögliche Risiken von Behandlungen.
    - Klären Sie über mögliche alternative Heilmethoden auf.
    - Informieren Sie offen über mögliche Nebenwirkungen und Risiken von Medikamenten.

- Schlagen Sie bei Behandlungen mit einem großen Risiko oder bei sehr komplizierter Erkrankungslage vor, eine zweite Meinung einzuholen.

■ **Nutzenargumentation:** Das Ziel eines Patientengesprächs ist, für das Patientenanliegen die bestmögliche Lösung zu finden. Von entscheidender Bedeutung für die Marketingwirkung des Arzt-Patienten-Kontakts ist dabei, dass der Patient nicht nur den Vorteil einer medizinischen Lösung, sondern den Nutzen für sich erkennt und verinnerlicht. Eine Vorteilsargumentation für ein Diagnoseverfahren würde z. B. als „Dieses Verfahren ermittelt folgende Informationen ..." formuliert werden. Eine Nutzenargumentation lautet dann: „Mit Durchführung der Diagnose nach diesem Verfahren erhalten Sie Sicherheit darüber ..." Der Nutzen bezeichnet also nicht nur die – objektiv-sachliche – Antwort auf die Frage, warum eine bestimmte Untersuchung oder Therapie notwendig ist, sondern auch die Erklärung, in welcher Form der Patient ganz individuell davon profitiert. Argumente sind z. B.:

- leichte Anwendbarkeit
- geringe Nebenwirkungen
- keine Einschränkung der Lebensqualität
- Langzeitwirkung
- Prophylaxe
- Vermeidung weiterer medizinischer Interventionen
- Rückerlangung der Leistungsfähigkeit
- Verbesserung des Gesamtstatus.

■ **Gesprächsführung:** Mit der Art Ihrer Gesprächsführung haben Sie auch erheblichen Einfluss auf die Patientenzufriedenheit:

- Sprechen Sie möglichst flüssig ohne „Ähs".
- Verwenden Sie einen Sprachstil, der Ihrem Gegenüber angepasst ist.
- Achten Sie auf eine deutliche Aussprache.
- Setzen Sie knappe, kurze Sätze ein.
- Hören Sie aktiv zu; zeigen Sie durch Blickkontakt und Kopfnicken dem Gegenüber Ihre Aufmerksamkeit.

- Lassen Sie Ihre Gesprächspartner ausreden.
- Reden Sie grundsätzlich in der Ich-Form („Ich denke …", „Ich meine …", „Aus meiner Sicht …").
- Vermeiden Sie Behauptungen.
- Verwenden Sie überwiegend „W"-Fragen (was, wann wie, warum etc.).
- Schalten Sie konsequent Signale von Hektik und Gereiztheit aus.
- Verzichten Sie auf das Wort „nicht".
- Vermeiden Sie Wörter wie „müssen", „sollen", „dürfen".
- Achten Sie darauf, dass Ihr Gespräch einen roten Faden hat.
- Halten Sie einen offenen Augenkontakt.
- Achten Sie auf eine geöffnete Armhaltung.
- Halten Sie Ihre Handflächen offen nach oben als Geste der Offenheit.
- Halten Sie eine mittlere Körperdistanz (etwa 80–100 cm) ein.

■ **Zusammenfassung:** Mithilfe einer kurzen Zusammenfassung können Sie überprüfen, ob Ihr Gesprächspartner alle Informationen verstanden hat, bei Bedarf ist eine unmittelbare Korrektur möglich. Sagen Sie aber nicht: „Das haben Sie falsch verstanden", sondern besser „Vielleicht habe ich mich hier nicht ganz deutlich ausgedrückt, ich meine …".

■ **Individualität:** Gehen Sie auf die Individualität Ihrer Patienten ein und versuchen Sie nicht, Standardkommunikationsformen für alle Ihre Gesprächspartner einzusetzen. Verdeutlichen Sie dem zurückhaltenden Patienten, dass ihm nur dann optimal geholfen werden kann, wenn er Ihnen alle notwendigen Informationen bereitstellt. Bitten Sie den redefreudigen Patienten freundlich aber direkt, auf den Punkt zu kommen.

■ **Festlegung von Zielen:** Fixieren Sie Therapieziele und Behandlungsstrategien. Hierdurch geben Sie sich nicht nur selbst einen Anhaltspunkt, sondern vermitteln dem Patienten eine Perspektive, welcher Erfolg mit dem für ihn gewählten Behandlungskonzept angestrebt wird. Legen Sie mögliche Ziele im Gespräch mit dem Patienten gemeinsam fest. Hierbei werden die Wünsche des Patienten, die ja meistens mit den Zielen des Arztes identisch sind (Beschwerdelinderung oder Beschwerdefreiheit), mit einbezogen. Das stärkt nicht nur das Vertrauensverhältnis zwischen Arzt und Patient, sondern verbessert gleichzeitig auch die Compliance. Zudem schaffen Sie sich einen größeren „Kritikspielraum", falls der Patient therapeutische Maßnahmen vernachlässigt. Im Hinblick auf die Festlegung der Behandlungsstrategie eignen sich in Begleitung des Gesprächs die Erstellung eines kurzen schriftlichen Plans sowie die Fixierung von Kontrollterminen, ggf. ergänzt um ein Patiententagebuch.

Aufklärungshilfen

Bilder sagen mehr als Worte! Zur Unterstützung Ihrer Patientenaufklärung eignen sich sehr gut Schaubilder und Poster, aber auch Abbildungen aus Büchern oder Modelle (z. B. das Herz). Wichtig ist, dass vor allem auf Abbildungen und Schaubildern nicht zu viele Details abgebildet sind, da Patienten i. d. R. aufgrund der speziellen Situation des Gesprächs nur wenige Details aufnehmen können. Bildliche Darstellungen helfen Ihnen, z. B. theoretische Zusammenhänge zu veranschaulichen oder typische Erscheinungsformen bzw. Verläufe eines Krankheitsbilds darzustellen. Ihr Einsatz intensiviert das Gespräch („Mein Arzt hat mir alles ganz detailliert erklärt") und verbessert das Verständnis des Patienten. Das wiederum hat direkten Einfluss auf dessen Mitarbeit und Compliance, aber auch auf Ihr Image. Auch Animationen (Video, PC) sind geeignet, wenn die Inhalte kurz und patientenverständlich aufbereitet vorliegen.

Die sicherlich am weitesten verbreitete Aufklärungshilfe für Patienten ist die Informationsbroschüre. Sie dient dazu, Patienten in einer für den Laien verständlichen Sprache die Grundlagen seiner Krankheit vor Augen zu führen, diagnostisch-therapeutisch notwendige Maßnahmen zu beschreiben und unterstützende Begleitmaßnahmen, die der Patient selbst durchführen kann, in ihrer Ausgestaltung und Wirkung zu erläutern.

Verschiedene Fachgesellschaften sowie pharmazeutische und medizintechnische Unternehmen bieten auf diesem Gebiet meist kostenlose Unterlagen an. Wichtig ist natürlich, dass Sie alle Broschüren vor der Abgabe inhaltlich prüfen, damit es nicht zu Abweichungen zwischen Ihren Aussagen und den Ausführungen der abgegebenen Broschüre kommt.

Mithilfe solcher Broschüren können Sie dem Patienten „etwas in die Hand" geben und die Inhalte des Gesprächs verstärken, denn oftmals werden Ihre Informationen nach Verlassen der Praxis nur unvollständig behalten. Der Patient profitiert von einer eingehenderen Beschäftigung mit Broschüren durch eine Intensivierung des Verständnisses für die eigene Krankheit.

Eine Variante ist die Erstellung individualisierter Patienteninformationen, z. B. auf der Grundlage PC-gestützter Textbausteine, die mit dem Namen des Patienten versehen eine persönliche Information von Ihnen darstellen. Neben den bereits angeführten Effekten hat diese Form der Information eine sehr starke Wirkung auf die Bindung des Patienten an Ihre Praxis.

Umgang mit schwierigen Patienten

Bei der Untersuchung von Arzt-Patienten-Gesprächen stößt man immer wieder auf ein für viele Praxisinhaber sehr wichtiges Thema: die „schwierigen Patienten". Das Spektrum dieses Patiententyps ist sehr groß, denn das Label „schwierig" wird leider sehr schnell und zu häufig vergeben, z. B. wenn Mitarbeiterinnen mit Patienten nicht zurechtkommen und Ihnen diese dann als „schwierig" ankündigen, wenn Patienten detailliert nachfragen, Sie aber unter Zeitdruck stehen oder empfohlene Therapien nicht ohne Weiteres angenommen werden („Gibt es denn nicht auch etwas Natürliches ...?). Zwischen der Anzahl der als schwierig eingestuften Patienten und der Stressbelastung eines Praxisteams besteht ein linearer Zusammenhang. Bei genauerer Betrachtung ist die Anzahl wirklich schwieriger Patienten aber äußerst gering, denn im Kern geht es um schwierige Gesprächssituationen. „Schwierig" wird es immer dann, wenn Ihre Ziele nicht mit denen der Patienten übereinstimmen. Ist eine Zielharmonie dauerhaft nicht erreichbar, handelt es sich um „echte" schwierige Patienten. Das können z. B. Fälle sein, in denen von Ihnen Verordnungen oder sonstige Leistungen gefordert werden, die Sie so nicht erfüllen können oder wollen, auf denen die Patienten aber beharren.

Einen Sonderfall stellt sicherlich die Übermittlung lebensverändernder Diagnosen dar. In diesen Situationen kommt es vor allem darauf an,

- sich gut auf das Gespräch vorzubereiten,
- die Fakten verständlich, aber kurz und knapp darzulegen,
- soweit möglich auch positive Botschaften zu übermitteln,
- alle Informationen zu übermitteln,
- zurückhaltende Empathie zu zeigen,
- sich genügend Zeit zu nehmen und diese vor allem dem Patienten für die Akzeptanz der Nachricht und für seine Fragen zu geben,
- mögliche weitere Schritte (z. B. Kontrolluntersuchungen) schon vorbereitet oder vorgeplant zu haben,
- unsichere Versprechen bezüglich des möglichen Krankheitsverlaufs zu vermeiden und – ganz wichtig – einen Spielraum für eigene Entscheidungen des Patienten zu schaffen.

4.6 Folgeaktivitäten und Verabschiedung

Jede einzelne Kontaktphase in Ihrer Praxis schafft bei Ihren Patienten Eindrücke, die zu späteren Zeitpunkten mehr oder weniger intensiv erinnert werden. Die Verabschiedung ist der letzte Eindruck vor dem Verlassen Ihrer Praxisräume und sollte deshalb so zweckmäßig und zielsicher wie der Empfang gestaltet werden.

4.6.1 Gestaltungsbereich *Corporate Behaviour*

In den meisten Fällen verlassen Ihre Patienten die Praxis wahrscheinlich nicht direkt, nachdem sie aus Ihrem Sprechzimmer kommen, sondern wenden sich noch einmal an den Empfang (Rezeptausstellung, Fragen etc.). Ist ein Folgetermin notwendig, wird dieser i. d. R. auch direkt ausgemacht. Hierbei kommen häufig **Terminzettel** von pharmazeutischen und medizintechnischen Anbietern zum Einsatz, auf die zur Kennzeichnung der Arztstempel aufgebracht ist. Diese Art Terminzettel schont zwar Ihr Praxisbudget, unterstützt aber nicht den einheitlichen Auftritt Ihrer Praxis, denn Ihr Logo fehlt. Zudem wollen Sie ja für sich selbst werben, nicht für einen pharmazeutischen oder medizintechnischen Hersteller. Geben Sie bei Neupatienten zum Terminzettel noch einen Aufkleber mit Ihrer Praxisanschrift und Telefonnummer ab, den Ihre Patienten an oder neben dem eigenen Telefon anbringen können. So ist Ihre Nummer stets präsent.

Ein zentrales Praxisziel ist die langfristige Bindung von Patienten an die Praxis. Ein zu diesem Ziel passendes Instrument ist das sog. **Recall-System.** Mit seiner Hilfe erinnern Sie Ihre Patienten an Kontroll- und Früherkennungsuntersuchungen, Gesundheits-Checks, Impfungen und andere für sie wichtige Leistungen und schlagen ihnen gleichzeitig entsprechende Termine vor. Natürlich ist das Recall-System damit auch für IGeL-Leistungen geeignet. Wie Anwender berichten, optimiert dieser Service nicht nur die praxisinternen Abläufe, sondern führt auch zu ausgeprägter Patientenzufriedenheit. Diese gezielte Erinnerung Ihrer Patienten bietet Ihnen eine ganze Reihe von Vorteilen:

- Sie und Ihr Team können gezielt und aktiv auf Ihre Patienten zugehen und müssen nicht deren Erscheinen abwarten.
- Ihre Planung wird verbessert – auch mittel- und langfristig – da Patienten gezielt einbestellt werden können.
- Die Praxisauslastung wird optimiert.
- Ihre Patienten erhalten ein Serviceangebot mit hohem Nutzen sowie das Gefühl, umfassend betreut zu werden.

Das Recall-System ist somit ein Dienstleistungsinstrument, bei dem beide Partner – Patient und Praxis – profitieren. Voraussetzung ist jedoch, dass es sich um einen autorisierten Recall handelt, d. h. dass Ihre Patienten vor Beginn des Recalls eine schriftliche Einverständniserklärung abgeben, in der sie explizit einer Benachrichtigung zustimmen. Für die Abwicklung Ihres Recall-Systems, das am besten PC-gestützt geführt wird, bietet sich Ihnen der Postweg in Form von Erinnerungsbriefen an. Allerdings dürfen hierbei keine Postkarten verwendet werden, da der Inhalt für jedermann einsehbar ist und damit nicht den Anforderungen des Datenschutzes genügt. Ebenso ungeeignet sind deshalb auch Telefax-Erinnerungen. Teile Ihrer Zielpersonen erreichen Sie auch per E-Mail. Kostenintensiver, aber natürlich auch persönlicher sind Telefon-

Recalls. Sie bieten gleichzeitig den Vorteil, dass Sie die anfallenden Termine gleich „festmachen" können und eine direkte Planungsgrundlage erhalten.

Denkbar ist auch ein schriftlich-telefonisch kombiniertes Vorgehen, bei dem Sie bei den „Nicht-Reagenten" auf Ihre Erinnerungsschreiben telefonisch nachfassen und so das gesamte Recall-Patientenpotenzial systematisch ausschöpfen. Sie können Ihr System natürlich auch nutzen, um Ihre Patienten über Leistungen Ihrer Praxis zu informieren, indem Sie entsprechende Informationen, z. B. zu Ihrem IGeL-Angebot, beifügen. Die Vereinbarung muss dann um diesen Punkt erweitert werden.

4.6.2 Gestaltungsbereich *Corporate Communication*

Als Grundregel für die Verabschiedung als letzte Station des Patienten-Praxis-Kontakts gilt: Kein Patient verlässt die Praxis ohne einen letzten persönlichen Kontakt mit Ihrem Personal. Auch wenn es einmal hektisch zugeht, müssen Ihre Mitarbeiterinnen auch auf Patienten achten, die die Praxis verlassen und sie mit einem Gruß, ggf. ergänzt durch Besserungswünsche, verabschieden. Der „Betreuungsbogen", der mit dem persönlichen Erscheinen des Patienten in Ihrer Praxis begonnen hat, muss mit der gleichen Wärme, Intensität, Herzlichkeit und Aufmerksamkeit geschlossen werden, um den maximal möglichen Marketingeffekt zu erreichen.

4.7 Imagemanagement und IGeL

Das Angebot von IGeL ist aus vielen Arztpraxen nicht mehr wegzudenken und führt damit automatisch zu einer Imagebeeinflussung. Da ein Verkaufen von Leistungen das „Herzstück" des IGeL-Managements ist, müssen alle Aktivitäten in diesem Bereich besonders sorgsam geplant und umgesetzt werden, damit das Praxis-Gesamtimage gefördert wird. Der Begriff des Verkaufens bezeichnet in diesem Zusammenhang jedoch kein aggressives oder aufdringliches Verhalten, wie es mit der Negativinterpretation des Worts oft beschrieben wird. Er beschreibt vielmehr die veränderte Praxisteam-Patienten-Kommunikation und -Interaktion, wenn es darum geht, Patientenwünschen nach einem Mehr an Vorsorge oder Versorgung entgegenzukommen.

Viele Praxismitarbeiter sind der Ansicht, dass der Verkauf eher etwas Kompliziertes ist, für das man ein umfangreiches Wissen und intensives Training benötigt. Teilweise wird dem Verkauf auch der Nimbus des Mystischen angedichtet, das nur „Eingeweihten" wirklich zugänglich ist. Sind Sie auch dieser Meinung? Dann führen Sie sich doch einmal ein konkretes Beispiel aus Ihrer Arbeitsumgebung vor Augen: den Pharmareferenten. Was unterscheidet bei diesen Verkäufern die „Guten" von den „Schlechten"? Das folgende Beispiel des Angebots einer Fortbildungsveranstaltung für den Praxisinhaber macht die zentralen Punkte deutlich: **Gute Verkäufer ...**

... schaffen Sympathie

Ein korrekter Auftritt, Blickkontakt, ein Lächeln, einige nette Worte ... und schon haben sie eine angenehme Gesprächsatmosphäre hergestellt, der man sich nicht entziehen kann und auch nicht möchte, denn die „guten" Pharmamitarbeiter besitzen einfach eine ganz bestimmte Art, ihre Gesprächspartner für sich positiv einzunehmen. Das „Erfolgsrezept" dabei ist ganz einfach: freundlich und natürlich sein.

... kennen ihre Ansprechpartner

„Guten Tag, Frau P.". Doch das „Kennen" geht weit über die Erinnerung des Namens hinaus: „Wie geht es Ihrem Sohn? Bei meinem letzten Besuch hatte er doch noch den gebrochenen Arm." Mithilfe weniger, aber für den einzelnen Ansprechpartner wichtiger persönlicher Informationen knüpfen sie an den letzten Kontakt an und stellen sofort eine direkte Beziehung her. Der Unterschied zu ihren „schlechteren" Kollegen liegt vor allem darin, dass sie Smalltalk auf einem hohen Niveau, der Emotionsbasis des Gesprächspartners, praktizieren und ihn auf diese Weise aktivieren, für einige Sekunden aus der Arbeitsumwelt herausholen. Die üblicherweise verwendeten Smalltalk-Themen wie Wetter oder Verkehr leisten das nicht annähernd.

... stellen den Nutzen ihrer Leistungen in den Vordergrund

Ist der Gesprächspartner derart positiv eingestimmt, nimmt er sich auch Zeit, das Anliegen des Beraters anzuhören. Ist dieses gleichzeitig mit einem starken Nutzenargument verbunden, ist der Weg zum Erfolg bereits beschritten: „Ich habe für Herrn Dr. ein wirklich einmaliges Angebot, sich – was er ja schon immer wollte – betriebswirtschaftlich fortzubilden." Das Nutzenargument hat in dieser Gesprächsphase eine Türöffnerfunktion und wird fast zufällig, ja beiläufig in das Gespräch eingebracht.

... sagen präzise, was sie wollen

Ist der Nutzen deutlich herausgestellt, folgt das konkrete Anliegen: „Frau P., ich habe noch drei Plätze für ein exklusives Seminar zu diesem Thema frei und müsste möglichst heute noch wissen, ob Dr. K. daran teilnehmen möchte. Könnte ich ihn einmal kurz fragen?" Direkte und präzise Fragen haben für beide Gesprächspartner einen Vorteil: Der oder die Gefragte kann eine schnelle Entscheidung treffen, da sie genau weiß, worum es geht. Sie kennt die vollständigen Fakten und muss nicht rückfragen oder Bedeutungsinhalte selbst interpretieren. Der Fragende erhält i. d. R. auf eine präzise Frage auch eine präzise Antwort und kann seinen nächsten Verkaufsschritt darauf abstimmen.

... achten auf die Reaktion ihres Gegenübers

„Ja, ich sehe schon Ihren skeptischen Blick, aber ich benötige wirklich nur zwei Minuten."

... gehen auf die individuelle Situation ihres Ansprechpartners ein

„Ich weiß ja, montagvormittags ist bei Ihnen die Hölle los, aber vielleicht gibt es ja doch eine Möglichkeit?" Erfolgreiche Pharma-Verkäufer berücksichtigen die aktuelle Situation ihres Gesprächspartners. Auf diese Weise solidarisieren sie sich einerseits mit ihm, andererseits entkräften sie im Voraus ein potenzielles Gegenargument: „Das geht jetzt leider nicht, Sie sehen ja, wie viel wir zu tun haben."

... machen ihr Leistungsangebot anschaulich

„Die wesentlichen Seminarinhalte und die Referenten finden Sie in diesem Prospekt, die Punkte, die Dr. K. besonders interessieren werden, habe ich gelb markiert." Kaum ein Pharmaberater verlässt eine Praxis, ohne Anschauungsmaterial abgegeben zu haben. Die Verkaufsprofis gehen jedoch noch einen Schritt weiter; sie individualisieren die Unterlagen und machen diese damit zu persönlichen Unikaten. Der reine Werbeeffekt tritt in den Hintergrund, die persönlich ausgerichtete Information dominiert.

... **bieten – wenn notwendig – Handlungsalternativen an**
„Wenn es jetzt schlecht ist, lasse ich den Prospekt hier und rufe Herrn Dr. gegen 17:00 Uhr an."

... **geben eine „Nachbestätigung"**
„Vielen Dank, dass Sie das Gespräch trotz des Trubels vermittelt haben. Sie werden sehen, von diesem Seminar profitiert Ihr ganzes Team." So freundlich, wie sie das Gespräch begonnen haben, beenden sie es auch, nicht jedoch, ohne den Nutzen der Handlung – in diesem Fall der Vermittlung – noch einmal dargestellt zu haben.

Dieses Vorgehen, das Sie sicher schon in der einen oder anderen Form in Ihrer Praxis erlebt haben, können Sie für Ihre IGeL-Verkaufsarbeit imagewirksam übernehmen:

- Schaffen Sie Sympathie zum Gesprächsstart.
- Informieren Sie sich über Ihre Gesprächspartner.
- Entwickeln Sie eine plastische Nutzenargumentation und stellen Sie diese in den Vordergrund.
- Sagen Sie präzise, was Sie Ihrem Gegenüber anbieten können und was er bei Interesse zu tun hat, um Ihr Angebot anzunehmen.
- Achten Sie auf seine Reaktionen.
- Berücksichtigen Sie die individuelle Situation Ihres Ansprechpartners
- Machen Sie Ihr Leistungsangebot anschaulich.
- Bieten Sie – wenn notwendig – Handlungsalternativen an.
- Geben Sie eine „Nachbestätigung".

Die aufgeführten Punkte sind jedoch nicht nur für „gute" Pharmareferenten kennzeichnend, sondern generell für gute Verkäufer. Beobachten Sie bei Ihrem nächsten Einkauf einmal das Verkaufsverhalten in Mode- und Schuhläden oder in Kaufhäusern. Versuchen Sie, gute von weniger guten Verkäufern zu unterscheiden. Diese Beobachtungen wirken wie eine Art Coaching, Sie erhalten einen Blick für kundenorientierte und imagebildende Verkaufstechniken und können diese für Ihre eigene IGeL-Arbeit verwenden.

Wichtig ist dabei aber, dass Sie sich vor einem zu hohen Erfolgsdruck schützen. Setzen Sie Ihre IGeL-Verkaufsziele zunächst niedrig an und steigern Sie sie mit zunehmender Erfahrung. Je freier Sie sind, desto überzeugender und souveräner werden Sie. Ihre Patienten merken es sofort, wenn Sie einen „Abschluss um jeden Preis" anstreben. Souveränität gewinnen Sie zudem über ein profundes Fachwissen. Es gibt Ihnen Sicherheit in der Argumentation, aber vor allem die Möglichkeit, sich voll und ganz auf Ihre Patienten/Kunden zu konzentrieren.

Und der dritte Erfolgsbaustein ist die Überzeugung, das Richtige zu tun. Ist das IGeL-Angebot für Sie nur eine Pflichtübung und können Sie sich nicht mit dieser Angebotsform identifizieren, dann verhilft Ihnen auch die Berücksichtigung der o. a. Verhaltensweisen nicht zum Durchbruch. Erfolgreich verkaufen kann nur derjenige, der sich mit seinem Angebot identifiziert und es seinen Kunden gegenüber engagiert vertritt.

Kapitel 5

Imageanalyse und -controlling mithilfe von Image-Patientenbefragungen

5 Imageanalyse und -controlling mithilfe von Image-Patientenbefragungen

Mit Ihrem Imagedesign und -management verfolgen Sie den Zweck, die Positionierung Ihrer Praxis, d. h. das Zielimage möglichst weitgehend umzusetzen. Um den Grad der Umsetzung zu bestimmen und im Zeitablauf zu kontrollieren, steht Ihnen das Instrument der Imagebefragung zur Verfügung. Ihre Anwendung setzt jedoch die genaue Kenntnis der Stärken und Schwächen Ihrer Praxisleistung voraus. Geben Patientenzufriedenheitsanalysen situativ einen auf den konkreten Aufenthalt bezogenen Eindruck wieder, zeigen Imageanalysen eine übergeordnete Grundhaltung. Aus diesem Grund ist es wichtig, unbedingt beide Größen – Zufriedenheit und Image – zu kennen, um hierdurch die strategische Positionierung des eigenen Betriebs ermitteln und steuern zu können. Da die Planung, Umsetzung und Durchführung solcher Befragungen viele Praxisinhaber vor ein Problem stellt, werden in den folgenden Abschnitten zunächst die Grundlagen für derartige Analysen generell dargestellt, gefolgt von der Skizzierung eines einfachen Verfahrens der Imageanalyse.

5.1 Der Nutzen von Patientenzufriedenheitsbefragungen

„Und ich soll hier wirklich schreiben, was ich meine?" Frau K. kann es noch gar nicht glauben, dass „ihre" Ärztin eine Patientenbefragung durchführt. „Ja natürlich", erklärt ihr Petra S., eine der Arzthelferinnen. „Wir möchten wissen, was wir vielleicht verbessern sollten, damit wir unsere Arbeit noch besser auf die Anforderungen unserer Patienten ausrichten können. Und die Befragung ist natürlich anonym. Den ausgefüllten Bogen können Sie in die dort hinten aufgestellte Box einwerfen."

Nur in ca. 30% der deutschen Arztpraxen wurden bislang Patienten nach ihrer Meinung über die Praxis befragt, schon gar nicht wurde das Image untersucht. Die Gründe hierfür liegen eher im Bereich der Mutmaßung, weniger gründen sie auf konkreten Fakten. Dies zumindest lassen die Antworten auf die Frage: *„Aus welchem Grund haben Sie in Ihrer Praxis bislang noch keine Patientenbefragung durchgeführt?"* vermuten:

- „Patienten wollen diese Befragungen nicht."
- „Was soll das bringen?"
- „Ich weiß, was meine Patienten wollen."
- „Wozu die Patienten zu ihrem Leiden noch belasten?"
- „Dies ist eine Arztpraxis und kein Amt."
- „Meine Mitarbeiter ziehen da nicht mit."
- „Was sollen Patienten denn an einer Praxis beurteilen? Sie können doch die medizinische Qualität gar nicht einschätzen."
- „Haben wir schon versucht, aber ohne wesentliches Ergebnis."
- „Zu umständlich."
- „Die Arbeit wird einem doch nicht bezahlt."
- „Viel Aufwand für nichts."
- „Da kommt doch nichts bei 'raus."
- „Läuft doch alles prima, wozu der Aufwand?"

Die Patientenbefragung ist ein Multifunktionsinstrument, denn neben der Erkundung der Patientenmeinung

- ist mit ihr die subjektive Struktur-, Prozess- und Ergebnisqualität der Praxisleistung ermittelbar, d. h. die Wirkungen wie z. B. das Image der Praxisarbeit können bestimmt werden;
- hat sie die Funktion eines Marketinginstruments, das den Patienten ihre Wichtigkeit für Ihre Praxis zeigt;
- liefert sie – bei wiederholter Durchführung – die Daten für eine Kontrolle der Dienstleistungsqualität im Zeitablauf;
- können mithilfe der Ergebnisse Patientenzufriedenheitsziele für die Praxis formuliert werden;
- ist sie als betriebswirtschaftliches Basisinstrumentarium ein zentraler Bestandteil des Qualitätsmanagements.

Ein weiterer Nutzen ist, dass Patientenzufriedenheitsbefragungen es ermöglichen, das „Fremdbild", das die Patienten über Ihr Praxisunternehmen haben, zu ermitteln und dann mit Ihrem „Selbstbild" abzugleichen, um hieraus u. U. Veränderungsnotwendigkeiten abzuleiten. Patienten suchen Ihre Praxis in der Hoffnung auf, dass ihr Krankheitsbild beseitigt oder gelindert wird und stellen dabei bestimmte Erwartungen an ihre Gesamtbetreuung. Um diesen Anforderungen gerecht zu werden, haben Sie Ihre Praxis mit dem Leistungsangebot, der Ausstattung, der Organisation und dem Personal so ausgerichtet, wie Sie meinen, dass es am ehesten den Bedürfnissen und Imageerwartungen Ihrer Patienten entspricht (sog. „Selbstbild" der Praxis). Diese bilden sich anlässlich ihrer Praxiskontakte aber auch eine eigene Meinung über die Gegebenheiten (sog. „Fremdbild") und kommen zu einem Qualitätsurteil, das sie – wie bereits angeführt – auch an Dritte weitergeben. Um wirklich patienten- und imageorientiert arbeiten zu können, müssen Sie dieses Fremdbild kennen, um Ihr Selbstbild und das dahinterstehende Leistungsangebot darauf abzustimmen. Erst wenn beide deckungsgleich sind, entsteht nachhaltige Patientenzufriedenheit. Praxisteams – wie im Übrigen das Personal in anderen Unternehmen auch – neigen häufig zu einer Über- oder Unterschätzung der Qualität ihrer eigenen Leistung. Bei einer Überschätzung besteht die Gefahr, dass Probleme, da sie nicht für möglich gehalten werden („Wir sind doch gut!"), nicht erkannt und nicht beseitigt werden.

Bei deutlicher Unterschätzung kann es zu einer Situation kommen, in der vollkommen falsche Anstrengungen unternommen werden (z. B. zu lange Gespräche mit Patienten), der vermeintlichen Unzufriedenheit der Patienten oder einem schlechten Image entgegenzuwirken. Das bindet Ressourcen, die bei einer realisitischen Einschätzung für andere Aktivitäten eingesetzt werden könnten.

Patientenzufriedenheitsbefragungen sind aber auch ein Frühwarnsystem für Kritik und Imageverlust. Da Patienten sich nur in den wenigsten Fälle bei Unzufriedenheit „offiziell" beschweren, wird die Konsequenz der Unzufriedenheit, der Arztwechsel, meist erst viel zu spät bemerkt. Aber auch viele kleinere Probleme des Praxisalltags gehen oft unter, denn in vielen Arztpraxen existieren zwei „Welten" nebeneinander: die „Innenwelt" des Arztes in seinem Besprechungs- und Untersuchungszimmer und die „Außenwelt" der Mitarbeiter im Empfangsbereich, am Telefon, im Wartezimmer und in den übrigen Funktionsräumen. Beide Welten sind über Arbeits- und Kommunikationsroutinen miteinander verbunden. Allerdings werden die Probleme und „Missgeschicke" der „Außenwelt" oftmals gar nicht in die „Innenwelt" gemeldet, da die Mitarbeiter die Probleme für unwichtig halten oder – schlimmer – aus Angst vor Maßregelung verschweigen, ohne sie zu lösen.

Patientenbefragungen sind auch deshalb wichtig, weil Praxisteams auf der Grundlage ihrer Patientenarbeit und dem damit verbundenen Kundenkontakt nur zu etwa 40 % bei Patienten und zu 30 % bei zuweisenden niedergelassenen Ärzten exakt sagen können, was diese wirklich wünschen und erwarten bzw. wie diese die Praxis sehen. Die restlichen 60 % bis 70 % Kundenwissen müssen über Marktforschung, gezielte Kommunikationsarbeit und Instrumente wie z. B. das Beschwerdemanagement ermittelt werden. Kundenzufriedenheitsanalysen tragen also auch unter diesem Aspekt dazu bei, das Selbstbild der Arztpraxis mit dem Fremdbild der Kunden abzugleichen.

Lernen Sie in den folgenden Abschnitten das Vorgehen kennen, mit dem Sie schnell und mit geringem Aufwand zu einem für Ihre Praxis maßgeschneiderten Patientenbefragungskonzept gelangen.

5.2 Planung einer Patientenzufriedenheitsbefragung

In diesem ersten Schritt stellen Sie die Weichen für den Erfolg Ihrer Befragung: den Erhalt aussagekräftiger und vor allem handlungsrelevanter Ergebnisse. Je genauer Sie planen, d. h. die Zielgruppe und die Zielsetzung Ihrer Befragung definieren, desto besser können Sie die Analysemerkmale auswählen und die Fragen formulieren.

Der Begriff „Ziel" bezeichnet die vorweggenommene Vorstellung, die Sie über das Ergebnis Ihrer Befragung entwickeln müssen. Sie gibt Antwort auf die Frage *„Was will ich mit meiner Patientenbefragung erreichen?"*. Damit sie diese Funktionen erfüllen können, benötigt Ihre Zieldefinition eine ganz bestimmte Gestaltungsform:

Spezifizieren Sie Ihr Ziel konkret auf ein oder mehrere Bezugsobjekte. So genügt es z. B. nicht, wenn Sie Ziele wie „Ich möchte die Zufriedenheit meiner Patienten ermitteln" oder „Ich möchte das Image bestimmen" formulieren. Zwar geben Sie eine Zielrichtung vor, aber das Bezugsobjekt ist viel zu allgemein, als dass Sie Maßnahmen ableiten könnten, das Ziel zu erreichen. Treffender formuliert lautet das Ziel: „Ich möchte die Zufriedenheit meiner Patienten mit folgenden Aspekten unserer Arbeit ermitteln ..." Noch präziser lässt sich das Erkenntnisziel formulieren, wenn Sie die allgemein gehaltene Zielgruppe „Patienten" weiter spezifizieren, z. B. „... untergliedert nach Privatpatienten und gesetzlich Versicherten". Auf diese Weise grenzen Sie den Kreis der möglichen Frageninhalte ein und schaffen eine eindeutige Arbeitsgrundlage (Beispiel: „Ich möchte das Image meiner Praxis in Bezug auf die Organisation und den Service bei Angestellten und Lehrern bestimmen").

Definieren Sie eindeutige Messgrößen, mit deren Hilfe die Befragungsresultate überprüfbar werden. Das betrifft die Auswahl der Antwortmöglichkeiten. Genügen Ihnen qualitative Beschreibungen oder möchten Sie z. B. Zufriedenheits-/Imagewerte in Notenform ermitteln? Auf diesen Aspekt wird im weiteren Verlauf dieses Kapitels eingegangen.

Legen Sie ergänzend noch den Zeithorizont fest, innerhalb dessen die Befragung durchgeführt werden soll und spezifizieren Sie Beginn und Ende der Einzelschritte (vgl. Tab. 5.1):

Tabelle 5.1: Zeitplan für die Durchführung einer Patientenbefragung

	Beginn	Ende
Erarbeitung der Fragebogeninhalte		
Erstellung des Fragebogens		
Pre-Test		
Duchführung der Befragung		
Auswertung der Ergebnisse		
Zusammenstellung der Veränderungs-schritte		

Soweit Sie einzelne Arbeitsschritte nicht selbst durchführen, sollten Sie eine für die Umsetzung verantwortliche Person benennen. Auch auf diesen Aspekt wird später bei der organisatorischen Abwicklung noch mal eingegangen.

Der Begriff *Zielgruppe* bezeichnet Patientengruppen, die durch gleiche Merkmale gekennzeichnet sind, z. B. ganz allgemein alle Stammpatienten Ihrer Praxis oder speziell eine Auswahl nach Kriterien, z. B.:

- Altersstruktur (Altersgruppen-Bildung)
- Versichertenstatus
- Häufigkeit der Kontakte (wie oft kommen die Patienten pro Quartal in die Praxis?)
- regionale Herkunft
- Diagnosenverteilung
- Betreuungsaufwand
- Patienten, die nicht wiedergekommen sind
- Patienten mit bestimmten Diagnosen
- Neupatienten
- Lebensabschnitt (Kinder, Jugendliche, Erwachsene, Rentner)
- Berufsbilder (Angestellte, Selbstständige, Beamte etc.)
- Hobbys (Fitnessorientierung, Freizeitorientierung etc.)
- Zuzahlungsbereitschaft

Die Auswahl der Zielgruppe ergibt sich umittelbar aus dem oder den Befragungszielen. Hierzu einige Beispiele:

- Sie haben noch keine genaue Vorstellung über die Zufriedenheit oder das Image Ihrer Patienten. In diesem Fall müssen Sie das Themenspektrum und die Zielgruppe der Befragung möglichst breit anlegen, um ein umfassendes Bild zu erhalten. In Folgebefragungen können Sie dann spezifischer auf interessierende oder markante Aspekte eingehen.

- Sie verfügen über genau definierte Praxisqualitäts- und Imageziele, die regelmässig im Hinblick auf ihren Erfüllungsgrad überprüft werden sollen. Ihre Befragung richtet sich demnach inhaltlich und – soweit die Qualitätsziele auch für einzelne Patientengruppen definiert sind – zielgruppenbezogen nach den Vorgaben Ihres Qualitätsmanagement- bzw. Imagekonzepts.

- Sie sind mit einer zunehmenden Anzahl von Patientenbeschwerden konfrontiert und möchten mithilfe einer Befragung eine objektive Basis für die Diskussion mit den Mitarbeitern und für Veränderungsmaßnahmen schaffen. Hierbei ist zunächst zu ermitteln, ob die Beschwerden aus einem Kreis von Patienten kommen, der durch gleiche Merkmale, z. B. das Alter oder den Beruf gekennzeichnet ist. Trifft das zu, bildet dieser Personenkreis die Befragungszielgruppe, ansonsten muss sich die Untersuchung auf alle Patientengruppen erstrecken. Inhaltlich wird die Befragung durch den oder die Beschwerdegründe fixiert.

- Sie haben in Ihren Zielvereinbarungen mit Ihren Mitarbeiterinnen Patientenzufriedenheitskriterien vereinbart, deren Erfüllungsgrad über regelmäßige Befragungen erhoben wird. Zielgruppen und Inhalte der Befragung entsprechen damit den Kriterien der Zielvereinbarungen.

- Sie möchten im Rahmen Ihrer Marketingarbeit ein positiv wirksames und markantes Zeichen setzen und die Patientenbefragung als Marketinginstrument nutzen. Die Befragungszielgruppe ist in diesem Fall möglichst breit anzulegen, es sei denn, Sie möchten spezielle Zielgruppen, z. B. Patienten mit hoher Selbstzahlbereitschaft, erreichen.

Die Auswahl der Zielgruppe ist bei Patientenbefragungen unmittelbar mit der Frage des Stichprobenumfangs verbunden. Da in der Arztpraxis keine statistischen Anforderungen entsprechenden Repräsentativbefragungen möglich sind, muss auf Hilfsgrößen zurückgegriffen werden. Geht es um globale Zufriedenheits-/Imageziele, eignet es sich beispielsweise, Patienten zu befragen, die während eines Monats die Praxis aufsuchen. Wichtig ist hierbei, möglichst keinen für das Patientenaufkommen untypischen Zeitraum zu wählen (z. B. Weihnachtszeit, Ferien). Innerhalb dieses Zeitraums sollte die Auswahl der Patienten nach dem Zufallsprinzip erfolgen, etwa indem jeder dritte Patient, der zur halben Stunde die Praxis betritt, in die Befragung aufgenommen wird.

5.3   Entwicklung des Fragebogens: Der Fragebogen-Baukasten

In diesem Arbeitsschritt schaffen Sie die Basis dafür, detailliert an die gewünschten Informationen über die Zufriedenheit Ihrer Patienten oder Ihr Praxisimage zu gelangen. Der Fragebogen ist damit das zentrale Element der gesamten Befragung. Seine Inhalte und sein Design müssen auf Ihre Ziele und die anzusprechende(n) Zielgruppe(n) abgestimmt sein. Eine falsche inhaltliche Gestaltung des Fragebogens ist die häufigste Ursache für Misserfolge bei Patientenbefragungen.

Da sich Patientenbefragungen – und damit der Fragebogen – nicht normieren lassen, sondern immer auf die individuell zu lösenden Fragestellungen ausgerichtet sein müssen, finden Sie die wichtigsten Aspekte der Bogengestaltung in einem Fragebogen-Baukasten zusammengestellt. Er zeigt Ihnen, welche Punkte bei der Gestaltung beachtet werden sollten und wie deren Umsetzung konkret aussehen kann. So wird es Ihnen möglich, aus den verschiedenen Elementen Ihren Praxis-Befragungsbogen zusammenzustellen oder die Beispiele als Anregungen für eigene Ideen zu verwenden.

Grundsätzlich gilt für die Bogengestaltung, dass die Befragungsunterlage

- methodisch passend aufgebaut ist, d. h. mithilfe der Fragen auch das ermittelt wird, was Sie als Ergebnis anstreben;
- verständlich konzipiert ist, d. h. die Patienten ohne langes Überlegen wissen, was sie tun sollen;
- übersichtlich ausgelegt ist, damit man sich schnell orientieren kann;
- soweit möglich auch abwechslungsreich ist, d. h. dass es nicht zu einer Ermüdung durch eine Befragungsmonotonie kommt.

5.3.1   Format, Umfang und Layout des Fragebogens

Das beste Fragebogenformat ist DIN A4. Kleinere Formate limitieren Sie nicht nur in der Anzahl der aufführbaren Fragen, sondern auch in der Größe der verwendbaren Schrift. Eine Ausnahme bilden sog. Dauer- oder Kurzbefragungen, bei denen die Klärung einiger weniger Fragen im Vordergrund steht. Vielleicht kennen Sie solche Befragungen aus dem Einzelhandel („Sagen Sie uns Ihre

Meinung!"). Für diese besondere Befragungsform eignen sich am besten Befragungskarten, z. B. im Postkarten- oder DIN-Lang-Format.

Vielfach herrscht die Meinung vor, ein Patientenfragebogen dürfe nur einseitig gestaltet sein und müsse aus möglichst wenigen Fragen bestehen. Die tatsächlichen Möglichkeiten sehen in der Realität allerdings völlig anders aus: Zum einen ist ein zweiseitiger Fragebogen für Patienten ohne Probleme bearbeitbar. Sie verfügen i. d. R. über genügend Zeit zum Studium der Fragen und zum Ausfüllen, vielen kommt eine solche Befragung als Abwechslung sogar gelegen. Wichtig ist bei zweiseitigen Bögen, dass Sie prägnant durch den Hinweis *Bitte wenden* auf die umseitige Fortsetzung hinweisen. Zudem unterstreicht ein ausführlicher Fragebogen die Ernsthaftigkeit der Befragung und hebt sich damit von der Vielzahl an Untersuchungen ab, die im Einzelhandel zur Kundenzufriedenheit durchgeführt werden. Aus der Option eines zweiseitigen Befragungskonzepts resultiert gleichzeitig ein deutlicher Zuwachs an Frage- und Erkenntnismöglichkeiten. Durchschnittlich lassen sich pro Bogen – ohne dass es bei den Patienten zu Verweigerungen kommt – ca. 20–25 Leistungs- bzw. Imagemerkmale abfragen, ergänzt um zwei bis drei offene und weitere fünf bis acht geschlossene Fragen.

Grundanforderung an Ihren Fragebogen ist, dass er Ihre Patienten zur Beschäftigung mit der Unterlage und vor allem zu einem vollständigen Ausfüllen motiviert. Das erreichen Sie durch ein ansprechendes Layout, das folgende Kriterien beinhalten sollte:

- Die Fragen sollten in einer ansprechenden, möglichst symmetrischen Gliederung über den Bogen verteilt sein. Das ist umso wichtiger, je mehr Fragen Sie stellen, da die Befragten sich dann besser innerhalb des Bogens orientieren können. Gestalten Sie das Ganze mit Abständen zwischen den Fragen, damit sie nicht „erdrückend" auf den Leser wirken.

- Stimmen Sie den Fragebogen auf die Corporate Identity Ihrer Praxis ab und verwenden Sie die zugehörige Typografie und Farbwahl sowie Ihr Praxis-Logo. Setzen Sie Farben aber sparsam und dezent ein, damit sie nicht verwirren. Wenn Sie eine Farbe einem Gestaltungselement, z. B. einer Frage, zugewiesen haben, müssen Sie diese Zuordnung für den gesamten Bogen aufrechterhalten. Nutzen Sie Farben in der Hauptsache als visuelle Hilfen, die durch den Fragebogen führen.

- Denken Sie an die Zielpersonen, die den Bogen ausfüllen sollen und passen Sie die Schriftgröße an der Bedarf der Personen an. Verwenden Sie einfache, klar strukturierte Schriften (z. B. Times New Roman, Arial) anstelle verspielter Varianten, die weniger gut zu erkennen sind.

5.3.2 Die Fragebogen-Einleitung

Neben einer interessanten visuellen Aufmachung kommt der Einleitung des Fragebogens eine wichtige Funktion zu. An diese Stelle gehört als Auftakt:

- eine kurze Schilderung des Ziels der Befragung, denn ohne ein Wissen über das „Warum?" der Befragung sinkt die Beteiligungsbereitschaft drastisch;
- ein Hinweis, wie mit den Fragen verfahren werden soll, z. B. alle Fragen sollen durch Ankreuzen beantwortet werden. Es folgt der Hinweis auf einen diskreten und anonymen Umgang mit den ermittelten Daten.
- ein Dank für die Mitarbeit.

Die folgenden Beispiele zeigen, wie ein Einleitungstext formuliert werden könnte:

Liebe Patientin, lieber Patient ,
wir möchten, dass Sie sich in unserer Praxis wohlfühlen. Um Ihren Pra-
xisaufenthalt so angenehm wie möglich zu gestalten, bitten wir Sie
daher, uns bei unseren Bemühungen durch die Beantwortung folgender
Fragen zu unterstützen. Die Befragung ist selbstverständlich anonym
und freiwillig. Bitte werfen Sie Ihren ausgefüllten Fragebogen in die Be-
fragungsbox im Wartezimmer. Vielen Dank für Ihre Mitarbeit!

Liebe Patientin, lieber Patient,
wir möchten, dass Sie sich bei uns – trotz Ihrer Erkrankung – wohlfühlen.
Deshalb interessiert uns, wie Sie unsere Praxis beurteilen. Bitte nehmen
Sie sich deshalb die Zeit, die folgenden Fragen zu beantworten. Sie helfen

uns damit, unsere Praxisleistung noch besser auf die Wünsche und Bedürfnisse unserer Patienten auszurichten. Ihren ausgefüllten Fragebogen können Sie in den Kasten mit der Aufschrift „Patientenbefragung" im Wartezimmer einwerfen. Der Fragebogen lässt keine Rückschlüsse auf Ihre Person zu und wird anonym ausgewertet.

Herzlichen Dank im Voraus.

Liebe Patientin, lieber Patient,

Ihre Meinung über unsere Praxisleistung ist für uns sehr wichtig. Deshalb bitten wir Sie, diesen Fragebogen auszufüllen, damit wir uns noch zielgerichteter auf Ihre Wünsche und Bedürfnisse einstellen können. Die Einwurfbox für Ihren ausgefüllten Bogen finden Sie auf dem Flur neben Untersuchungsraum 3. Ihre Angaben werden wir absolut vertraulich behandeln, eine Zuordnung des Bogens zu Ihrer Person ist ohnehin nicht möglich.

Herzlichen Dank für Ihre Mühe.

Sehr geehrte Patientin, sehr geehrter Patient,

Ihre Gesundheit ist das Ziel unserer täglichen Arbeit. Um diesen Qualitätsstandard zu wahren und zu verbessern, haben wir einige Fragen zusammengestellt, um deren Beantwortung wir Sie bitten möchten. Bitte füllen Sie den anonym gehaltenen Fragebogen vollständig aus und werfen Sie ihn in den vorbereiteten Kasten neben dem Ausgang.

Dankeschön!

Sehr geehrte Patientin, sehr geehrter Patient,

Ihre Zufriedenheit während des Aufenthalts in unserer Praxis ist uns ein großes Anliegen. Um diese Zufriedenheit vielleicht noch besser zu erreichen, sind Ihre Antworten zu den folgenden Fragen für die Gestaltung unserer Arbeit von großer Bedeutung. Bitte werfen Sie den innerhalb weniger Minuten ausgefüllten Bogen in den bereitgestellten Kasten. Die Auswertung Ihrer Angaben erfolgt anonym im Rahmen einer Gesamtauswertung, deren Ergebnis wir im März an unserer Informationswand im Wartezimmer aushängen werden. Vielen Dank für Ihre Unterstützung.

Sehr geehrte Patientin, sehr geehrter Patient,
Es ist uns ein Anliegen, Ihnen den Aufenthalt in unserer Praxis so angenehm wie möglich zu gestalten. Wenn Sie uns Ihre Beurteilung unserer Leistung mithilfe dieses anonym gehaltenen Fragebogens wissen lassen, helfen Sie uns, diesem Ziel näher zu kommen. Ihre Meinung ist uns besonders wichtig! Herzlichen Dank für Ihre Mitwirkung!

Sehr geehrte Patientin, sehr geehrter Patient,
wir schätzen Ihre Meinung über die Behandlung in unserer Praxis und würden uns freuen, wenn Sie folgende Fragen durch Ausfüllen der entsprechenden Felder beantworteten. Auf Grundlage der Angaben aller Patienten unserer Praxis können wir dann zielgerichtet die ermittelten Stärken ausbauen und die Schwächen verbessern. Selbstverständlich werden Ihre Angaben diskret und anonym behandelt. Wir danken Ihnen bereits im Voraus für Ihre Kooperation.

Liebe Patientin, lieber Patient,
um die Qualität unserer Praxisarbeit weiter verbessern zu können, bitten wir Sie, uns Ihre Meinung hierzu in diesem Fragebogen mitzuteilen. Bitte nehmen Sie sich fünf Minuten Zeit für das Ausfüllen des Bogens.
Ihre offenen und ehrlichen Antworten helfen uns, Verbesserungsmöglichkeiten unserer Arbeit zu erkennen. Wir versichern Ihnen, dass wir Ihre Angaben vertraulich behandeln werden. Vielen Dank für Ihren Beitrag.

Sehr geehrte Patientin, sehr geehrter Patient!
Ihr Wohlbefinden liegt unserem Praxisteam sehr am Herzen. Wir möchten, dass Sie mit unserer Behandlung und Betreuung möglichst zufrieden sind und die bestmögliche Hilfe für Ihre Genesung erhalten. Das können wir nur erreichen, wenn wir Ihre Meinung über unsere Arbeit kennen, die wir mit diesem Fragebogen ermitteln möchten.

Bitte kreuzen Sie zu jeder Frage die Antwort an, die am ehesten Ihrer Meinung entspricht. Lassen Sie dabei bitte keine Frage aus und vergeben Sie auch keine Zwischenwerte. Werfen Sie den ausgefüllten Fragebogen in den bereitgestellten Kasten. Das garantiert die Anonymität der Befragung. Wir danken Ihnen schon jetzt für Ihre Rückmeldung und werden uns bemühen, alle Vorschläge auch umzusetzen.

Liebe Patientin, lieber Patient,
mithilfe dieses Fragebogens erbitten wir Ihre Bewertungen unserer Praxisleistung. Bitte beantworten Sie durch Ankreuzen alle Fragen und geben Sie uns auf diese Weise eine persönliche, aber anonyme Rückmeldung zu unserer Arbeitsqualität. Mithilfe dieser Angaben können wir dem Ziel einer möglichst weitgehenden Patientenorientierung ein Stück näher kommen. Wir danken Ihnen für Ihre Unterstützung.

Liebe Patienten,
es ist für uns sehr wichtig, Ihre Meinung über unsere Praxis zu erfahren, um so die Stärken und Schwächen unserer Arbeit zu erkennen und mithilfe Ihrer Angaben unsere Leistung noch patientenorientierter weiterzuentwickeln. Wir versichern Ihnen, dass die Auswertung absolut anonym erfolgt und die Antworten im Fragebogen keinerlei Rückschluss auf Ihre Person zulassen. Bitte werfen Sie diesen Fragebogen in den dafür vorgesehenen Kasten. Bereits vorab bedanken wir uns für Ihre Mitarbeit!

Verehrter Patient,
uns interessieren Ihre persönliche Einschätzung und Ihre Bewertung unserer Praxisleistung. Deshalb bitten wir Sie, die folgenden Fragen zu beantworten. Wir möchten auf diese Weise Ihre ganz persönliche Sicht auf unsere Praxis ermitteln. Bitte teilen Sie uns Ihre ehrliche Meinung mit. Über positive Einschätzungen freuen wir uns sehr, negative Meinungen helfen uns, mögliche Schwächen zu beseitigen. Für Ihre Mitarbeit danken wir Ihnen bereits jetzt sehr herzlich.

Sehr geehrte Patientinnen und Patienten,
um auf die persönlichen Bedürfnisse unserer Patienten möglichst gut
eingehen zu können, sind für uns Ihre Wünsche und Anregungen beson-
ders wichtig. Um diese näher kennenzulernen, führen wir eine anonyme
Patientenbefragung durch und bitten Sie um Ihre Meinung. Bitte neh-
men Sie sich einige Minuten Zeit und beantworten Sie die folgenden
Fragen. Die Einwurfbox für Ihren ausgefüllten Bogen finden Sie neben
der Eingangstür. Vielen Dank für Ihre Mitwirkung.

Liebe Patientin, lieber Patient,
Ihre Meinung ist uns sehr wichtig! Bitte nehmen Sie sich deshalb etwas
Zeit für unsere Befragung. Sie dient dazu, gezielt einen möglichen Ver-
änderungsbedarf in unserer Praxis zu ermitteln, der aus Sicht unserer
Patienten besteht. Wenn wir wissen, worauf es Ihnen bei Ihrem Besuch
besonders ankommt, können wir unsere Praxisarbeit noch gezielter nach
Ihren Wünschen ausrichten. Die Fragen werden anonym ausgewertet, Ih-
ren ausgefüllten Fragebogen können Sie in unseren Patientenbriefkasten
einwerfen. Vielen Dank!

Liebe Patientinnen und Patienten,
im Rahmen unserer Qualitätsmanagementarbeit überprüfen wir mit
einer schriftlichen Befragung regelmäßig, ob unsere Arbeit die Anforde-
rungen unserer Patienten möglichst weitgehend erfüllt. In diesem Zu-
sammenhang bitten wir Sie, die folgenden Fragen zu beantworten und
den ausgefüllten Bogen in den dafür vorgesehenen Kasten einzuwerfen.
Herzlichen Dank!

5.3.3 Befragungsinhalte

Die Befragungsinhalte hängen von Zielen Ihrer Befragung ab. Bereits in dieser
Phase, bei der Zusammenstellung der Inhalte, empfehle ich Ihnen die Einbeziehung Ihres Teams (vgl. Kap. 5.3.7). So nutzen Sie nicht nur das Know-how
und die Ideen Ihrer Mitarbeiterinnen, sondern stellen auch von Beginn der

Aktion an die Akzeptanz der Befragung durch Ihr Personal sicher. Denn nichts ist ungeschickter, als wenn Sie Ihre Belegschaft, die die Aktion ja auch betrifft, mit einem fertigen Konzept überraschen. Die Folge ist vorprogrammiert: Ihre Mitarbeiterinnen werden die Befragung als Kontrolle verstehen, sie ablehnen und in der Umsetzung nicht wirklich unterstützen. Erarbeiten Sie deshalb bereits die Befragungsinhalte gemeinsam mit Ihrem Personal. Am einfachsten funktioniert das, wenn Sie im Zuge einer Teambesprechung das Projekt erörtern und ein Brainstorming durchführen, welche Aspekte der Praxisarbeit unter der Zielsetzung der Aktion untersucht werden sollen. Geben Sie Ihrem Team und sich selbst fünfzehn Minuten Zeit, alle Punkte, die für eine Analyse spontan einfallen, auf Karten oder Zettel zu schreiben. Sammeln Sie dann die Zettel ein und ordnen Sie sie nach gleichen Inhalten. Hilfreich ist es, wenn Sie eine Pinnwand o. Ä. zur Verfügung haben, an der Sie die einzelnen Themen-Cluster für alle sichtbar zusammenstellen können. Ergeben sich zu viele Themen, lassen Sie Prioritäten, z. B. in einer A-B-C-Klassifizierung, vergeben, etwa nach der Fragestellung: „Welches Befragungsthema ist brennend wichtig (A), wichtig (B) und eher unwichtig (C)?" Auf dieser Basis können Sie dann in die Konkretisierungsphase übergehen und die Fragen formulieren.

Die folgende Übersicht – die Ihnen zur Ideenanregung dienen soll – zeigt, welche Aspekte besonders häufig in Patientenbefragungen ermittelt werden.

- Wie ist der Patient auf die Praxis aufmerksam geworden, z. B. Praxisschild im Vorübergehen, über das Telefon-/Branchenbuch, über das Internet, über einen Arzt-Suchdienst, durch Empfehlung von Freunden und Bekannten, durch Empfehlung/Überweisung des Hausarztes, Sonstiges?
- Weshalb hat der Patient die Praxis aufgesucht, z. B. akute Beschwerden, Routine-/Vorsorgeuntersuchung, Einholen einer Zweitmeinung, allgemeine Fragen zu seiner Gesundheit?
- Worauf legt der Patient bei der Behandlung besonderen Wert, z. B. ausführliche Beratung zu den möglichen Behandlungsmethoden, kurze Wartezeiten, Einsatz modernster Diagnostik, Spezialisierung auf Naturheilkunde?

- Ist der Patient Stamm- oder Neupatient?
- Wie alt ist der Patient?
- Welchen Versichertenstatus hat der Patient?
- Wie beurteilt der Patient die Praxiserreichbarkeit, z. B. Lage, Zugang, Parkplätze, Behinderteneignung, Ausschilderung der Praxis am Haus, Ausschilderung der Praxis im Haus?
- Wie beurteilt der Patient die Praxisorganisation, z. B. telefonische Erreichbarkeit, Terminvergabe, Sprechzeiten, Wartezeit vor dem Arztkontakt, Wartezeit auf oder zwischen Untersuchungen, Wartezeit auf Rezepte und Gutachten, Orientierungsmöglichkeit in der Praxis?
- Wie beurteilt er die Praxisatmosphäre, z. B. Temperatur, Geräusche, Helligkeit, Gerüche, Betriebsklima Arzt/Praxisteam?
- Wie beurteilt er den Empfang, z. B. Freundlichkeit, Diskretion?
- Wie schätzt der Patient das Erscheinungsbild der Praxis ein, z. B. Ausstattung und Zustand der Praxisräume, Sauberkeit und Hygiene, Zustand der Patiententoiletten?
- Wie ist aus Patientsicht die Praxis auf die Bedürfnisse von Kindern oder Senioren eingerichtet, z. B. Spielecke, behindertengerechte Ausstattung, Stühle mit Armlehnen?
- Wie empfindet der Patient die Gestaltung des Wartezimmers, z. B. Atmosphäre, Stühle, Zeitschriften, Fernsehen, Radio, Bilder, Pflanzen, Wände, Platzangebot, Getränke?
- Wie empfindet der Patient die Gestaltung der Untersuchungsräume, z. B. Atmosphäre, Ordnung, Sauberkeit?
- Wie empfindet der Patient die Gestaltung des Arztzimmers, z. B. Atmosphäre, Ordnung, Sauberkeit, Sitzposition zum Arzt?
- Wie beurteilt der Patient das Praxispersonal, z. B. Diskretion, Wahrung der Privatsphäre, Freundlichkeit, fachliches Können, Hilfsbereitschaft?
- Wie zufrieden ist der Patient mit dem Service- und Informationsangebot, z. B. Praxisbroschüre, Praxiszeitung, IGeL-Liste, Erinnerung an Impftermine, Ernährungstipps?
- Wie schätzt der Patient Zusatzleistungen und Gesundheitsangebote der Praxis ein?

- Welche Meinung hat der Patient über den Arzt, z. B. Länge der Gesprächszeit, Freundlichkeit, Interesse, Respekt, Darstellung der Behandlungsalternativen, Zuwendung, Information über den Zweck von Untersuchungen, Eingehen auf seine Probleme, Gründlichkeit der Untersuchungen, Verständlichkeit der Erklärungen, Vollständigkeit der Erklärungen, Informationen zu Erkrankung, Information zur Medikation, Abgabe weiterführender Broschüren, Veranschaulichung komplexer Sachverhalte durch Zeichnungen und Abbildungen, Beratung zum weiteren Vorgehen, Beratung zu Behandlungsalternativen, Eindeutigkeit und Verständlichkeit von Anweisungen zu Diagnostik und Therapie, Sorgfalt, kooperatives Verhalten, Einbeziehung des Patienten in die Therapie-Entscheidung?
- Was gefällt dem Patienten in der Praxis besonders?
- Was stört den Patienten an der Praxis?
- Hat der Patient Verbesserungsvorschläge?
- Wie sieht seine generelle Zufriedenheit mit der Praxis aus?

Darüber hinaus bietet eine Patientenbefragung Ihnen die Möglichkeit, für Leistungen Ihrer Praxis zu werben. Das bewerkstelligen Sie mithilfe sog. Marketingfragen, etwa wie folgt formuliert:

- *Wussten Sie, dass unsere Praxis folgende Leistungen anbietet?* oder
- *Über welche der folgenden Leistungen würden Sie gerne detaillierte Informationen erhalten?*

Über die Beschäftigung mit der jeweils nachfolgenden Auflistung lernen Ihre Patienten spezielle Angebote Ihrer Praxis kennen und können bei Interesse gezielt nachfragen. Der folgende Fragebogen (vgl. Marketinghilfe 5.1) zeigt Ihnen, wie Marketingfragen in einen Fragebogen integriert werden können.

Marketinghilfe 5.1:   Patientenfragebogen mit Marketingfragen

Wie zufrieden sind Sie mit unserer Praxis? **Fragebogen für Patienten**

Sehr geehrte Patientin, sehr geehrter Patient,

das Anliegen unserer Praxis und aller Mitarbeiter ist, Sie so umfassend und so gut wie möglich zu betreuen. Aus diesem Grund interessiert uns natürlich, wie Sie unsere Arbeit beurteilen. Deshalb bitten wir Sie, den folgenden Fragebogen auszufüllen. Er ist anonym gehalten und lässt keine Rückschlüsse auf Ihre Person zu. Bitte beantworten Sie alle Fragen entweder durch Ankreuzen der aus Ihrer Sicht am ehesten zutreffenden Alternative oder durch eine kurze, stichwortartige Schilderung.

Vielen Dank für Ihre Unterstützung!

Alter: _____ Jahre

Geschlecht: ☐ weiblich ☐ männlich

Versichertenstatus: ☐ Kassenpatient ☐ Privatpatient

Was hat Ihnen während Ihres Aufenthalts in unserer Praxis am besten gefallen?

_____

_____

_____

_____

Was hat Sie am meisten gestört oder worüber haben Sie sich geärgert?

_____

_____

_____

_____

Was sollte in unserer Praxis auf jeden Fall verbessert und/oder verändert werden?

_____

_____

_____

_____

BITTE WENDEN

Wussten Sie, dass unsere Praxis folgende Leistungen anbietet?

Ernährungsberatung	☐ Ja	☐ Nein
pAVK-Gruppensprechstunde	☐ Ja	☐ Nein
Diabetes-Schulungen	☐ Ja	☐ Nein
Sauerstofftherapie	☐ Ja	☐ Nein
Venen-Check	☐ Ja	☐ Nein
Ambulante Operationen	☐ Ja	☐ Nein

Wenn Sie unsere Praxis mit einer Schulnote beurteilen, welche Note würden Sie vergeben?

☐ 1 = sehr gut ☐ 2 = gut ☐ 3 = befriedigend

☐ 4 = ausreichend ☐ 5 = mangelhaft ☐ 6 = ungenügend

Bitte geben Sie für die folgenden Merkmale durch Ankreuzen an, wie zufrieden Sie mit der Leistung unserer Praxis waren: (1 = sehr zufrieden, 6 = sehr unzufrieden)

	1	2	3	4	5	6
Freundlichkeit beim Empfang						
Diskretion an der Rezeption						
Erscheinungsbild der Praxis						
Wartekomfort						
Länge der Wartezeit						
telefonische Erreichbarkeit						
Freundlichkeit des Praxisteams						
Kompetenz des Praxisteams						
Zuwendung/Freundlichkeit des Arztes						
Individualität/Diskretion der Behandlung						
Informationen zum Behandlungsablauf						
Aufklärung über Beschwerden/Erkrankung						
Informationen zu Untersuchungen/Behandlungen						
Aufklärung über Risiken und Komplikationen						
Informationen zum Verhalten im Alltagsleben						
Qualität der Betreuung durch das Praxisteam						
Qualität der ärztlichen Leistung						

Zudem bietet eine Patientenbefragung Ihnen die Option, die Intensität der Mund-zu-Mund-Propaganda Ihrer Patienten zu messen. Diese bilden sich anlässlich ihrer Praxiskontakte eine eigene Meinung über die Gegebenheiten („Fremdbild") und kommen zu einem Qualitätsurteil, das sie auch an Dritte weitergeben. So weiß man, dass ein unzufriedener Patient – wie bereits erwähnt – im Durchschnitt seine Einstellung an zehn weitere Personen weitergibt. Aus diesem Grund ist es wichtig, die Multiplikationsintensität und -richtung zu messen. Hierfür bietet sich die Technik des Net Promoter Scores an, die von dem amerikanischen Management- und Marketingspezialisten Fred Reichheld entworfen und in einem Artikel im Harvard Business Review (Dezember 2003) unter dem Titel „The One Number You Need To Grow" vorgestellt wurde (Net Promoter® ist eine geschützte Marke von Bain & Company, Inc., Fred Reichheld and Satmetrix Systems, Inc.). Seine Berechnung basiert auf der Beantwortung der Frage: „Bewertet auf einer Skala von 0 (unwahrscheinlich) bis 10 (sehr wahrscheinlich), wie wahrscheinlich ist es, dass Sie unsere Praxis Familienangehörigen, Verwandten, Freunden oder Kollegen weiterempfehlen?". Der Wert misst also die Weiterempfehlungsbereitschaft Ihrer Patienten, die ein zentraler Faktor der Imagebildung und Neupatientengewinnung und damit Ihres Praxiserfolgs ist. Mithilfe der zehnstufigen Skalierung können Sie Ihre Patienten in drei Gruppen einteilen:

- Die **Praxis-Unterstützer** (Patienten, die die Skalenstufen 9 und 10 auswählen): Hierbei handelt es sich um „begeisterte Patienten", die nicht nur mit der Leistung Ihrer Praxis sehr zufrieden sind, sondern dies auch anderen mitteilen.
- Die **Passiven** (Patienten, die die Skalenstufen 8 und 7 auswählen): Auch diese Patienten sind mit Ihrer Arbeit zufrieden, aber nicht so begeistert, dass sie dies auch öffentlich kundtun.
- Die **Praxis-Kritiker** (Patienten, die die Skalenstufen 6 bis 0 auswählen): Diese Gruppe umfasst die unzufriedenen Patienten, die ihre Unzufriedenheit auch nach außen tragen. Sie bilden das Gefährdungspotenzial Ihrer Praxis.

Die Kennziffer für die Weiterempfehlungsbereitschaft Ihrer Patienten berechnet sich nun aus der Differenz des Anteils der „Praxis-Unterstützer" und der „Praxis-Kritiker". Ist der Wert negativ (positiv), überwiegen die Patienten mit negativer (positiver) Weiterempfehlungsbereitschaft. In einer gemeinsamen Betrachtung der Kennziffer und der Beurteilung der Leistungsmerkmale Ihrer Praxis können Sie exakt bestimmen, was verbessert werden muss, um z. B. eine niedrige Weiterempfehlungsrate zu verbessern.

Noch interessanter wird es, wenn Sie die Kennziffer für einzelne Zielgruppen betrachten (vgl. Tab. 5.2) und anschließend deren Zufriedenheit mit Ihrer Praxisarbeit untersuchen.

Tabelle 5.2: Weiterempfehlungsintensität nach Zielgruppen

Zielgruppe	Weiterempfehlungspotenzial
Stammpatienten	−9 %
Neupatienten	18 %

Das Beispiel aus Tabelle 5.2 entstammt einer Analyse in einer allgemeinmedizinisch tätigen Praxis. Hier wurde ein hoher Aufwand zur Gewinnung von Neupatienten betrieben, der auch zu einem guten Weiterempfehlungspotenzial führte. Dieser Aufwand ging aber, neben organisatorischen Defiziten, zulasten der Stammpatientenbetreuung, was diese mit einer negativen Multiplikationsbereitschaft quittierten. So stand die Praxis vor der Situation, dass – über die Dauer von zwei Jahren betrachtet – weniger Neupatienten in die Praxis kamen und sich der Patientenstamm gleichzeitig immer weiter verringerte.

Der Beispielfragebogen (vgl. Marketinghilfe 5.2) demonstiert, wie die Frage nach der Multiplikationsintensität in ein Befragungskonzept integriert werden kann.

Marketinghilfe 5.2:   Patientenfragebogen mit Messung der Multiplikationsintensität

---

Wie zufrieden sind Sie mit unserer Praxis?
Fragebogen für Patienten

Sehr geehrte Patientin, sehr geehrter Patient,

das Anliegen unserer Praxis und aller Mitarbeiter ist, Sie so umfassend und so gut wie möglich zu betreuen. Aus diesem Grund interessiert uns natürlich, wie Sie unsere Arbeit beurteilen. Deshalb bitten wir Sie, den folgenden Fragebogen auszufüllen. Er ist anonym gehalten und lässt keine Rückschlüsse auf Ihre Person zu. Bitte beantworten Sie alle Fragen entweder durch Ankreuzen der aus Ihrer Sicht am ehesten zutreffenden Alternative oder durch eine kurze, stichwortartige Schilderung.

Vielen Dank für Ihre Unterstützung!

Alter: _____ Jahre

Geschlecht: ☐ weiblich   ☐ männlich

Versichertenstatus: ☐ Kassenpatient   ☐ Privatpatient

Was hat Ihnen während Ihres Aufenthalts in unserer Praxis am besten gefallen?

_____

_____

_____

Was hat Sie am meisten gestört oder worüber haben Sie sich geärgert?

_____

_____

_____

Was sollte in unserer Praxis auf jeden Fall verbessert und/oder verändert werden?

_____

_____

_____

Wenn Sie unsere Praxis mit einer Schulnote beurteilen, welche Note würden Sie vergeben? (Bitte kreuzen Sie die am ehesten zutreffende Note an.)

☐ 1 = sehr gut   ☐ 2 = gut   ☐ 3 = befriedigend
☐ 4 = ausreichend   ☐ 5 = mangelhaft   ☐ 6 = ungenügend

Bewertet auf einer Skala von 0 (absolut ausgeschlossen) bis 10 (sehr sicher):
Wie wahrscheinlich ist es, dass Sie unsere Praxis Familienangehörigen, Verwandten, Freunden oder Kollegen weiterempfehlen?
(Bitte kreuzen Sie den Ihrer Meinung entsprechenden Wert an.)

absolut ausgeschlossen ·· sehr sicher
☐ 0   ☐ 1   ☐ 2   ☐ 3   ☐ 4   ☐ 5   ☐ 6   ☐ 7   ☐ 8   ☐ 9   ☐ 10

BITTE WENDEN

Bitte geben Sie für die folgenden Leistungsmerkmale in Rubrik 1 an, wie groß deren jeweilige Bedeutung für Sie grundsätzlich bei der Bewertung von Arztpraxen ist und vermerken Sie immer zusätzlich in Rubrik 2 „Zufriedenheit mit der Leistung unserer Praxis", wie Sie das entsprechende Merkmal in unserer Praxis bewerten:

(1) Wichtigkeit für Ihre Bewertung von Arztpraxen generell

(2) Zufriedenheit mit der Leistung unserer Praxis

sehr wichtig	wichtig	unwichtig	vollkommen unwichtig		sehr zufrieden	zufrieden	unzufrieden	sehr unzufrieden
				EMPFANG				
☐	☐	☐	☐	Freundlichkeit	☐	☐	☐	☐
☐	☐	☐	☐	umfassende Auskunft	☐	☐	☐	☐
				PRAXIS				
☐	☐	☐	☐	Atmosphäre	☐	☐	☐	☐
☐	☐	☐	☐	Ausstattung des Wartezimmers	☐	☐	☐	☐
☐	☐	☐	☐	Orientierungsmöglichkeit	☐	☐	☐	☐
				ORGANISATION				
☐	☐	☐	☐	Wartezeit	☐	☐	☐	☐
☐	☐	☐	☐	schnelle Terminvergabe	☐	☐	☐	☐
☐	☐	☐	☐	telefonische Erreichbarkeit	☐	☐	☐	☐
				BETREUUNG				
☐	☐	☐	☐	Zuwendung und Anteilnahme des Praxispersonals	☐	☐	☐	☐
☐	☐	☐	☐	Zuwendung und Anteilnahme des Arztes	☐	☐	☐	☐
☐	☐	☐	☐	Offenheit der Atmosphäre des Arztbesuchs	☐	☐	☐	☐
☐	☐	☐	☐	individuelle und diskrete Behandlung	☐	☐	☐	☐
				INFORMATION				
☐	☐	☐	☐	Information über den Praxisablauf	☐	☐	☐	☐
☐	☐	☐	☐	Aufklärung über Ihre Erkrankung	☐	☐	☐	☐
☐	☐	☐	☐	Informationen zu Untersuchungen, Therapien, etc.	☐	☐	☐	☐
☐	☐	☐	☐	Aufklärung über mögliche Risiken und Komplikationen	☐	☐	☐	☐
☐	☐	☐	☐	Informationen zum Verhalten im Alltagsleben	☐	☐	☐	☐
☐	☐	☐	☐	Information über ggf. einzunehmende Medikamente	☐	☐	☐	☐
				PRAXISLEISTUNG				
☐	☐	☐	☐	Qualität der Betreuung durch das Personal	☐	☐	☐	☐
☐	☐	☐	☐	Qualität der ärztlichen Leistung	☐	☐	☐	☐
☐	☐	☐	☐	Länge des Arztkontakts	☐	☐	☐	☐

5.3.4 Fragenarten

Für die Fragen Ihres Analysebogens gilt, dass sie möglichst einfach, eindeutig und auf Anhieb verständlich formuliert sein sollten. Gleichzeitig sollten Sie in Bezug auf ihre Auswertung beachten, dass die Fragen einfach zu analysieren sind.

Unterschiedliche Fragearten führen zu unterschiedlichen Antwortqualitäten. Für Patientenbefragungen eignen sich in Bezug auf die Qualität drei Fragetypen:

- offene Fragen
- geschlossene Fragen
- Skalen

Offene Fragen

Offene Fragen fordern zu einer freien Meinungsäußerung auf: „Was haben Sie in unserer Praxis als besonders positiv empfunden?", „Worüber haben Sie sich besonders geärgert?", „Was können wir Ihrer Meinung nach an unserer Arbeit verbessern?". Sie führen zu freien und authentischen Aussagen, die sehr gut die Patientenmeinung widerspiegeln, diesen eine Art Ventil für ihre Meinung bieten und gleichzeitig das Gefühl vermitteln, dass die Meinungserforschung ein wirkliches Anliegen der Praxis ist. Andererseits sind sie nur sehr schwer zu standardisieren und damit in ihren Inhalten einer statistischen Auswertung zugänglich zu machen. Hier kommt es bei der Auswertung darauf an, inhaltlich zusammengehörige Aussagen zu clustern, d. h. Sinneinheiten zusammenzufassen. Insofern sind offene Fragen ein Muss-Bestandteil eines Patientenfragebogens – allerdings nur in geringerer Anzahl.

Geschlossene Fragen

Bei geschlossenen Fragen geben Sie Ihren Patienten Antwortmöglichkeiten vor, aus denen diese dann nur noch auswählen müssen (in diesem Kontext ist auch die Rede von Auswahlfragen), welche der Antwortkategorien auf ihre Meinung am ehesten zutrifft. Für Patienten sind solche Fragen sehr gut zu beantworten, allerdings müssen Sie in Kauf nehmen, dass Aspekte, die nicht in den Kategorien vorgegeben sind, auch nicht zur Sprache kommen. In Bezug auf die Auswertung sind geschlossene Fragen ideal, da die Ankreuzhäufigkeiten der einzelnen Antwortkategorien ausgezählt und stastistisch verarbeitet werden können.

Die Formulierung geschlossener Fragen kann direkt erfolgen, z. B.: „Wie würden Sie die Freundlichkeit am Empfang bewerten?", die Antwortkategorie könnte aus Schulnoten bestehen. Darüber hinaus haben Sie die Möglichkeit, Ihre Patienten eine Feststellung bewerten zu lassen, z. B.: *Der Empfang ist sehr freundlich*, als Antwortkategorie wäre eine einfache Ja-Nein-Auswahl denkbar. Zudem können Sie die Fragen so stellen, dass Ihre Patienten zur Wiedergabe von Beobachtungen aufgefordert sind, anstatt Sachverhalte zu bewerten.

„Wenn Sie sich am Empfang befinden, haben Sie den Eindruck, diskret Ihr Anliegen schildern zu können?" Mit diesem Fragetyp stellen Sie direkte Fragen, die den Patienten in seiner Praxiswahrnehmung unmittelbar ansprechen und eine Art Dialog initiieren. Man spricht auch von Reporting-Fragen, die einen hohen motivatorischen Effekt haben und die Bereitschaft zum Ausfüllen eines Fragebogens deutlich fördern.

Eine weitere Gestaltungsdimension geschlossener Fragen ist das Antwortformat. Hier stehen Ihnen mehrere Alternativen zur Verfügung:

- zwei Antwortkategorien: Die verbreitetsten Kategorien sind – wie erwähnt – „Ja" und „Nein", „Gut" und „Schlecht" oder „Trifft zu" und „Trifft nicht zu". Diese einfache Polarisierung führt zu einer klaren Stellungnahme und erbringt eindeutige Ergebnisse. Häufig wird diese Frage- bzw. Antwortform noch mit einer offenen Frage verbunden, um die Beweggründe hinter den Antworten zu erforschen:
  „Wie hat Ihnen die Ausstattung des Wartezimmers gefallen?"
  (Bitte kreuzen Sie die am ehesten auf Ihre Meinung zutreffende Alternative an)
  ☐ gut   ☐ schlecht
  Wenn Ihre Antwort „gut" ist, was hat Ihnen besonders gefallen?
  Wenn Ihre Antwort „schlecht" ist, was hat Ihnen nicht gefallen?

- mehrere Antwortkategorien: Natürlich lässt sich das Antwortspektrum auch in Form einer breiteren Auswahl erweitern, z. B.:

  „Wie sind Sie auf unsere Praxis aufmerksam geworden?"

  (Bitte kreuzen Sie die zutreffende Alternative an)

  ☐ Telefonbuch   ☐ Internet   ☐ Empfehlung

  ☐ Hinweis meines Hausarztes

  Die hohe Eignung für eine Auswertung erkaufen Sie aber mit der Notwendigkeit, die Antwortmöglichkeiten im Vorfeld zusammenzustellen. Doch auch hier können Sie, um auf „Nummer sicher" zu gehen, eine offene Frage anschließen:

  ☐ Sonstige Informationsquelle: _____

  _____

- Ein anderer, sehr verbreiteter Antworttyp ist das Schulnotensystem:

  „Wie zufrieden sind Sie mit der Diskretion im Anmeldebereich?"

  (Bitte kreuzen Sie die am ehesten auf Ihre Meinung zutreffende Schulnote an)

  ☐ 1 = sehr gut   ☐ 2 = gut   ☐ 3 = befriedigend

  ☐ 4 = ausreichend   ☐ 5 = mangelhaft   ☐ 6 = ungenügend

  Der Vorteil dieses Bewertungssystems ist, dass es sehr bekannt und auf eine gewisse Weise eindeutig ist, natürlich nicht im strengen statistischen Sinn.

Skalen

In Patientenzufriedenheitsbefragungen geht es vor allem darum, Einstellungen der Patienten zu Leistungsmerkmalen der Praxis detailliert zu erfassen. Das lässt sich mit zwei Antwortkategorien, z. B. „gut" und „schlecht" in der Tendenz bewerkstelligen. Zwischen den Polen zweier Antwortkategorien aber existieren viele weitere Möglichkeiten der Zustimmung und Ablehnung, deren Erfassung eine differenzierte Meinungserfassung zulässt. Diese Vielfalt können Sie mithilfe von Skalen erfassen, die ebenfalls statistischen Auswertungmethoden zugänglich sind. Folgende Varianten können eingesetzt werden:

- 3-stufige Skala: Die bekannteste Skala besteht aus drei Smileys, die mit ihrem Ausdruck anschaulich ein positives, ein neutrales und ein negatives Werturteil repäsentieren:
  „Wie zufrieden sind Sie mit unseren Sprechstundenzeiten?"
  (Bitte kreuzen Sie die am ehesten auf Ihre Meinung zutreffende Alternative an)

  ☐ ☺   ☐ ☺   ☐ ☹

  Neben den beiden positiven und negativen Außenbereichen umfasst die Skala einen unentschiedenen Mittelpunkt, der durchaus eine Meinungsposition beschreiben kann, aber Patienten auch dazu verleitet, sich eben nicht zu entscheiden.

- 4-stufige Skala:
  „Wie zufrieden sind Sie mit der Länge der Wartezeit?" (Bitte kreuzen Sie die am ehesten auf Ihre Meinung zutreffende Alternative an)

  ☐ sehr zufrieden   ☐ zufrieden

  ☐ unzufrieden   ☐ absolut unzufrieden

  Wie Sie sehen, gibt es bei dieser Skala keinen Mittelpunkt, der Patient muss sich also für eine Antwort im Positiv- oder Negativbereich entscheiden. Das ist ein bewusstes Gestaltungsprinzip, um eine neutrale Rückzugsposition zu vermeiden, die manche Patienten gern einnehmen, aber die Beurteilung der Zufriedenheit nur wenig fördert.

- 5-stufige Skala:
  „Wie zufrieden sind Sie mit dem organisatorischen Ablauf?" (Bitte kreuzen Sie die am ehesten auf Ihre Meinung zutreffende Alternative an)

  ☐ sehr zufrieden   ☐ zufrieden   ☐ teils, teils

  ☐ unzufrieden   ☐ absolut unzufrieden

  Die 5er-Skala besitzt den oben kritisierten Mittelpunkt, der die Tendenz zur Mitte fördert und die Analysequalität maßgeblich negativ beeinflusst.

- 6-stufige Skala:
  „Wie zufrieden sind Sie mit der Länge des Arztkontakts?" (Bitte kreuzen Sie die am ehesten auf Ihre Meinung zutreffende Alternative an)

☐ absolut zufrieden   ☐ zufrieden

☐ eingeschränkt zufrieden   ☐ eingeschränkt unzufrieden

☐ unzufrieden   ☐ absolut unzufrieden

Die 6er-Skala ist eine differenziertere 4er-Skala ohne Mittelpunkt. Allerdings wählen Patienten bei ihren Antworten sehr ungern die Extrempositionen, sodass die 6er-Skala im Aussagewert mit dem Niveau der 4er-Skala vergleichbar ist. Zudem sieht das Layout bei der Bewertung mehrerer Merkmale schnell abschreckend aus und fördert so eher die Verweigererquote statt Erkenntnisqualität.

- kontinuierliche Skala: Bei den bislang beschriebenen Skalen handelt es sich um sog. Intervallskalen. Sie gestatten die Auswahl vorgegebener Intervallpunkte mithilfe von Auswahl- bzw. Ankreuzkästchen. Demgegenüber kann bei einer kontinuierlichen Skala jeder Wert zwischen den Skalen-Begrenzungen, z. B. von 0 (absolute Unzufriedenheit) bis 10 (absolute Zufriedenheit) gewählt werden. Eine solche Skala kommt in zwei Formen zum Einsatz: Sie können Ihre Patienten bitten, den Wert anzugeben, der am ehesten ihre Meinung widerspiegelt:

„Wie zufrieden sind Sie mit dem Zeitschriftenangebot im Wartezimmer? Bitte geben Sie Ihre Meinung mithilfe eines Werts an, der zwischen den Eckwerten 0 = absolute Unzufriedenheit und 10 = absolute Zufriedenheit liegt."

Die andere Möglichkeit ist, die Patienten zu bitten, auf einer Linie mit einem Kreuz ihre Meinung zu notieren:

„Wie zufrieden sind Sie mit dem Zeitschriftenangebot im Wartezimmer? Bitte kreuzen Sie auf der Meinungsachse die Position an, die Ihrer Meinung am besten entspricht."

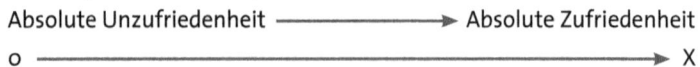

Absolute Unzufriedenheit ——————→ Absolute Zufriedenheit

0 ————————————————————→ X

Kontinuierliche Skalen helfen, ein Meinungsbild sehr differenziert zu erfassen. Ihr Einsatz ist jedoch mit einem relativ hohen Auswertungsaufwand verbunden, sodass eine Anwendung bei Patientenbefragungen weniger sinnvoll ist. Zudem ist ein Fragebogen, der derartige Antworttypen umfasst, sehr erklärungsbedürftig und wird von vielen

Patienten abgelehnt. Einen Ausweg bietet die Mischform aus Intervall- und kontinuierlicher Skala.

■ Mischform aus Intervall- und kontinuierlicher Skala:
  „Wie zufrieden sind Sie mit den Informationen zum Praxisablauf? Bitte kreuzen Sie den Wert an, der Ihrer Meinung am besten entspricht."

Absolut unzufrieden ————————————→ Absolut zufrieden

☐ 1　☐ 2　☐ 3　☐ 4　☐ 5　☐ 6　☐ 7　☐ 8　☐ 9　☐ 10

5.3.5 Formulierung der Fragen und Befragungsdramaturgie

Bei der Formulierung Ihrer Fragen sollten Sie darauf achten, die Befragungsinhalte so einfach wie möglich, aber eindeutig darzustellen. Bilden Sie hierzu kurze, verständliche Sätze ohne Verschachtelungen und Fremdwörter. Passen Sie sich hierzu dem Sprachgebrauch Ihrer Zielpersonen an, nutzen Sie also ruhig auch umgangssprachliche Formulierungen. Beide Aspekte stellen sicher, dass Ihre Patienten sich bei der Beantwortung des Fragebogens nicht überfordert fühlen und ihn deshalb nicht oder nur unvollständig ausfüllen.

Fragen Sie keine zu allgemein gehaltenen Sachverhalte ab, da Ihnen die Antworten bei Ihrer Auswertung nicht weiterhelfen werden. Beschreiben Sie immer exakt, was zu tun ist, um die Fragen zu beantworten.

Neben der Formulierung bestimmt auch die inhaltliche Abfolge der Fragen (Befragungsdramaturgie) den Erfolg Ihrer Patientenanalyse. Beginnen Sie mit einfach zu beantwortenden und interessanten Fragen. Fassen Sie dabei gleiche Untersuchungsaspekte zu Blöcken zusammen. Verlagern Sie sensible und demografische Angaben an das Ende des Fragebogens. Versuchen Sie zudem, die Antworttypen möglichst gleich zu halten oder Blöcke gleicher Antwortkategorien zu bilden, weil das Ausfüllen für die Patienten dadurch einfacher wird.

5.3.6   Der Vergleich

Eine Zufriedenheitsbefragung sollte immer auch Vergleichsinstrumente einbeziehen. Zu nennen sind hier insbesondere der Erwartungs-Zufriedenheits-Vergleich, der Eigenbild-Fremdbild- und Strategie-Vergleich sowie der Benchmarking-Vergleich.

Erwartungs-Zufriedenheits-Vergleich

Die meisten Befragungen, die in Arztpraxen durchgeführt werden, verwenden eine eindimensionale Skalierung, wie sie oben dargestellt wurde. Sie ist ohne Probleme auf eine Vielzahl von Frageinhalten anwendbar, die Ergebnisse können – je nach Ausgestaltung der Skala – mit verschiedenen statistischen Methoden analysiert werden. Der Nachteil dieser Methode liegt in der später fehlenden Möglichkeit, konkrete Arbeitsprioritäten für Veränderungen in der Praxisarbeit abzuleiten. Stellen sich z. B. in einer Patientenbefragung die Länge der Wartezeit und die Freundlichkeit der Helferinnen als gleichermaßen negativ heraus, kann nicht analysiert werden, welches Leistungsmerkmal dringlicher verbessert werden soll. Bezieht sich die Negativkritik der Patienten auf mehrere Merkmale, steht das Praxisteam mit seiner Befragung vor der unlösbaren – und gleichzeitig demotivierenden Frage –, wie der ganze Veränderungsbedarf überhaupt bewältigt werden soll. In der Konsequenz unterbleibt dann häufig die Einleitung wichtiger Maßnahmen.

Eindimensionale Skalierungen können nur generelle Bewertungen ermitteln, denn alle Merkmale mit derselben Beurteilung erscheinen auch als gleich wichtig. Dies stimmt allerdings mit der Realität nicht überein. Aus diesem Grund empfiehlt es sich, nicht nur eindimensional den Zufriedenheitsgrad zu ermitteln, sondern parallel auch die Wichtigkeit, die ein Merkmal für die Befragten im Hinblick auf die Beurteilung einer Arztpraxis generell hat. Durch die Zusammenführung beider Dimensionen – Zufriedenheit und Wichtigkeit – (vgl. Abb. 5.1) lassen sich die Stärken und Schwächen der Praxisleistung sowie die Prioritäten für Modifikationen ableiten:

Kernstärken ergeben sich aus einer Merkmalskonstellation, die hohe Wichtigkeits- und Zufriedenheitswerte verbindet. Sie sollten bewahrt und, falls möglich, weiter ausgebaut werden.

- Kernschwächen sind gegeben, wenn die Wichtigkeit hoch, die Zufriedenheit aber gering bewertet wird. Sie müssen umgehend beseitigt werden.

- Ist die Zufriedenheit gering, die Wichtigkeit aber auch, handelt es sich um sog. Nullschwächen, die akut das Leistungsbild nicht beeinflussen und erst mittelfristig verändert werden sollten.

- Analog ergeben sich Kernstärken aus Leistungsmerkmalen mit geringer Wichtigkeit und hoher Zufriedenheit. Sie unterstützen den positiven Praxiseindruck, besitzen aber kein wirkliches „Begeisterungspotenzial" für die Patienten. Sie müssen in ihrer Qualität lediglich gesichert werden.

1) Wichtigkeit des Merkmals für Ihre grundsätzliche Auswahlentscheidung einer Arztpraxis					2) Zufriedenheit mit der Leistung unserer Praxis				
sehr wichtig	wichtig	unwichtig	vollkommen unwichtig		sehr zufrieden	zufrieden	unzufrieden	sehr unzufrieden
☐	☐	☐	☐	Freundlichkeit des Personals	☐	☐	☐	☐

Abb. 5.1: Beispiel für eine zweidimensionale Fragetechnik

Die Ergebnisse lassen sich anschaulich mithilfe eines sog. Portfolio-Diagramms darstellen (vgl. Abb. 5.2). Die nummerierten Punkte bezeichnen am Beispiel einer konkreten Befragung die von den Patienten beurteilten Leistungsmerkmale, deren Position durch die Werte für die zugemessene Wichtigkeit und Zufriedenheit eindeutig festgelegt wird. Die untersuchten Leistungsmerkmale und ihre Nummerierung sind in Tabelle 5.3 aufgeführt.

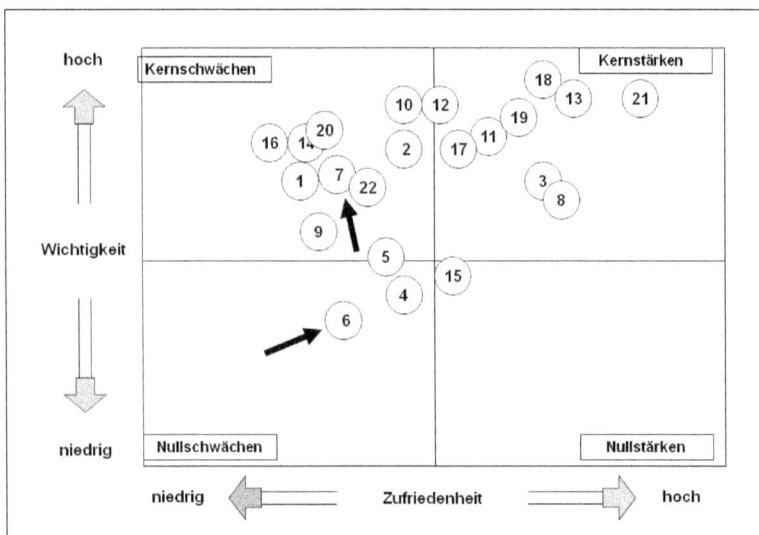

Abb. 5.2: Stärken-Schwächen-Portfolio der Ergebnisse einer Patientenbefragung

Tabelle 5.3: Untersuchte Leistungsmerkmale und ihre Nummerierung

Empfang	
1	Freundlichkeit
2	Diskretion

Praxis	
3	Atmosphäre
4	Ausstattung des Wartezimmers
5	Orientierungsmöglichkeit

Organisation	
6	Länge der Wartezeit
7	Schnelle, unproblematische Terminvergabe
8	Telefonische Erreichbarkeit

Betreuung	
9	Zuwendung und Anteilnahme des Praxispersonals
10	Zuwendung und Anteilnahme des Arztes
11	Offenheit der Atmosphäre des Arztbesuchs
12	Individuelle und diskrete Behandlung

Information	
13	Information über den Praxisablauf
14	Aufklärung über die Erkrankung
15	Information über Untersuchungen, Therapien, etc.
16	Aufklärung über mögliche Risiken und Komplikationen
17	Informationen zum Verhalten im Alltagsleben
18	Information über ggf. einzunehmende Medikamente

Praxisleistung	
19	Qualität der Betreuung durch das Personal
20	Qualität der ärztlichen Leistung
21	Länge des Arztkontakts

Beispielsweise steht Punkt 6 für das Praxisleistungsmerkmal „Länge der Wartezeit" und Punkt 7 für die „schnelle, unproblematische Terminvergabe". Von der Zufriedenheit her werden beide Werte von den Patienten gleich schlecht bewertet (vertikale Achse). Auf der Grundlage allein dieser Information läge der Schluss nahe, dass beide Organisationsparameter gleichwertig negativ sind und verändert werden müssten. Durch die zusätzliche Abfrage der Wichtigkeit ergibt sich jedoch eine eindeutige Prioritätenfolge (horizon-

213

tale Achse): Merkmal 6 ist eine Nullschwäche und kann in der Optimierung zurückgestellt werden, Merkmal 7 ist eine Kernschwäche und verlangt sofortiges Handeln.

Eigenbild-Fremdbild- und Strategie-Vergleich

Gemeinsames Charakteristikum vieler Praxiskonzepte ist, dass sie zum großen Teil sehr stark aus der Sicht des „Unternehmens Arztpraxis" definiert werden. Folglich werden diese Konzepte bei ihrer Umsetzung durch ein bestimmtes Selbstbild der Praxisinhaber und der Mitarbeiterinnen über die Art, die Kombination und vor allem die Qualität der Praxisleistungen geprägt. Weniger wird dabei der Standpunkt derjenigen berücksichtigt, die unmittelbar über den Erfolg der Praxis entscheiden: die Patienten. Das, was die Praxis leisten soll, wird i. d. R. unter Sachaspekten wie Funktionalität, Effizienz oder Kostenstruktur ausgewählt, eingesetzt und gesteuert (Eigenbild). Diese genügen aber zunächst nur den internen Zielkriterien. Patientenzufriedenheitsanalysen ergänzen diese Sichtweise durch eine detaillierte Ermittlung des Fremdbildes der Patienten über die Leistungskomponenten der Praxis. Sie zeigen auf, wie diese Komponenten von den Patienten wahrgenommen und beurteilt werden. Erst die analytische Gesamtsicht beider Komponenten (Selbstbild/Fremdbild) ermöglicht die Realisierung eines adäquaten und vor allem erfolgsorientierten Leistungsangebots.

Darüber hinaus ist es wichtig, auch die strategischen Vorstellungen des oder der Praxisinhaber in die Analyse einzubeziehen und sowohl mit den Einschätzungen als auch der Wichtigkeits-Zufriedenheits-Realität abzugleichen.

Die Angaben hierzu erheben Sie, indem Sie bzw. bei Mehrarztpraxen auch Ihre ärztlichen Kollegen den Patientenbefragungsbogen einmal unter der Fragestellung ausfüllen, welche strategische Bedeutung Sie und Ihre Kollegen jedem einzelnen Merkmal zur Profilierung Ihrer Praxis beimessen (Worauf setzen Sie?) und zum zweiten indem Sie eine Einschätzung vornehmen, wie zufrieden aus Ihrer Sicht die Patienten mit den im Bogen aufgeführten Leistungsmerkmalen sind. Die letztgenannte Einschätzung nehmen dann auch Ihre Mitarbeiterinnen vor.

Aus der Gegenüberstellung der Angaben erfahren Sie,

- *in welchem Ausmaß die strategische Bedeutung der untersuchten Leistungsmerkmale der tatsächlichen Patientenzufriedenheit entspricht ("Habe ich (haben wir) meine (unsere) Ziele erreicht?").*

  Bei der Ausgestaltung der Leistungsmerkmale in ihrer Praxis folgen Praxisinhaber unterschiedlichen Prioritäten, um ihre strategischen Praxisziele zu realisieren. Der eine setzt z. B. verstärkt auf eine intensive Patientenaufklärung, der andere mehr auf ein attraktives Ambiente und freundliches Personal. Der Vergleich dieser Ziele mit der Patientenzufriedenheit zeigt, inwieweit die strategischen Ziele einer Praxis konkret umgesetzt sind.

- *bei Praxen mit mehreren Ärzten, wie gut die strategischen Vorstellungen harmonisieren.*

  In Praxisgemeinschaften und Gemeinschaftspraxen hängt die Qualität der Arbeit ganz entscheidend davon ab, wie sehr die Ärzte in ihren Vorstellungen über die Praxisführung übereinstimmen. Ist die Harmonie der Vorstellungen nur gering, kommt es zu einer zerrissenen Führungsstruktur, die aufgrund unterschiedlicher Zielsetzungen die Mitarbeiterinnen immer wieder in Konflikte und Problemsituationen bringt, da keine einheitliche Orientierung vorhanden ist. Mittelfristig kann hieraus sogar eine Gruppenbildung resultieren, wenn die unterschiedlichen Zielsetzungen der Ärzte Ausdruck von Konflikten innerhalb des ärztlichen Teams sind.

- *wie deckungsgleich aus Arztsicht die definierte strategische Bedeutung der Leistungsmerkmale und die Erwartung der Patienten sind ("Liege ich mit meinen Zielen richtig?").*

  Dieser Vergleich dient als Indikator für die Realitätsnähe der Praxisziele. Für den Arzt (die Ärzte) wird erkennbar, ob die Priorität, die z. B. dem Wartekomfort zugemessen wird, auch den Anforderungen der Patienten entspricht.

- *in welchem Ausmaß die Erwartungen der Patienten an die Praxisleistung tatsächlich zur Zufriedenheit erfüllt werden.*

Mithilfe dieser Angaben wird das Ausmaß der tatsächlichen Patientenorientierung gemessen. Zudem können die Prioritäten der Patientenanforderungen sowie des Handlungsbedarfs bestimmt werden.

- *wie gut Ihr Praxisteam die Anforderungen und Wünsche der Patienten erfassen kann.*

Patientenzufriedenheit entsteht nur, wenn das Eigenbild der Praxismitarbeiter über ihre Leistungsqualität mit dem Fremdbild der Patienten möglichst weitgehend übereinstimmt. Ist dies nicht der Fall, werden Defizite der eigenen Leistung gar nicht erkannt.

- *wie gut die Meinungen und Einstellungen der Mitglieder Ihres Praxisteams untereinander übereinstimmen.*

Die besten Ideen, Planungen und Dienstleistungskonzepte helfen nichts, wenn nicht alle Mitarbeiter „an einem Strang" ziehen und Teamharmonie herrscht. Wie eine repräsentative Untersuchung des IFABS-Instituts belegt, sind Unstimmigkeiten unter den Mitarbeitern eine der häufigsten Ursachen für ein unzureichendes Patientenmanagement und Patientenunzufriedenheit.

- *wie gut Ihre Einschätzungen mit denen Ihrer Mitarbeiterinnen übereinstimmen.*

So wie Ihr Team unter sich möglichst weitgehend in seinen Einschätzungen und Vorstellungen korrespondieren sollte, sollten auch Ihre Meinungen mit denen Ihrer Mitarbeiterinnen übereinstimmen. Sonst kommt es immer wieder zu Missverständnissen und zu einem Aneinander-Vorbeireden.

Benchmarking-Vergleich

In Praxisgemeinschaften und Gemeinschaftspraxen kann es erwünscht sein, die Patientenzufriedenheit in Bezug auf die einzelnen Ärzte zu bestimmen. Diese Untersuchung nennt man internes Benchmarking. Aus dem Vergleich wird deutlich, welchen Beitrag jeder einzelne Arzt zur Gesamtzufriedenheit der Patienten leistet. Um diesen Vergleich zu ermöglichen, müssen sie auf dem Fragebogen ein entsprechendes Feld einrichten, in das der behandelnde Arzt – und damit der zu beurteilende – eingetragen wird. Bei der Fragebogen-

Ausgabe muss jedoch darauf geachtet werden, dass je Arzt die gleiche Anzahl Fragebögen ausgegeben wird, damit später die Analyseergebnisse auch vergleichbar sind.

Eine andere Variante ist das externe Benchmarking. Das in den vorherigen Abschnitten beschriebene Vorgehen erlaubt eine isolierte Bestimmung der Patientenzufriedenheit. Darüber hinaus ist es aber notwendig, die ermittelte Patientenzufriedenheit im Vergleich zum relevanten Wettbewerbsumfeld zu betrachten. Als Vergleichsgrößen bieten sich einmal die Zufriedenheitswerte an, die in fachgruppengleichen Arztpraxen durchschnittlich erzielt werden. Diesen Vergleichsparameter bezeichnet man als Fachgruppen-Benchmarking. Er ist die Referenzgröße, wenn die Praxisstrategie auf ein Halten der erreichten Positionen ausgerichtet ist. Wird ein Wachstum angestrebt, ist das sog. Best-Practice-Benchmarking die als Vergleich heranzuziehende Größe. Sie ergibt sich aus den Patientenzufriedenheitswerten, die in überdurchschnittlich erfolgreichen Arztpraxen realisiert werden.

Benchmarking-Vergleiche ermöglichen es, die eigenen strategischen Vorstellungen über die Patientenzufriedenheit und die tatsächlich realisierten Praxiswerte in den Kontext genereller ärztlicher Tätigkeit zu stellen. Gerade in Einzugsgebieten mit einer hohen Wettbewerbsintensität, wie man es zum Beispiel in Innenstadtlagen findet, ist die Orientierung der Patientenzufriedenheit an Wettbewerbsparametern von besonderer Bedeutung.

5.3.7   Information der Praxismitarbeiterinnen

„Wir haben Probleme, die Bögen abzugeben, die Patienten wollen sich nicht beteiligen." „Wir bekommen keine Bögen zurück." Diese und ähnliche Rückmeldungen seitens der Mitarbeiter hören viele Praxisinhaber und stellen das Projekt ein. Wie Untersuchungen des IFABS-Instituts zeigen, liegt diese Ablehnung in den meisten Fällen aber nicht bei den Patienten, sondern an den ausführenden Mitarbeiterinnen, die über die Aktion nur unzureichend informiert waren, eine versteckte Kontrolle vermuten und das Projekt nicht unterstützen. Deshalb ist es unumgänglich, die Mitarbeiter möglichst frühzeitig über die Ziele der Befragung zu informieren und sie am besten schon in die Erarbeitung des Fragebogens einzubeziehen, da der beste Bogen nichts bewirkt, wenn er nicht adäquat platziert wird.

5.3.8 Durchführung eines Pre-Tests

Um in Bezug auf den Fragebogen ganz sicherzugehen, sollten Sie zunächst einen Pre-Test durchführen, um zu erkennen, ob:

- das Befragungskonzept funktioniert,
- die Fragen und Erklärungen verstanden werden und
- die Antwortmöglichkeiten eindeutig sind.

Danach können die Bögen produziert bzw. vervielfältigt werden. Erstellen Sie zu diesem Zweck eine erste Fragebogenversion und bitten Sie etwa zehn bis zwanzig Patienten, die Sie und Ihre Mitarbeiterinnen sehr gut kennen, diesen Bogen auszufüllen. Bitten Sie sie anschließend, Ihnen darüber Auskunft zu geben, ob die Befragung aus ihrer Sicht in dieser Form durchgeführt werden kann oder ob es andere Veränderungswünsche und -vorschläge gibt. Ebenso ist es möglich, dass sie den Bogen Freunden und Bekannten vorlegen und diese um ihre Meinung bitten. Dieses Vorgehen verzögert den Beginn der Befragung nur wenig, trägt aber entscheidend dazu bei, dass Ihre Analyse möglichst reibungslos abläuft. Darüber hinaus ergeben sich im Rahmen eines solchen Tests meist noch zusätzliche Ideen, die in die Befragung einfließen können.

5.3.9 Entwicklung eines Platzierungs- und Abwicklungskonzepts

Gemeinsam mit Ihren Mitarbeiterinnen müssen nun noch folgende Aspekte festgelegt werden:

- Wie soll die Befragung den Patienten gegenüber dargestellt und erklärt werden?
- Wie viele Fragebögen sollen ausgegeben werden?
- Welche Patienten sollen einen Fragebogen erhalten?
- Wie soll mit „Verweigerern" umgegangen werden?
- Wie kann ein möglichst großer Rücklauf ausgefüllter Bögen sichergestellt werden?

Eine „einheitliche Sprache und Ansprache" ist für den Erfolg Ihrer Befragungs-aktion unerlässlich. Auch für Patientenbefragungen gilt die Corporate Iden-tity, d. h. die Gleichheit und Stimmigkeit im Auftritt. Mit einer Patientenzu-friedenheitsbefragung schaffen sie ein Image für Ihre Praxis, aber nur dann, wenn sie aus einem Guss ist. Zudem beeinflussen unterschiedliche Erklärun-gen die Bereitschaft der Patienten, an einer Befragungsaktion teilzunehmen. Wie die Praxis zeigt, neigen Mitarbeiterinnen besonders in Zeiten, in denen es sehr hektisch ist, dazu, Befragungsbögen nur kurz und knapp zu erklären, um Zeit zu sparen. Damit werden sie dem Anspruch einer solchen Befragung aber nicht gerecht, zudem steigt die Anzahl der Verweigerer proportional mit der Knappheit der Erklärungen.

Besprechen Sie deshalb mit ihrem Team, dass für die Zeit der Befragung die Erläuterungen der Fragebögen erste Priorität hat und entwerfen Sie zu-sammen mit ihnen eine verbale Erklärung, die bei der Übergabe abgegeben wird. Noch besser ist es natürlich, wenn sie als Praxisinhaber zum Ende jedes Patientengesprächs den Bogen persönlich abgeben. Auf diese Weise erhält die Befragung ein noch größeres Gewicht und die Rücklaufquote kann bis auf na-hezu 100 % gesteigert werden. Die Erläuterung sollte dabei im Wesentlichen mit dem Einleitungstext des Fragebogens übereinstimmen und diesen in einigen wenigen Punkten ergänzen, versehen mit dem Appell, dass gerade die Meinung des Patienten, dem man den Bogen übergibt, besonders wichtig ist. Die Hinweise bestehen (a) im Verweis auf die Wichtigkeit der Befragung für die Praxis, die sich hierdurch noch besser auf die Anforderungen der Patienten einstellen möchte und (b) – als Bitte formuliert – in der Unterstreichung der Bedeutung jeder Meinung, denn nur so könne man einen möglichst voll-ständigen Einblick in die Wünsche der Patienten erhalten. Hinzu kommt der obligatorische Hinweis auf die Freiwilligkeit und Anonymität der Teilnahme.

Ein weiterer Aspekt der Absprache mit Ihren Mitarbeiterinnen ist die An-zahl der auszugebenden Fragebögen. Eine nach statistischen Anforderungen optimierte Patientenbefragung können Sie in Ihrer Praxis nicht realisieren, da der Aufwand hierfür zu groß wäre. Eine repräsentative Auswahl an Pa-tientenmeinungen im Sinne einer statistischen Zufallsstichprobe erhalten Sie, indem die Ausgabe der Bögen über die Dauer mehrerer Wochen verteilt wird und an den einzelnen Tagen nach einem festen Schema erfolgt (z. B. so, dass jeder Patient, der zur vollen, zur halben oder zur viertel Stunde kommt, einen Bogen erhält). Repräsentativ ist Ihre Auswahl, wenn aus dem Ergebnis der Teilerhebung möglichst exakt auf die Situation der infrage kommenden Zielgruppe(n) geschlossen werden kann, Sie also ein verkleinertes wirklichkeitsnahes Abbild der Zielgruppe(n) erhalten. Aus meinen Erfahrungen liegt die Anzahl ausgefüllter Fragebögen, die dieses Kriterium erfüllen, im Durchschnitt bei 100–200 Fragebögen, bezogen auf Einzelpraxen. Dieser Wert hat sich aus der Praxis von Patientenbefragungen in Arztpraxen ergeben („pragmatische Stichprobe"). Erhöht man nämlich den Stichprobenumfang über das genannte Intervall hinaus, steigt lediglich der Auswertungsaufwand, die Ergebnisse verändern sich aber kaum.

Ein gerade von Mitarbeiterinnen immer wieder angeführtes Problem ist der Umgang mit Verweigerern. Hierfür gilt eine einfache Regel: Niemand wird zur Teilnahme gezwungen. Es existiert eine Vielzahl von Gründen, warum Patienten nicht an einer Zufriedenheitsbefragung teilnehmen möchten, deren Ergründung aber für ihre Aktion vollkommen unwichtig ist. Patienten, die ihren Bogen nicht ausfüllen wollen, müssen das auch nicht. Wichtig: Geben Sie den Verweigerern auf keinen Fall das Gefühl, etwas Falsches gesagt zu haben. Vor allem die Mitarbeiterinnen sollten nach einer Ablehnung unmittelbar und freundlich wie immer zur medizinischen Betreuung übergehen, denn jedes andere Verhalten kann im Extremfall dazu führen, dass sie einen Patienten verlieren.

Achten Sie darüber hinaus darauf, Ihre Befragung auch nicht in unrepräsentativen Zeiträumen durchzuführen, z. B. während Ferienzeiten.

Gegenstand der Diskussion ist in diesem Zusammenhang immer wieder die Sicherung des Rücklaufs der ausgefüllten Fragebögen. Hier konkurrieren verschiedene Verfahren miteinander:

- Aufstellen einer Sammelbox an einem zentralen Ort,
- Einsammlung durch das Personal oder
- Übergabe des Bogens mit einem vorfrankierten Rückumschlag, damit die Patienten den Bogen zu Hause ausfüllen können.

Das IFABS-Institut hat alle drei Wege getestet: Wirklich effizient ist lediglich das Aufstellen einer Sammelbox. Die können Sie sich sehr leicht selbst bauen, indem sie einen neutralen Karton mit einem Einwurfschlitz und der Aufschrift *Patientenbefragung* versehen. Die Aufmachung muss – selbst wenn sie selbst gestaltet wird – auf jeden Fall ordentlich aussehen, denn sonst wird die Aktion nicht ernst genommen.

5.3.10 Umsetzung und Auswertung der Patientenzufriedenheitsbefragung

So aufwendig die bislang geschilderten Aspekte erscheinen mögen, so einfach und reibungslos laufen Patientenbefragungen in Arztpraxen ab, wenn sie in den wesentlichen Punkten geplant sind. Zwar werden Ihre Mitarbeiterinnen vielleicht zu Beginn der Aktion über den zusätzlichen Arbeitsaufwand klagen, auf der anderen Seite ist dieser zeitlich eng eingegrenzt und wird höchstwahrscheinlich dazu beitragen, dass die im Zuge der Patientenanalyse ermittelten Verbesserungsvorschläge die weitere Arbeit spürbar erleichtern werden. Sicherlich ist es, wenn eine solche Untersuchung zum ersten Mal durchgeführt wird, mit einiger Überwindung verbunden, auf Patienten mit der Frage nach deren Zufriedenheit zuzugehen. Aber dieses Gefühl des Sich-Überwinden-Müssens legt sich erfahrungsgemäß relativ schnell, da die meisten Patienten einer solchen Aktion gegenüber sehr aufgeschlossen sind und es begrüßen, nach ihrer Meinung gefragt zu werden.

Die Auswertung richtet sich nach den von Ihnen gestellten Fragen und den zugehörigen Antwortkategorien. Hierfür können an dieser Stelle aufgrund der Vielfältigkeit der Möglichkeiten keine generellen Hinweise gegeben werden. In Kapitel 5.4 finden Sie ein Muster, wie eine solche Auswertung auf der Grundlage eines speziellen Fragebogens aussehen könnte.

Sind die Angaben der Fragebögen erhoben und ausgewertet, können die daraus resultierenden Maßnahmen eingeleitet werden. Ehe jedoch konkrete Schritte unternommen werden, sollten zunächst die Mitarbeiter über die Auswertungsinhalte informiert und mit ihnen das weitere Vorgehen besprochen werden.

Darüber hinaus findet es immer wieder großen Anklang bei den Patienten, wenn die zentralen Ergebnisse einer Befragung ihnen auch bekanntgegeben werden. Das kann zum Beispiel in Form eines Aushangs am Schwarzen Brett im Wartezimmer erfolgen. Zu beachten ist hierbei, dass eine gute Mischung aus positiven und negativen Ergebnissen aufgeführt wird, um den Eindruck einer „Jubel-Befragung" gar nicht erst aufkommen zu lassen.

Unumgänglich ist es natürlich, dass Sie gegen die identifizierten Kernschwächen Ihrer Praxis auch konkret etwas tun. Werden häufig geäußerte Verbesserungsvorschläge und Negativ-Kritik ignoriert, ist die Bereitschaft von Patienten, an Folgebefragungen teilzunehmen, relativ gering und der Effekt Ihrer Befragungen als Marketing- und Imagebildungsinstrument ziemlich sinnlos. Insgesamt müssen Sie einkalkulieren, dass sich bei den zentralen Veränderungswünschen Ihrer Patienten auch konkret etwas im Praxisalltag tut.

5.3.11 Folgebefragungen

Das Instrument „Befragung" kann aber nicht nur einmalig, auf einen bestimmten Zeitraum bezogen, wesentliche Analyseergebnisse für die Arbeit der Praxis liefern, sondern auch als sog. Audit für das kontinuierliche Qualitäts-Monitoring verwendet werden. Der Begriff „Audit" bezeichnet eine regelmäßig durchgeführte Analyse, die es nicht nur ermöglicht, die Bewertung von Leistungsmerkmalen im Zeitablauf zu beobachten, sondern auch messen kann, welchen Erfolg eingeleitete Maßnahmen haben. Ergibt sich beispielsweise in einer Initialbefragung die Kernschwäche, dass Patienten zu wenig Informationen über die bei ihnen diagnostizierte Erkrankung erhalten und wird, hierauf basierend, die Patienteninformation intensiviert, kann in einer Folgebefragung überprüft werden, ob und wie diese Maßnahme die Zufriedenheit der Patienten beeinflusst.

5.4 Musterbefragung

Die folgende Musterbefragung zeigt Ihnen beispielhaft, wie Sie eine Patientenzufriedenheitsbefragung vom Fragebogen her anlegen und auswerten können. Dafür werden Ihnen folgende Unterlagen zur Verfügung gestellt[3]:

- Patientenbefragungsbogen
- Arzt-Strategie- und Einschätzbogen
- Mitarbeiterinnen-Einschätzbogen

Mithilfe dieser Materialien können Sie eine vollständige Patientenbefragungsaktion durchführen. Gehen Sie dabei wie folgt vor:

- Führen Sie Ihre Befragung mithilfe des Patientenbogens durch.
- Füllen Sie den Arzt-Strategie- und Einschätzbogen aus.
- Bitten Sie Ihre Mitarbeiterinnen, ihren Einschätzbogen ebenfalls auf dem dafür vorbereiteten Bogen zu dokumentieren.

---

3   Alle Unterlagen finden Sie im Downloadbereich bei den Materialien zu Kapitel 5 unter
http://www.apollon-hochschulverlag.de/downloads/i. Alle Materialien können Sie individuell anpassen
und sich in Originalgröße ausdrucken.

Marketinghilfe 5.3:   Patientenfragebogen

Wie zufrieden sind Sie mit unserer Praxis?
Fragebogen für Patienten

Sehr geehrte Patientin, sehr geehrter Patient,

das Anliegen unserer Praxis und aller Mitarbeiter ist, Sie so umfassend und so gut wie möglich zu betreuen. Aus diesem Grund interessiert uns natürlich, wie Sie unsere Arbeit beurteilen. Deshalb bitten wir Sie, den folgenden Fragebogen auszufüllen. Er ist anonym gehalten und lässt keine Rückschlüsse auf Ihre Person zu. Bitte beantworten Sie alle Fragen entweder durch Ankreuzen der aus Ihrer Sicht am ehesten zutreffenden Alternative oder durch eine kurze, stichwortartige Schilderung.

Vielen Dank für Ihre Unterstützung!

Alter: _____ Jahre

Geschlecht: ☐ weiblich   ☐ männlich

Versichertenstatus: ☐ Kassenpatient   ☐ Privatpatient

Was hat Ihnen während Ihres Aufenthalts in unserer Praxis am besten gefallen?

_____

_____

_____

Was hat Sie am meisten gestört oder worüber haben Sie sich geärgert?

_____

_____

_____

Was sollte in unserer Praxis auf jeden Fall verbessert und/oder verändert werden?

_____

_____

_____

Wenn Sie unsere Praxis mit einer Schulnote beurteilen, welche Note würden Sie vergeben? (Bitte kreuzen Sie die am ehesten zutreffende Note an.)

☐ 1 = sehr gut   ☐ 2 = gut   ☐ 3 = befriedigend
☐ 4 = ausreichend   ☐ 5 = mangelhaft   ☐ 6 = ungenügend

Bewertet auf einer Skala von 0 (absolut ausgeschlossen) bis 10 (sehr sicher): Wie wahrscheinlich ist es, dass Sie unsere Praxis Familienangehörigen, Verwandten, Freunden oder Kollegen weiterempfehlen?
(Bitte kreuzen Sie den Ihrer Meinung entsprechenden Wert an.)

absolut ausgeschlossen ·· sehr sicher
☐ 0   ☐ 1   ☐ 2   ☐ 3   ☐ 4   ☐ 5   ☐ 6   ☐ 7   ☐ 8   ☐ 9   ☐ 10

BITTE WENDEN

Bitte geben Sie für die folgenden Leistungsmerkmale in Rubrik 1 an, wie groß deren jeweilige Bedeutung für Sie grundsätzlich bei der Bewertung von Arztpraxen ist und vermerken Sie immer zusätzlich in Rubrik 2 „Zufriedenheit mit der Leistung unserer Praxis", wie Sie das entsprechende Merkmal in unserer Praxis bewerten:

(1) Wichtigkeit für Ihre Bewertung von Arztpraxen generell

(2) Zufriedenheit mit der Leistung unserer Praxis

sehr wichtig	wichtig	unwichtig	vollkommen unwichtig		sehr zufrieden	zufrieden	unzufrieden	sehr unzufrieden
				EMPFANG				
☐	☐	☐	☐	Freundlichkeit	☐	☐	☐	☐
☐	☐	☐	☐	umfassende Auskunft	☐	☐	☐	☐
				PRAXIS				
☐	☐	☐	☐	Atmosphäre	☐	☐	☐	☐
☐	☐	☐	☐	Ausstattung des Wartezimmers	☐	☐	☐	☐
☐	☐	☐	☐	Orientierungsmöglichkeit	☐	☐	☐	☐
				ORGANISATION				
☐	☐	☐	☐	Wartezeit	☐	☐	☐	☐
☐	☐	☐	☐	schnelle Terminvergabe	☐	☐	☐	☐
☐	☐	☐	☐	telefonische Erreichbarkeit	☐	☐	☐	☐
				BETREUUNG				
☐	☐	☐	☐	Zuwendung und Anteilnahme des Praxispersonals	☐	☐	☐	☐
☐	☐	☐	☐	Zuwendung und Anteilnahme des Arztes	☐	☐	☐	☐
☐	☐	☐	☐	Offenheit der Atmosphäre des Arztbesuchs	☐	☐	☐	☐
☐	☐	☐	☐	individuelle und diskrete Behandlung	☐	☐	☐	☐
				INFORMATION				
☐	☐	☐	☐	Information über den Praxisablauf	☐	☐	☐	☐
☐	☐	☐	☐	Aufklärung über Ihre Erkrankung	☐	☐	☐	☐
☐	☐	☐	☐	Informationen zu Untersuchungen, Therapien, etc.	☐	☐	☐	☐
☐	☐	☐	☐	Aufklärung über mögliche Risiken und Komplikationen	☐	☐	☐	☐
☐	☐	☐	☐	Informationen zum Verhalten im Alltagsleben	☐	☐	☐	☐
☐	☐	☐	☐	Information über ggf. einzunehmende Medikamente	☐	☐	☐	☐
				PRAXISLEISTUNG				
☐	☐	☐	☐	Qualität der Betreuung durch das Personal	☐	☐	☐	☐
☐	☐	☐	☐	Qualität der ärztlichen Leistung	☐	☐	☐	☐
☐	☐	☐	☐	Länge des Arztkontakts	☐	☐	☐	☐

Marketinghilfe 5.4: Arzt-Strategie- und Einschätzbogen

Bitte kreuzen Sie für die folgenden Praxisleistungsmerkmale in Spalte 1 an, welche strategische Bedeutung Sie jedem einzelnen Merkmal zur Profilierung Ihrer Praxis beimessen (worauf setzen Sie?) und nehmen Sie in Spalte 2 eine Einschätzung vor, wie zufrieden die Patienten aus Ihrer Sicht mit dem jeweiligen Faktor sind.

(1) Strategische Bedeutung für das Praxisprofil

(2) Einschätzung der Patientenzufriedenheit mit der Leistung unserer Praxis

sehr wichtig	wichtig	unwichtig	vollkommen unwichtig		sehr zufrieden	zufrieden	unzufrieden	sehr unzufrieden
				EMPFANG				
☐	☐	☐	☐	Freundlichkeit	☐	☐	☐	☐
☐	☐	☐	☐	umfassende Auskunft	☐	☐	☐	☐
				PRAXIS				
☐	☐	☐	☐	Atmosphäre	☐	☐	☐	☐
☐	☐	☐	☐	Ausstattung des Wartezimmers	☐	☐	☐	☐
☐	☐	☐	☐	Orientierungsmöglichkeit	☐	☐	☐	☐
				ORGANISATION				
☐	☐	☐	☐	Wartezeit	☐	☐	☐	☐
☐	☐	☐	☐	schnelle Terminvergabe	☐	☐	☐	☐
☐	☐	☐	☐	telefonische Erreichbarkeit	☐	☐	☐	☐
				BETREUUNG				
☐	☐	☐	☐	Zuwendung und Anteilnahme des Praxispersonals	☐	☐	☐	☐
☐	☐	☐	☐	Zuwendung und Anteilnahme des Arztes	☐	☐	☐	☐
☐	☐	☐	☐	Offenheit der Atmosphäre des Arztbesuchs	☐	☐	☐	☐
☐	☐	☐	☐	individuelle und diskrete Behandlung	☐	☐	☐	☐
				INFORMATION				
☐	☐	☐	☐	Information über den Praxisablauf	☐	☐	☐	☐
☐	☐	☐	☐	Aufklärung über Ihre Erkrankung	☐	☐	☐	☐
☐	☐	☐	☐	Informationen zu Untersuchungen, Therapien, etc.	☐	☐	☐	☐
☐	☐	☐	☐	Aufklärung über mögliche Risiken und Komplikationen	☐	☐	☐	☐
☐	☐	☐	☐	Informationen zum Verhalten im Alltagsleben	☐	☐	☐	☐
☐	☐	☐	☐	Information über ggf. einzunehmende Medikamente	☐	☐	☐	☐
				PRAXISLEISTUNG				
☐	☐	☐	☐	Qualität der Betreuung durch das Personal	☐	☐	☐	☐
☐	☐	☐	☐	Qualität der ärztlichen Leistung	☐	☐	☐	☐
☐	☐	☐	☐	Länge des Arztkontakts	☐	☐	☐	☐

Marketinghilfe 5.5:   Mitarbeiterinnen-Einschätzbogen

Bitte geben Sie für die folgenden Leistungsmerkmale von Arztpraxen an, wie zufrieden aus Ihrer Sicht die Patienten mit dem jeweiligen Merkmal Ihrer Praxis sind.

(1) Einschätzung der Patientenzufriedenheit

	sehr zufrieden	zufrieden	unzufrieden	sehr unzufrieden
E M P F A N G				
Freundlichkeit	☐	☐	☐	☐
umfassende Auskunft	☐	☐	☐	☐
P R A X I S				
Atmosphäre	☐	☐	☐	☐
Ausstattung des Wartezimmers	☐	☐	☐	☐
Anmutung der Praxisräume	☐	☐	☐	☐
O R G A N I S A T I O N				
Wartezeit	☐	☐	☐	☐
schnelle, unproblematische Terminvergabe	☐	☐	☐	☐
telefonische Erreichbarkeit	☐	☐	☐	☐
B E T R E U U N G				
Zuwendung und Anteilnahme des Praxispersonals	☐	☐	☐	☐
Zuwendung und Anteilnahme des Arztes	☐	☐	☐	☐
Offenheit der Atmosphäre des Arztbesuchs	☐	☐	☐	☐
individuelle und diskrete Behandlung	☐	☐	☐	☐
I N F O R M A T I O N				
Information über den Praxisablauf	☐	☐	☐	☐
Aufklärung über die Erkrankung	☐	☐	☐	☐
Informationen zu Untersuchungen, Therapien, etc.	☐	☐	☐	☐
Aufklärung über mögliche Risiken und Komplikationen	☐	☐	☐	☐
Informationen zum Verhalten im Alltagsleben	☐	☐	☐	☐
Information über ggf. einzunehmende Medikamente	☐	☐	☐	☐
P R A X I S L E I S T U N G				
Qualität der Betreuung durch das Personal	☐	☐	☐	☐
Qualität der ärztlichen Leistung	☐	☐	☐	☐
Länge des Arztkontakts	☐	☐	☐	☐

Für die Auswertung müssen Sie nun in allen Fragebögen die angekreuzten Angaben in Zahlenwerte umwandeln, um die Angaben berechnen und miteinander vergleichen zu können. In Tabelle 5.4 finden Sie das hierfür benötigte Zuordungsschema.

Tabelle 5.4: Zuordnungsschema

Beurteilungskategorie	Punktwert
sehr hoch/sehr wichtig	+ 2
hoch/wichtig	+ 1
gering/unwichtig	− 1
sehr unzufrieden/vollkommen unwichtig	− 2

Beginnen Sie am besten mit der Auswertung der Patientenfragebögen, die durch Auszählen der angekreuzten Positionen erfolgt. Erfassen Sie die Häufigkeit der Nennungen in Strichlistenform mithilfe von Tabelle 5.5. Tabelle 5.6 zeigt Ihnen ein Auswertungsbeispiel. Fahren Sie anschließend mit der Auszählung der Zufriedenheitswerte fort (vgl. Tab. 5.7), gefolgt von den Mitarbeitereinschätzungen (vgl. Tab. 5.8). Sind Sie mehrere Ärzte in Ihrer Praxis, stehen Ihnen die Tabellen 5.9 und 5.10 zur Verfügung, um Ihre gemeinsame strategische Linie sowie Ihre Einschätzungen zu erfassen.

Nun besteht eine Vielzahl von Möglichkeiten, die Ergebnisse in einer vergleichenden Gesamtübersicht darzustellen. Hierzu einige Beispiele:

- Zum einen können Sie die ermittelten Werte in Form einer Tabelle zusammenfassen (vgl. Tab. 5.11) und einander gegenüberstellen.
- Verwenden Sie für die verschiedenen Datenbereiche (Patienten, Mitarbeiter, Strategie) verschiedenfarbige Stifte und kennzeichnen Sie die ermittelten Werte mithilfe von Punkten (vgl. Tab. 5.12). Sie erhalten dann ein grafisches Profil Ihrer Ergebnisse.
- Bilden Sie je untersuchtem Merkmal ein Wertepaar aus der ermittelten Wichtigkeit und Zufriedenheit. Markieren Sie die Position jedes Paares durch einen Kreis in Tab. 5.13. Kennzeichnen Sie die einzelnen

Kreise mit der in der Tabellenlegende aufgeführten Nummer, sodass die einzelnen Leistungsmerkmale später identifizierbar sind.

- Bilden Sie – wie im vorherigen Punkt – Wertepaare, diesmal aus den Merkmalsgruppen „Wichtigkeit" und „Strategie" (vgl. Tab. 5.14). Hieraus erkennen Sie, wie sehr Ihre Vorstellungen mit dem Wertesystem Ihrer Patienten übereinstimmen.
- Eine weitere Option ist, Ihre eigenen Einschätzungen und die Ihrer Mitarbeiterinnen einander gegenüberzustellen, um zu ermitteln, wo Harmonie und wo Disharmonie bestehen.
- Werten Sie die Freitext-Aussagen Ihrer Patienten aus. Tabelle 5.16 zeigt ein Beispiel für die Analyse der Positiv-Aussagen. Suchen Sie für die einzelnen Aussagen Überschriften (kurze Wartezeit, kompetente Beratung etc.), die die unterschiedlich formulierten Inhalte am besten wiedergeben und vermerken Sie diese Cluster in der Tabelle. Zählen Sie gleichzeitig aus, wie häufig die einzelnen Punkte genannt werden und nummerieren Sie zum Schluss die Nennungsrubriken in absteigender Reihenfolge (Priorität). So erkennen Sie auch auf qualitativem Weg, wo Ihre Stärken liegen.
- Tabelle 5.17 und 5.18 zeigen Ihnen das Vorgehen im Hinblick auf Patientenkritik und -verbesserungsvorschläge.

Tabelle 5-5: Erfassungs- und Berechnungstabelle für die Merkmalswichtigkeit

Merkmal	Sehr wichtig		Wichtig		Unwichtig		Vollkommen unwichtig		Ergebnis
	(1) An-zahl	(2) Anzahl x 2	(3) An-zahl	(4) Anzahl x 1	(5) An-zahl	(6) Anzahl x (-1)	(7) An-zahl	(8) Anzahl x (-2)	(2)+(4)+(6)+(8) (1)+(3)+(5)+(7)
Freundlichkeit									
umfassende Auskunft									
Atmosphäre									
Ausstattung des Wartezimmers									
Orientierungsmöglichkeit									
Wartezeit									
schnelle, unproblematische Terminvergabe									
telefonische Erreichbarkeit									
Zuwendung und Anteilnahme des Praxispersonals									
Zuwendung und Anteilnahme des Arztes									
Offenheit der Atmosphäre des Arztbesuchs									
individuelle und diskrete Behandlung									
Information über den Praxisablauf									
Aufklärung über die Erkrankung									
Information zu Untersuchungen, Therapien, etc.									
Aufklärung über mögliche Risiken und Komplikationen									
Informationen zum Verhalten im Alltagsleben									
Information über ggf. einzunehmende Medikamente									
Qualität der Betreuung durch das Personal									
Qualität der ärztlichen Leistung									
Länge des Arztkontakts									

Tabelle 5.6: Beispielauswertung

Merkmal	Sehr wichtig		Wichtig		Unwichtig		Vollkommen unwichtig		Ergebnis
	(1) An-zahl	(2) Anzahl x 2	(3) An-zahl	(4) Anzahl x 1	(5) An-zahl	(6) Anzahl x (-1)	(7) An-zahl	(8) Anzahl x (-2)	$\frac{(2)+(4)+(6)+(8)}{(1)+(3)+(5)+(7)}$
Information über den Praxisablauf	‖‖‖‖ ‖‖‖‖ ‖‖‖‖ ‖‖‖‖ ‖‖‖‖ ‖‖‖‖ ‖‖‖‖ ‖‖‖‖ ‖‖ 43	86	‖‖‖‖ ‖‖‖‖ ‖‖‖‖ ‖‖‖‖ ‖‖ 22	22	‖‖‖‖ ‖‖‖‖ ‖‖‖‖ ‖ 16	-16	‖‖‖‖ ‖‖‖‖ 9	-18	$\frac{86+22+(-16)+(-18)}{43+22+16+9}$

Tabelle 5.7: Erfassungs- und Berechnungstabelle für die Patientenzufriedenheit

Merkmal	Sehr zufrieden		Zufrieden		Unzufrieden		Sehr unzufrieden		Ergebnis
	(1) An-zahl	(2) Anzahl x 2	(3) An-zahl	(4) Anzahl x 1	(5) An-zahl	(6) Anzahl x (-1)	(7) An-zahl	(8) Anzahl x (-2)	$\frac{(2)+(4)+(6)+(8)}{(1)+(3)+(5)+(7)}$
Freundlichkeit									
umfassende Auskunft									
Atmosphäre									
Ausstattung des Wartezimmers									
Orientierungsmöglichkeit									
Wartezeit									
schnelle, unproblematische Terminvergabe									
telefonische Erreichbarkeit									
Zuwendung und Anteilnahme des Praxispersonals									
Zuwendung und Anteilnahme des Arztes									
Offenheit der Atmosphäre des Arztbesuchs									
individuelle und diskrete Behandlung									
Information über den Praxisablauf									
Aufklärung über die Erkrankung									
Information zu Untersuchungen, Therapien, etc.									
Aufklärung über mögliche Risiken und Komplikationen									
Informationen zum Verhalten im Alltagsleben									
Information über ggf. einzunehmende Medikamente									
Qualität der Betreuung durch das Personal									
Qualität der ärztlichen Leistung									
Länge des Arztkontakts									

Tabelle 5.8: Erfassungs- und Berechnungstabelle für die Mitarbeitereinschätzungen

Merkmal	Sehr zufrieden		Zufrieden		Unzufrieden		Sehr unzufrieden		Ergebnis	
	(1) Anzahl	(2) Anzahl x 2	(3) Anzahl	(4) Anzahl x 1	(5) Anzahl	(6) Anzahl x (-1)	(7) Anzahl	(8) Anzahl x (-2)	(2)+(4)+(6)+(8)	(1)+(3)+(5)+(7)
Freundlichkeit										
umfassende Auskunft										
Atmosphäre										
Ausstattung des Wartezimmers										
Orientierungsmöglichkeit										
Wartezeit										
schnelle, unproblematische Terminvergabe										
telefonische Erreichbarkeit										
Zuwendung und Anteilnahme des Praxispersonals										
Zuwendung und Anteilnahme des Arztes										
Offenheit der Atmosphäre des Arztbesuchs										
individuelle und diskrete Behandlung										
Information über den Praxisablauf										
Aufklärung über die Erkrankung										
Information zu Untersuchungen, Therapien, etc.										
Aufklärung über mögliche Risiken und Komplikationen										
Informationen zum Verhalten im Alltagsleben										
Information über ggf. einzunehmende Medikamente										
Qualität der Betreuung durch das Personal										
Qualität der ärztlichen Leistung										
Länge des Arztkontakts										

Tabelle 5.9: Erfassungs- und Berechnungstabelle für die strategische Bedeutung

Merkmal	Sehr wichtig		Wichtig		Unwichtig		Vollkommen unwichtig		Ergebnis	
	(1) An-zahl	(2) Anzahl x 2	(3) An-zahl	(4) Anzahl x 1	(5) An-zahl	(6) Anzahl x (-1)	(7) An-zahl	(8) Anzahl x (-2)	(2)+(4)+(6)+(8)	(1)+(3)+(5)+(7)
Freundlichkeit										
umfassende Auskunft										
Atmosphäre										
Ausstattung des Wartezimmers										
Orientierungsmöglichkeit										
Wartezeit										
schnelle, unproblematische Terminvergabe										
telefonische Erreichbarkeit										
Zuwendung und Anteilnahme des Praxispersonals										
Zuwendung und Anteilnahme des Arztes										
Offenheit der Atmosphäre des Arztbesuchs										
individuelle und diskrete Behandlung										
Information über den Praxisablauf										
Aufklärung über die Erkrankung										
Information zu Untersuchungen, Therapien, etc.										
Aufklärung über mögliche Risiken und Komplikationen										
Informationen zum Verhalten im Alltagsleben										
Information über ggf. einzunehmende Medikamente										
Qualität der Betreuung durch das Personal										
Qualität der ärztlichen Leistung										
Länge des Arztkontakts										

Tabelle 5.10: Erfassungs- und Berechnungstabelle für die Arzteinschätzungen

Merkmal	Sehr zufrieden		Zufrieden		Unzufrieden		Sehr unzufrieden		Ergebnis
	(1) An-zahl	(2) Anzahl x 2	(3) An-zahl	(4) Anzahl x 1	(5) An-zahl	(6) Anzahl x (-1)	(7) An-zahl	(8) Anzahl x (-2)	$\frac{(2)+(4)+(6)+(8)}{(1)+(3)+(5)+(7)}$
Freundlichkeit									
umfassende Auskunft									
Atmosphäre									
Ausstattung des Wartezimmers									
Orientierungsmöglichkeit									
Wartezeit									
schnelle, unproblematische Terminvergabe									
telefonische Erreichbarkeit									
Zuwendung und Anteilnahme des Praxispersonals									
Zuwendung und Anteilnahme des Arztes									
Offenheit der Atmosphäre des Arztbesuchs									
individuelle und diskrete Behandlung									
Information über den Praxisablauf									
Aufklärung über die Erkrankung									
Information zu Untersuchungen, Therapien, etc.									
Aufklärung über mögliche Risiken und Komplikationen									
Informationen zum Verhalten im Alltagsleben									
Information über ggf. einzunehmende Medikamente									
Qualität der Betreuung durch das Personal									
Qualität der ärztlichen Leistung									
Länge des Arztkontakts									

Tabelle 5.11: Tabellarische Ergebnisübersicht

Bewertung der Praxisleistung als Schulnote					
	Arzt/Ärzte		Mitarbeiter	Patienten	
Merkmal	strategische Bedeutung	geschätzte Patientenzufriedenheit	geschätzte Patientenzufriedenheit	tatsächliche Zufriedenheit	Wichtigkeit
Freundlichkeit					
umfassende Auskunft					
Atmosphäre					
Ausstattung des Wartezimmers					
Orientierungsmöglichkeit					
Wartezeit					
schnelle, unproblematische Terminvergabe					
telefonische Erreichbarkeit					
Zuwendung und Anteilnahme des Praxispersonals					
Zuwendung und Anteilnahme des Arztes					
Offenheit der Atmosphäre des Arztbesuchs					
individuelle und diskrete Behandlung					
Information über den Praxisablauf					
Aufklärung über die Erkrankung					
Information zu Untersuchungen, Therapien, etc.					
Aufklärung über mögliche Risiken und Komplikationen					
Informationen zum Verhalten im Alltagsleben					
Information über ggf. einzunehmende Medikamente					
Qualität der Betreuung durch das Personal					
Qualität der ärztlichen Leistung					
Länge des Arztkontakts					

Tabelle 5.12: Grafische Ergebnisübersicht

Merkmal	Skalierung						
	- 2	- 1,5	- 1	0	1	1,5	2
Freundlichkeit							
umfassende Auskunft							
Atmosphäre							
Ausstattung des Wartezimmers							
Orientierungsmöglichkeit							
Wartezeit							
schnelle, unproblematische Terminvergabe							
telefonische Erreichbarkeit							
Zuwendung und Anteilnahme des Praxispersonals							
Zuwendung und Anteilnahme des Arztes							
Offenheit der Atmosphäre des Arztbesuchs							
individuelle und diskrete Behandlung							
Information über den Praxisablauf							
Aufklärung über die Erkrankung							
Information zu Untersuchungen, Therapien, etc.							
Aufklärung über mögliche Risiken und Komplikationen							
Informationen zum Verhalten im Alltagsleben							
Information über ggf. einzunehmende Medikamente							
Qualität der Betreuung durch das Personal							
Qualität der ärztlichen Leistung							
Länge des Arztkontakts							

Tabelle 5.13: Wichtigkeits-Zufriedenheits-Portfolio

+2	KERNSCHWÄCHEN		KERNSTÄRKEN
+1			
Zufriedenheit **0**			
-1			
-2	NULLSCHWÄCHEN		NULLSTÄRKEN
	-2 **-1**	**0**	**1** **2**
		Wichtigkeit	

Legende:

1	Freundlichkeit	13	Information über den Praxisablauf
2	Umfassende Auskunft	14	Aufklärung über die Erkrankung
3	Atmosphäre	15	Information zu Untersuchungen, Therapien, etc.
4	Ausstattung des Wartezimmers		
5	Orientierungsmöglichkeit	16	Aufklärung über mögliche Risiken und Komplikationen
6	Wartezeit		
7	schnelle, unproblematische Terminvergabe	17	Informationen zum Verhalten im Alltagsleben
8	telefonische Erreichbarkeit	18	Information über ggf. einzunehmende Medikamente
9	Zuwendung und Anteilnahme des Praxispersonals		
10	Zuwendung und Anteilnahme des Arztes	19	Qualität der Betreuung durch das Personal
11	Offenheit der Atmosphäre des Arztbesuchs	20	Qualität der ärztlichen Leistung
12	individuelle und diskrete Behandlung	21	Länge des Arztkontakts

Tabelle 5.14: Strategie-Wichtigkeits-Portfolio

+2	**STRATEGIE-FEHLERBEREICH** (Überschätzung)	**STRATEGIE = WICHTIGKEIT**	
+1			
0			
-1			
-2	**STRATEGIE = WICHTIGKEIT**	**STRATEGIE-FEHLERBEREICH** (Unterschätzung)	

Strategie (y-axis) / Wichtigkeit (x-axis: -2 -1 0 1 2)

Legende:

1 Freundlichkeit
2 Umfassende Auskunft
3 Atmosphäre
4 Ausstattung des Wartezimmers
5 Orientierungsmöglichkeit
6 Wartezeit
7 schnelle, unproblematische Terminvergabe
8 telefonische Erreichbarkeit
9 Zuwendung und Anteilnahme des Praxispersonals
10 Zuwendung und Anteilnahme des Arztes
11 Offenheit der Atmosphäre des Arztbesuchs
12 individuelle und diskrete Behandlung
13 Information über den Praxisablauf
14 Aufklärung über die Erkrankung
15 Information zu Untersuchungen, Therapien, etc.
16 Aufklärung über mögliche Risiken und Komplikationen
17 Informationen zum Verhalten im Alltagsleben
18 Information über ggf. einzunehmende Medikamente
19 Qualität der Betreuung durch das Personal
20 Qualität der ärztlichen Leistung
21 Länge des Arztkontakts

Tabelle 5.15: Vergleich von Arzt- und Mitarbeitereinschätzungen

+ 2	TEAMDISHARMONIE	TEAMHARMONIE
+ 1		
Strategie **0**		
- 1		
- 2	TEAMHARMONIE	TEAMDISHARMONIE
	- 2 -1 0 1 2	
	Wichtigkeit	

Legende:

1	Freundlichkeit	13	Information über den Praxisablauf
2	Umfassende Auskunft	14	Aufklärung über die Erkrankung
3	Atmosphäre	15	Information zu Untersuchungen, Therapien, etc.
4	Ausstattung des Wartezimmers		
5	Orientierungsmöglichkeit	16	Aufklärung über mögliche Risiken und Komplikationen
6	Wartezeit		
7	schnelle, unproblematische Terminvergabe	17	Informationen zum Verhalten im Alltagsleben
8	telefonische Erreichbarkeit	18	Information über ggf. einzunehmende Medikamente
9	Zuwendung und Anteilnahme des Praxispersonals		
10	Zuwendung und Anteilnahme des Arztes	19	Qualität der Betreuung durch das Personal
11	Offenheit der Atmosphäre des Arztbesuchs	20	Qualität der ärztlichen Leistung
12	individuelle und diskrete Behandlung	21	Länge des Arztkontakts

Tabelle 5.16: Auswertung positiver Patientenaussagen

Antworten auf die Frage: *„Was hat Ihnen während Ihres Aufenthalts in unserer Praxis am besten gefallen?"*		
Patientenaussagen	Häufigkeit der Nennung	Priorität

Tabelle 5.17: Auswertung negativer Patientenaussagen

Antworten auf die Frage: *„Was hat Sie am meisten gestört oder worüber haben Sie sich geärgert?"*		
Patientenaussagen	Häufigkeit der Nennung	Priorität

Tabelle 5.18: Auswertung der Verbesserungsvorschläge

Antworten auf die Frage: *„Was sollte in unserer Praxis auf jeden Fall verbessert und/oder verändert werden?"*		
Patientenaussagen	Häufigkeit der Nennung	Priorität

5.5 Planung und Umsetzung einer Imagebefragung

Mit dem Wissen über die Entwicklung und Umsetzung von Patientenzufriedenheitsbefragungen ist es nun keine große Herausforderung mehr, Ihre Imageanalyse zu planen und umzusetzen.

Schritt 1: Die Entwicklung des Fragebogens

Basis des Fragebogens sind Ihre Ziel-Schlüsselkriterien (KIC), die Sie aus dem bekannten Katalog generiert haben:

1) Medienauftritt
   - breite Präsenz
   - schnelle Auffindbarkeit
   - umfassende Information
   - Authentizität
2) Telefonische Erreichbarkeit
   - Schnelligkeit
   - Freundlichkeit
   - Auskunftsbereitschaft
   - Handlungsbereitschaft

3) Bestellsystem
   - kurzfristige Terminvergabe
   - geringe Wartezeit
   - Termineinhaltung
4) Praxiswirkung/-anmutung
   - Helligkeit
   - Ruhe
   - einladende Gestaltung
   - angenehme Atmosphäre
   - Großzügigkeit
   - Modernität
   - Ordnung
   - Sauberkeit
   - Wohlfühlatmosphäre
5) Organisatorische Abläufe
   - Funktionalität
   - Kalkulierbarkeit
   - Verlässlichkeit
   - Zügigkeit
   - Pünktlichkeit
   Flexibilität
   - Transparenz
   - individuelle Anpassung
   - kurze Wartezeit
   - umfassende Information bei Verzögerungen
6) Betriebsklima
   - Harmonie
   - Ausgeglichenheit
   - Friedlichkeit
   - Teamgeist

7) Betreuung durch die Medizinischen Fachangestellten
   - Diskretion
   - Geduld
   - Freundlichkeit
   - Individualität
   - Kompetenz
   - Hilfsbereitschaft
   - Professionalität
   - Zuverlässigkeit
   - Auskunftsfreudigkeit
   - Zuwendung
8) Betreuung durch den Arzt
   - Zeit
   - ausführliche Information
   - Sorgfalt
   - Einfühlsamkeit
   - Offenheit
   - ernst nehmend
   - Gelassenheit
   - Partnerschaftlichkeit
   - Aufmerksamkeit
   - Verständlichkeit
   - Konkretisierung
   - Alltagstauglichkeit der Vorschläge
   - Dialogorientierung

ergänzt um die von Ihnen bestimmten ergänzenden Kriterien.

Schritt 2: Festlegung der Zielgruppe(n)

Obwohl für die Untersuchung der Imagewirkung Ihrer Praxisdienstleistung die Meinung aller Patienten interessiert, kann eine differenzierte Beurteilung des Images nach Subzielgruppen, z. B. älteren/jüngeren, Kassen-/Privat-, IGeL- und „Normal"-Patienten sinnvoll sein. Für die Differenzierung muss dann im Fragebogen eine entsprechende Schlüsselfrage integriert werden.

Schritt 3: Auswahl der Skalierung

Die Imageausprägung und -wirkung lässt sich am besten durch Begriffspaare messen. Zum Beispiel würde die Frage nach dem Merkmal „Pünktlichkeit" bei der Praxisorganisation wie folgt aussehen:

Pünktlich ☐ ☐ ☐ ☐ ☐ Unpünktlich

Die befragten Patienten kreuzen dabei die Position an, die am ehesten ihrer Beurteilung entspricht. Die Skala kann dabei fünf oder sieben Zwischenpositionen aufweisen, aus pragmatischer Sicht reicht die 5er-Skala aus. Die Merkmalspaare sind dabei so aufgelistet, dass links immer die positive und rechts die negative Ausprägung aufgelistet ist.

Schritt 4: Zusammenstellung weiterer Fragen

Die Abfrage der Imagekriterien kann natürlich durch weitere Fragen ergänzt werden. Der Musterfragebogen gibt hierzu einige Beispiele.

Schritt 5: Pre-Test und Durchführung der Befragung

Vor Beginn der eigentlichen Imagebefragung sollten Sie den Fragebogen zunächst mit einigen Patienten testen, um herauszufinden, ob Ihr Konzept verständlich ist und funktioniert. Danach können Sie mit der Befragung beginnen.

Schritt 6: Auswertung

Um die Angaben Ihrer Patienten in messbare Einheiten zu überführen, werden den Skalenpunkten Zahlenwerte zugeordnet und mit den absoluten Häufigkeiten multipliziert. Hieraus lässt sich je Imagekriterium der Wert für Ihre Praxis berechnen.

☐	☐	☐	☐	☐		
2	1	0	−1	−2		

☐	☐	☐	☐	☐	☐	☐
3	2	1	0	−1	−2	−3

Die Mittelwerte werden anschließend in ein Polaritätendiagramm eingetragen, das Ihr Image übersichtlich und vollständig abbildet. Auf einen Blick erkennen Sie nun, wie weit Ihr Zielimage jeweils erreicht ist und können entsprechende Maßnahmen durch einen gezielten Instrumenteneinsatz planen. Im Beispiel wird u. a. das Merkmal „ruhig" negativ bewertet. Nun wäre zu überlegen, wie der Imageeindruck positiv verändert werden kann. Mögliche Maßnahmen sind, die Tür zum Wartezimmer stets geschlossen zu halten, laute Geräte wie z. B. Drucker in einem separaten Raum unterzubringen oder die Laufwege des Personals zu überprüfen. Eine weitere Informationstiefe erhalten Sie dadurch, dass Sie Ihre Mitarbeiterinnen bitten, einzuschätzen, wie die Imagebeurteilung der Patienten aussehen könnte. Verfahren Sie dann bei der Auswertung mit den Personal- wie mit den Patientenbögen und tragen Sie die Durchschnittswerte ebenfalls in das Diagramm ein. So erhalten Sie einen Einblick, wie deckungsgleich die Sichtweisen sind, denn Über- oder Unterschätzungen können ja zu erheblichen Fehlhandlungen führen.

2							-2
hell	X (1,8)						dunkel
ruhig				X (-0,4)			unruhig
einladend			X (0,2)				abweisend
angenehm			X (0,5)				unangenehm
großzügig					X (-1,6)		eng
modern			X (0,3)				antiquiert
aufgeräumt							chaotisch
sauber				X (-0,2)			schmutzig

Schritt 7: Imagemonitoring

Mithilfe einer regelmäßigen Wiederholung lässt sich kontrollieren, wie sich Ihr Image zu Ihren Zielen im Zeitablauf entwickelt und wie die von Ihnen u. U. eingeleiteten Maßnahmen sich auswirken.

5.6 Ergänzende Monitoringinstrumente

Monitoringinstrumente wie das Fehlermanagement, das Vorschlagswesen, Mitarbeiterbefragungen und Ideenkonferenzen sind weitere wichtige Elemente einer Imageanalyse.

5.6.1 Fehlermanagement in der Arztpraxis: In drei Schritten zu mehr Erfolg

Wer wenig Fehler macht, verbessert sein Image. Von einem Fehler spricht man, wenn ein Erfordernis oder eine Erwartung nicht erfüllt werden. Derartige Zustände und Situationen finden sich immer wieder im Praxisalltag, angefangen bei Flüchtigkeitsfehlern (Vergessen einer Rezeptausstellung) über Systemfehler (Terminsystem ohne Pufferzeiten) bis hin zu Handlungsfehlern (Ausgabe eines falschen Medikaments). Der am häufigsten verwendete Indikator für Fehler in der Arztpraxis ist die Beschwerde. Das Problem: Nur etwa 2 % aller Praxisbesucher beschweren sich bei Ärgernissen über Fehler, geben aber ihre negativen Erfahrungen über Mund-zu-Mund-Propaganda an Dritte weiter oder suchen sich gleich einen anderen Arzt. Hinzu kommt: Dem beschriebenen Controlling-Prinzip entgehen alle Fehler, die sich nicht unmittelbar auf die Patienten auswirken, aber die Arbeitsproduktivität schmälern (z. B. Doppelarbeiten). Ein systematisches Fehlermanagement schafft hier Abhilfe und bietet dem gesamten Praxisteam Vorteile: So profitieren Praxisinhaber, die konsequent alle Organisationsfehler beseitigen, von durchschnittlich 25 % mehr Gewinn. Weniger Fehler senken das Konfliktpotenzial innerhalb des Praxisteams, verbessern die Arbeitsatmosphäre, senken die Stressbelastung und erhöhen die Arbeitsmotivation. Hiervon profitieren wiederum die Patienten, deren Bindung und Gewinnung unterstützt werden.

Ein *Drei-Schritte-Fehlermanagement-System* hilft Ihnen, Ihre Arbeit und gleichzeitig Ihre Image-Wirkung zu optimieren:

Schritt 1: Umdenken: Grundlage des Managens von Fehlern ist, sie anders zu bewerten. Im Alltagsleben gilt normalerweise die Regel, dass Fehler schlecht und negativ sind. Das Umdenken rückt sie durch drei veränderte Sichtweisen in ein anderes Licht.

- Erstens kann davon ausgegangen werden, dass in einem Praxisbetrieb – von Extremsituationen einmal abgesehen – niemand Fehler absichtlich macht. Praxismitarbeiter sind keine Saboteure. Häufig ist ja auch nicht eine einzelne Mitarbeiterin für einen Fehler verantwortlich, sondern aufeinanderfolgende Ereignisse oder Konstellationen, die dazu führen.

- Zweitens sind Fehler Leuchttürme, Indikatoren, die Veränderungsmöglichkeiten zeigen. Wo etwas nicht funktioniert, kann eine Veränderung Verbesserung bewirken. Umdenken bedeutet folglich, einen Paradigmenwechsel vom halb leeren zum halb vollen Glas zu vollziehen.

- Drittens betrifft Umdenken den Wechsel vom Verursacher- zum Ursachenprinzip: Man fragt bei Fehlern nicht mehr, wer verantwortlich ist, um das Versagen dann zu ahnden, sondern untersucht, warum ein Fehler aufgetreten ist, um ihn zukünftig zu vermeiden (aus Fehlern lernen).

Schritt 2: Fehler-Basisanalyse: Wenn ein Fehlermanagement implementiert werden soll, steht an erster Stelle eine Fehler-Basisanalyse mit drei Instrumenten, die bereits einen Großteil der Praxis-Fehlerquellen identifiziert:

1) Die Patientenzufriedenheitsbefragung dient dazu, Fehler aus externer Sicht, mit den Augen der Patienten zu ermitteln. Aus den Antworten zu den drei offenen Fragen: „Was gefällt Ihnen an der Betreuung in unserer Praxis besonders gut?", „Gibt es Dinge, über die Sie sich schon einmal geärgert haben?" und „Was sollten wir unbedingt verändern/verbessern?" kann eine Stärken-Schwächen-Bilanz erstellt werden, die einerseits zeigt, was in der untersuchten Praxis bereits sehr gut funktioniert oder wo Fehler gemacht werden. An die offenen Fragen schließt sich dann am besten eine Wichtigkeits-Zufriedenheits-Abfrage zu den Schlüsselleistungen der Praxisarbeit an (Freundlichkeit, Informationen zum Ablauf und zur Behandlung, Aufklärung über die Erkrankung, Länge der Wartezeit etc.).

2) Der wichtigste Fehlerbereich in Arztpraxen ist die Organisation. Deshalb gehört zu einer Fehler-Basisanalyse die Überprüfung der Funktionalität von Aufbau- und Ablauforganisation, Bestellsystem und ärztlichem Zeitmanagement im Kontext mit der Patientenstruktur. Die Umsetzung einer solchen Arbeitsanalyse erfolgt am einfachsten mithilfe eines Patientenlaufzettels (vgl. Marketinghilfe 3.1), auf dem je Praxisbesucher alle verrichteten Arbeiten und Stationen nach Art, Dauer und Verantwortlichem/Ausführendem dokumentiert werden. Diese für die Dauer von zwei bis drei Woche erhobene Datenbasis vermittelt ein Abbild der Arbeitsprozesse, die dann auf Fehler hin durchgesehen werden können. Durch die Zusammenführung aller Daten entsteht ein mehrdimensionales Abbild der Praxis-Arbeitsabläufe und möglicher Fehler.

3) Die Ergebnisse der Patientenbefragung und der Arbeitsanalyse werden in einer Teamsitzung vorgestellt und dienen als Aufhänger für eine Diskussion der Teammitglieder zu der Frage, was aus ihrer Sicht in der Praxis bereits sehr gut läuft und wo es Probleme gibt. Hierbei ergibt sich – ein positiver Umgang mit Fehlern vorausgesetzt – eine Vielzahl weiterer Fehlerbeseitigungsansätze. Diese werden dann – zusammen mit den Fehlern, die die Patienten bemängelt haben, in einem Fehlerbeseitigungs-Aktionplan nach ihrem Schädigungspotenzial und der Dringlichkeit einer Beseitigung klassifiziert, ergänzt durch die Vereinbarungen, was bis wann von wem zu tun ist.

Schritt 3: Fehlermonitoring: Üblicherweise existieren in Praxisbetrieben, die ein professionelles Fehlermanagement betreiben, Vordrucke für Fehlerprotokolle. In ihnen werden die Beschreibung des Fehlers, seine vermuteten Ursachen sowie die Beschreibung der Auswirkungen und Ansätze/Ideen zur Fehlervermeidung festgehalten. Die Fehlerprotokolle werden dann von allen Praxisteam-Mitgliedern bis zur nächsten Teambesprechung gesammelt. Jede Teamsitzung hat den festen Besprechungspunkt *Fehlermanagement*, anlässlich dessen zunächst die Fortschritte in der Umsetzung des Fehlerbe-

seitigungs-Aktionsplans besprochen werden. Hieran schließt sich die Besprechung der neu dokumentierten Fehler und ihre Einordnung in den Aktionsplan an.

5.6.2 Vorschlagswesen

Unter einem Vorschlagswesen versteht man ein System, das Ihre Mitarbeiterinnen dazu motiviert, die Praxisarbeit auf Veränderungs- und Verbesserungsmöglichkeiten zu durchleuchten und so die Patientenzufriedenheit und
vor allem das Image zu steigern. Aus der Führungsperspektive fördert es
zudem die Identifikation Ihrer Mitarbeiterinnen mit „ihrer" Praxis, denn: wer
Arbeitsprozesse beeinflussen und mitgestalten kann, ist – so konnte in vielen Untersuchungen belegt werden – zufriedener und motivierter. Erhalten
Mitarbeiterinnen das Gefühl, ernst genommen zu werden, führt das Vorschlagswesen zu einer Selbstkontrolle des Arbeitsrahmens, um die Qualität
der eigenen Leistung zu steigern.

Das Vorschlagswesen lässt sich in vier Ausprägungen realisieren, die unterschiedliche Auswirkungen auf die vier Dimensionen der Arbeitsrahmen Ihrer
Mitarbeiterinnen haben:

- unstrukturierte Vorschläge: Diese Form kann im engeren Sinn nicht
  als System bezeichnet werden. Hierbei führen der Zufall oder das
  Engagement einer oder mehrerer Mitarbeiterinnen zu einem mehr
  oder weniger konkreten Vorschlag („... könnten wir nicht einmal versuchen ..."). Diese Form trägt wenig zur Weiterentwicklung der Praxisarbeit bei, da sowohl die Generierung der Idee als auch seine Prü-
  fung willkürlich und beliebig sind.
- strukturierte Vorschlagserhebung: Hierbei werden die Vorschläge
  mithilfe eines Rasters erhoben, das aus folgenden Positionen besteht:
  - Name der Mitarbeiterin, die den Vorschlag unterbreitet
  - Datum
  - Was soll verbessert werden? (Beschreibung des gegenwärtigen
    Zustands)

- Was soll getan werden, um den gegenwärtigen Zustand zu verbessern? Welche Ziele werden mit dieser Verbesserung bewirkt (erhöhte Patientenzufriedenheit, Zeitersparnis, Kostenersparnis, Verbesserung der Organisation, Verbesserung der Kommunikation, Erhöhung der Produktivität, Sonstiges)

  Es dient dazu, das Optimierungspotenzial eines Vorschlags detailliert zu erfassen. Dabei wird verhindert, dass „unausgegorene" Vorschläge überhaupt zur Vorlage kommen. Doch außer der Form unterscheidet sich dieses Prinzip in seiner motivatorischen Wirkung nur graduell von der unstrukturierten Erhebung.

- anreizbasiertes strukturiertes Vorschlagswesen: Sobald Verbesserungsvorschläge mit einer Honorierung bei Annahme verbunden werden, gewinnt das System an Schwung. Die Honorierung sollten Sie – soweit möglich – nicht ausschließlich monetär definieren, um „Ausuferungstendenzen" gleich von Beginn an zu unterbinden. Besser ist eine Abstufung in Abhängigkeit vom Verbesserungspotenzial, beginnend mit Freizeitgewährung über Sachprämien, Einkaufsgutscheine und Fortbildungen bis hin zur Geldzahlung. Achten Sie bei der Entwicklung des Systems vor allem darauf, dass alle Mitarbeiterinnen die gleiche Chance haben, einen Verbesserungsvorschlag zu machen und dass das Belohnungssystem für alle verständlich und transparent ist.

- Ideenmanagement: In der Wirkung noch intensiver – sowohl bezüglich der Motivations- als auch der Praxisentwicklungswirkung – ist das Ideenmanagement. Der Begriff bezeichnet eine Arbeitshaltung, bei der die Suche nach Verbesserungen quasi zum Tagesgeschäft gehört. Ihr Team überprüft kontinuierlich die Strukturen und Prozesse des Praxismanagements und verändert verbesserungswürdige Gegebenheiten sofort während der Arbeit. Die Mitarbeiterinnen motivieren hierbei keine Prämien, sondern ihr eigener Wille, die Praxisarbeit zu optimieren, also die Freude an der Verbesserung. Das erfordert nicht nur Mitarbeiterinnen, die hierfür empfänglich sind und vor allem über ein hohes Maß an Eigenverantwortlichkeit verfügen, sondern auch ein Arbeitsklima, in dem das überhaupt möglich ist. Zudem werden hohe Anforderungen an die Führungsfähigkeit des Praxisinhabers oder der Praxismanagerin gestellt. Ideenmanagement ist ein Prinzip, das mit der Entwicklung einer Praxis wächst und nicht von heute auf morgen eingeführt werden kann.

5.6.3 Mitarbeiterbefragungen

Ihre Dienstleistung wird von Menschen für Menschen erbracht. Aus diesem Grund können die Patientenorientierung und Imagebildung Ihrer Praxis auch nur so gut sein wie die Mitarbeiter, die sie praktizieren. Deren Fähigkeiten, Handlungen und Engagement sind die entscheidenden Bestimmungsfaktoren der Patientenzufriedenheit und des Images. Die Qualität dieser Faktoren wird sowohl endogen, also von Ihrem Können und Wollen bestimmt als auch exogen durch die Art der Führung und die generellen Arbeitsbedingungen.

Erfolgreiche Unternehmen verlassen sich nicht auf Vermutungen und Annahmen, sondern setzen auf objektive Fakten und untersuchen die beiden letztgenannten Aspekte im Rahmen regelmäßiger Mitarbeiterbefragungen. Ihre Zielsetzung ist dabei, bewusst den Sachverstand und die Erfahrung, die Kreativität und das Engagement Ihrer Mitarbeiter in die Entscheidungsprozesse einzubeziehen.

Sie wenden dabei die Ergebnisse der Personalforschung an, die zeigen, dass zufriedenere Mitarbeiter sich stärker für ihr Unternehmen engagieren, deutlich weniger Fehlzeiten aufweisen, mehr Ideen und Vorschläge einbringen, die Kollegen und den/die Ärzte besser unterstützen und zudem wesentlich intensiver auf die Zufriedenheit der Patienten achten.

Die Mitarbeiterzufriedenheitsbefragung ist ein wichtiges, mit geringem Aufwand anwendbares Führungsinstrument, das Ihnen Auskunft über die Qualität und die Effizienz des Einsatzes Ihrer Führungsinstrumente gibt. Sie können die durch Ihre Führungsinstrumente geschaffenen Arbeitsbedingungen aus Sicht Ihres Personals sehen, gleichzeitig aber auch – neben dem analytischen Moment – deren Vorschläge und Meinungen zur Optimierung des Praxisgeschehens erheben.

Mithilfe dieser Befragung demonstrieren Sie Ihre Bereitschaft, die Praxisarbeit gemeinsam mit Ihrem Personal zu gestalten und erzeugen damit eine
starke Motivation für ein Engagement im Praxisunternehmen. Gleichzeitig
profitieren Sie von diesem gesteigerten Engagement, ergänzt um konkrete
Verbesserungsvorschläge gerade für die Bereiche der Praxisarbeit, in die Sie
nicht unbedingt einen direkten Einblick haben.

5.6.4 Kreativsitzungen und Ideenkonferenzen

Wie das Dienstleistungsdesign und die Patientenzufriedenheit zu verbessern
sind, kann auch das Thema von Praxisbesprechungen sein, die als Kreativsitzungen oder Ideenkonferenzen angelegt sind. Hierbei geht es nicht um die
Lösung akut bestehender Probleme wie in „normalen" Praxisbesprechungen,
sondern um ein Brainstorming, was in Bezug auf die Patientenbetreuung
zusätzlich verändert werden kann. Solche Sitzungen ermöglichen es Ihnen,
das Wissen und die Fähigkeiten Ihres Personals gezielt zu nutzen. Folgende
Grundregeln haben sich für die Umsetzung bewährt:

- **Regelmäßige Durchführung:** Von ausschlaggebender Bedeutung für
  den Erfolg ist ein fester Turnus, z. B. zweimal im Jahr. Auf diese Weise
  entsteht eine „Kreativitätsroutine", die das Denken des gesamten Praxisteams verändert und vorausschauend ausrichtet. Am besten legen
  Sie die Termine bereits zum Jahresende für das Folgejahr fest.

- **Einbeziehung des gesamten Praxisteams:** Unerlässlich ist, dass alle
  – Ärzte und Mitarbeiterinnen – anwesend sind. Ausgrenzungen, z. B.
  von Auszubildenden, führen zu einem „Zwei-Klassen-Team" und beeinflussen die spätere Umsetzung von Ideen negativ, da die ausge-
  grenzten Mitarbeiterinnen nur eine geringe Bereitschaft zeigen werden, hierbei mitzuwirken.

- **Dramaturgie erstellen:** Viel Zeit verstreicht in Kreativsitzungen – wie
  auch in anderen Besprechungen – unproduktiv, wenn sich die Teilnehmer erst zu Beginn Gedanken über das mögliche Vorgehen machen.
  Besser ist deshalb, im Vorfeld eine Vorgehensweise zu entwerfen.
  Grob strukturiert entwickeln nach Nennung der Zielsetzung alle Teil-

nehmer zunächst ihre Ideen, die am besten auf Karten oder Zetteln notiert werden (jeweils eine Idee auf einen Zettel) und anschließend eingesammelt und auf einer Pinnwand o. Ä. ausgebreitet werden. Sortiert man inhaltlich verwandte Ansätze zu Clustern, ist die Vielfalt der Vorschläge schnell erkennbar. Anschließend sollten die Ideen dann nach ihrer Eignung zur Unterstützung der Zielsetzung bewertet werden. Hieraus ist dann ein Aktionsplan erstellbar.

- **Dauer festlegen:** Der zeitliche Rahmen einer Kreativsitzung sollte vor dem Treffen ebenfalls eindeutig festgelegt werden, damit es zu keiner Ausuferung von Diskussionen kommt.

- **Gesprächsatmosphäre schaffen:** Um eine offene Atmosphäre herzustellen, sollte die Sitzung im Wartezimmer (Kreisbestuhlung) stattfinden. Ebenso sollten einige Getränke bereitstehen. Auf keinen Fall ist es empfehlenswert, die Praxisbesprechung mit der Mittagspause zu verbinden, da dann die Konzentration deutlich eingeschränkt ist.

- **Störungsfreiheit:** Die Besprechung sollte nicht durch Telefonate (Praxis- und Mobiltelefon) gestört werden, ebenso ist zu vermeiden, dass einzelne Teilnehmer die Besprechung zur Erledigung von Aufgaben zeitweise verlassen.

- **Gesprächsführung:** Hinsichtlich der Gesprächsführung kommt es vor allem auf folgende Punkte an: Es muss unbedingt darauf geachtet werden, alle Mitarbeiterinnen aktiv in die Runde einzubeziehen, notfalls wird jede Einzelne freundlich dazu aufgefordert, ihre Meinung zu sagen. Alle Vorschläge müssen gleichberechtigt behandelt werden. Sind einzelne Ideen kritikfähig, muss diese sachbezogen vorgetragen werden.

- **Protokollierung der Ergebnisse:** Zur Sitzung wird ein Protokoll erstellt, von dem jeder Teilnehmer eine Kopie erhält und das für jeden handlungsverbindlich ist.

Abbildungsverzeichnis

Tabellenverzeichnis

Marketinghilfenverzeichnis

Sachwortregister